彩票营销渠道管理

CAIPIAO YINGXIAO QUDAO GUANLI

陈又星 著

中国财经出版传媒集团

经济科学出版社

Economic Science Press

图书在版编目（CIP）数据

彩票营销渠道管理／陈又星著．—北京：经济科学
出版社，2019.8
ISBN 978 - 7 - 5218 - 0846 - 9

Ⅰ.①彩⋯ Ⅱ.①陈⋯ Ⅲ.①彩票 - 市场营销学
Ⅳ.①F719.52

中国版本图书馆 CIP 数据核字（2019）第 186602 号

责任编辑：杜　鹏　刘　悦
责任校对：靳玉环
责任印制：邱　天

彩票营销渠道管理

陈又星　著

经济科学出版社出版、发行　新华书店经销
社址：北京市海淀区阜成路甲 28 号　邮编：100142
总编部电话：010 - 88191217　发行部电话：010 - 88191522
网址：www. esp. com. cn
电子邮箱：esp@ esp. com. cn
天猫网店：经济科学出版社旗舰店
网址：http：//jjkxcbs. tmall. com
固安华明印业有限公司印装
710×1000　16 开　16.75 印张　260000 字
2019 年 10 月第 1 版　2019 年 10 月第 1 次印刷
ISBN 978 - 7 - 5218 - 0846 - 9　定价：78.00 元
（图书出现印装问题，本社负责调换。电话：010 - 88191510）
（版权所有　侵权必究　打击盗版　举报热线：010 - 88191661
QQ：2242791300　营销中心电话：010 - 88191537
电子邮箱：dbts@ esp. com. cn）

序

　　不知不觉间进入彩票领域已过 10 个年头，从起初为广东省体育彩票中心进行彩票营销培训开始，便深深感受到这一快速发展行业的魅力及其人才培养、理论研究及社会服务的重要性。2008 年在广东省体育彩票中心的鼎力支持下，成立了华南地区第一家彩票研究机构——广东财经大学彩票研究中心，2012 年为广东省福利彩票中心进行彩票高级管理人才培训，开始了横跨两大彩票机构的诸多合作和研究。2014 年更上一层楼，与广东福利彩票研究中心合作成立了国内第一家关于彩票社会责任研究与实践的机构——广东福利彩票社会责任研究与实践基地，为彩民提供咨询服务，接听彩民来电，处理多个问题和彩民个案，为多人次提供健康购彩咨询服务。另外，研究中心还热心公益事业，与广东省福利彩票发行中心和广东财经大学校团委联手举办了三届"福彩杯"公益慈善项目策划大赛，在人才培养及践行公益方面得到了各方好评。迄今为止，广东财经大学彩票研究中心围绕当前我国彩票业发展过程中急需解决的问题展开研究，确立了以彩票销售与运营管理研究、彩票社会责任研究、彩民行为科学研究为彩票研究中心重点研究方向，承担了包括中国体育彩票管理中心等在内的各级彩票机构委托的研究项目近 30 项，为各级省内外彩票机构进行业务培训近3000 人次，举办了 2016 年"彩票社会责任国际论坛"，与广东省福利彩票发行中心联合成立的校级研究生培养示范基地；积极参与彩票行业学术交流活动，参加了第六届中国彩票行业沙龙交流活动和首届中国彩票行业沙龙亚太年会暨亚洲彩票论坛并做主题目报告；参与了中国福利彩票发行管理中心组织的福利彩票购彩行为分析专题培训等活动等。经过 10 余年发展，广东财经大学彩票研究中心在原主任胡穗华博士的带领下，形成了一支高效强干研究队伍，共有研究人员 15 人，其中，教授 7 人，副教授 6 人，讲师 1 人，博士 12 人（占比 80%），硕导 13 人，他们具有深厚理论研究水平和丰富实战经验。

2018 年，中国彩票机构累计销售彩票 5114.72 亿元，同比增长 19.9%。我国彩票事业得到了长足的进步，成绩有目共睹。随着时代的不断发展，处于高位运行阶段的彩票业面临着新的发展形势：一是"党的十九大"报告指出，中国特色社会主义进入新时代，我国社会主要矛盾已经转化为人民日益增长的美好生活需要和不平衡、不充分的发展之间的矛盾。这个重大判断，为新时代我国彩票业的推动发展指明了方向、提出了新的要求，要充分挖掘彩票作为国家彩票、责任彩票的属性，通过理念升级和发展导向的迭代，让全社会能更方便、更公开、更透明地了解彩票的属性，将公益公信元素作为培育发展彩票市场新的推动力和增长点，改变原有的过分依赖高奖池和中大奖的宣传来提升销量的单一做法。二是依法管理彩票市场的要求越来越高。三是保持彩票市场持续健康发展的责任越来越大。四是支持社会公益事业发展的任务越来越重。因此，一方面，彩票发行管理机构需重新思考彩票渠道管理，提高销售效率；另一方面，社会经济的发展加快了人们的生活节奏，彩民对彩票的娱乐性需求与日俱增，迫切需要通过更为便捷、灵活的销售方式来完成彩票的购买和兑奖。鉴于此，笔者编写了此书。本书的写作是对过去 10 余年在彩票渠道领域所做诸多研究项目的一个系统总结，其内容基本涵盖了彩票营销渠道管理的方方面面，其研究为一线的彩票营销渠道工作者提供了新的视角和参考，为彩票营销渠道的决策者提供了科学的决策依据，为国内外的研究同行带来了新的交流主题。本书在写作的过程中得到了广东财经大学彩票研究中心原主任胡穗华（副教授、博士）、广东财经大学工商管理学院副院长李柏勋（副教授、博士）、王静一（副教授、博士）、黎小林（副教授、博士）、刘楼（副教授、博士）、郭玉琅博士以及王红艺老师的大力支持和协助，本书的出版得到了广东省体育彩票发行中心、广东省福利彩票发行中心、广州市福利彩票发行中心、广东财经大学和经济科学出版社的大力支持与帮助，在此一并表示衷心的感谢！！！

　　限于笔者水平，本书难免存在不足之处，敬请读者批评指正！

陈又星

2018 年 10 月于广州

Contents

目录

第1章
绪　论

2017 年，我国共销售彩票 4266.69 亿元（见图 1-1），同比增加 320.28 亿元，增长 8.1%。历经 30 年发展，中国彩票市场规模已稳居世界第二位，仅次于美国。我国累计销售彩票约 3.2 万亿元。其中，销售福利彩票近 1.8 万亿元，体育彩票超过 1.4 万亿元。30 年来我国累计从彩票销售收入中筹集超过 9000 亿元彩票公益金，使用范围从早期主要用于民政福利和体育事业，逐步拓宽至养老、医疗、奥运会、红十字、残疾人、扶贫、法律援助、抗震救灾和灾后恢复重建、文化等更多领域，成为发展社会公益事业的重要资金支撑，有力充实了全国社会保障基金。

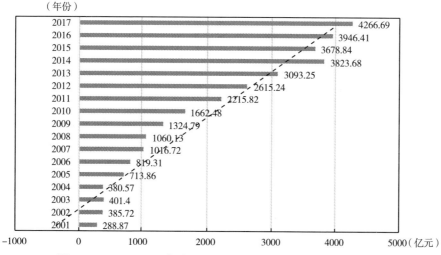

图 1-1　2001～2017 年中国历年彩票销售额（未含港澳台地区）

2017 年，乐透数字型、竞猜型、即开型、视频型和基诺型彩票销售量分别占彩票销售总量的 61.5%、21.8%、5.8%、10.8%、0.1%（见图 1 – 2）。其中，福利彩票机构销售 2169.77 亿元，同比增加 104.85 亿元，增长 5.1%；体育彩票机构销售 2096.92 亿元，同比增加 215.43 亿元，增长 11.4%。

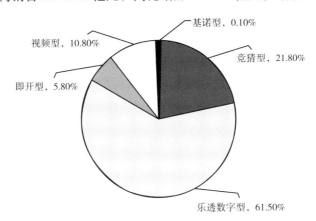

图 1 – 2　2017 年各型彩票销售占比

乐透数字型彩票销售 2628.14 亿元，同比增加 179.50 亿元，增长 7.3%；竞猜型彩票销售 928.52 亿元，同比增加 163.62 亿元，增长 21.4%；即开型彩票销售 246.06 亿元，同比减少 38.71 亿元，下降 13.6%；视频型彩票销售 462.14 亿元，同比增加 16.71 亿元，增长 3.8%；基诺型彩票销售 1.82 亿元，同比减少 0.84 亿元，下降 31.5%，如图 1 – 3 所示。

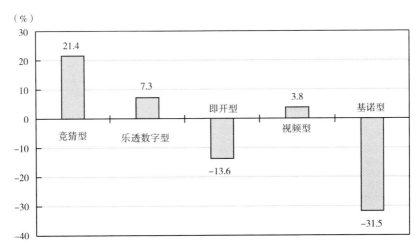

图 1 – 3　2017 年各型彩票销售增长率

4266.69 亿元的彩票销售额是由众多的电脑型彩票投注站、彩票社会网点等销售渠道共同完成的，我国目前确切的销售投注站及网点数量因为种种原因无法得知，但我们可以从表 1-1 所示的一组数据进行大致的推算得知。

表 1-1　　　　　　　　全国体育彩票电脑型投注站数量

年份	2010	2011	2012
数量（家）	127872	141937	146804
增长率（%）		11	3.4

资料来源：根据国家体育彩票管理中心相关数据整理而成。

平均增长率为（11% + 3.4%）/2 = 7.2%，2017 年体育彩票的电脑型投注站数量大致为 146804（1 + 7.2%）^{5} = 208461（家），考虑到全国福利彩票电脑型投注站数量与体育彩票的规模不相上下，再加上彩票销售社会网点的数量，估计全国彩票销售站（网）点的数量为 45 万家，平均每个站（网）点的从业人员为 2~3 人，解决了约 100 万人的就业问题。

随着时代的不断发展，处于高位运行阶段的彩票业面临着新的发展形势。一是党的十九大报告指出，中国特色社会主义进入新时代，我国社会主要矛盾已经转化为人民日益增长的美好生活需要和不平衡、不充分发展之间的矛盾。这个重大判断，为新时代我国彩票业的发展和推动发展指明了方向、提出了新的要求，要充分挖掘彩票作为国家彩票、责任彩票的属性，通过理念升级和发展导向的迭代，让全社会能更方便、更公开、更透明地了解彩票的公益属性，将公益公信元素作为培育发展彩票市场新的推动力和增长点，改变原有的过分依赖高奖池和中大奖的宣传来提升销量的单一做法。二是依法管理彩票市场的要求越来越严格。三是保持彩票市场持续健康发展的责任越来越重大。四是支持社会公益事业发展的任务越来越重。五是对技术的飞速发展与应用对彩票的销售渠道及销售方式提出了新的挑战，例如，2015 年被暂停的互联网销售渠道、电话购彩、智能机器人无人彩票销售等。因此，一方面，彩票发行管理机构需重新思考彩票销售管理，提高渠道销售效率；另一方面，社会经济的发展加快了人们的生活节奏，彩民对彩票的娱乐性需求与日俱增，迫切需要通过更为便捷、灵活的销售方式来完成彩票的购买和兑奖。

随着彩民年轻化发展、移动互联网技术的快速发展和以智能手机为代表的移动通信设备的迅速普及，如何构建一个安全、规范、可控的销售渠道，是健康发展彩票过程中亟待解决的一个重要课题。鉴于此，本书将从彩票销售渠道理论分析、彩票营销渠道管理现状与发展趋势、彩票营销渠道日常维护管理、彩票营销渠道销售管理、彩票营销渠道促销与公关活动管理、彩票营销渠道资金使用绩效管理，以及彩票营销渠道创新管理等方面对彩票营销渠道管理进行详细的阐述。

第2章
彩票营销渠道管理概述

2.1 彩票营销渠道的内涵、意义、功能及其模式

2.1.1 营销渠道的内涵

营销渠道即商品流通渠道、营销渠道、分销渠道或者是通路。美国市场营销协会所属的定义委员会于1960年将销售渠道定义为：公司内部单位以及公司外部代理商和经销商的组织机构，通过这些组织，商品才得以上市营销。不同学者对此有不同的定义，例如，美国市场学者爱德华·肯迪夫和理查德·斯蒂尔认为，营销渠道是指当产品从生产者向消费者和产业用户移动时，直接或间接转移所有权经过的途径。美国西北大学著名营销教授菲利普·科特勒则认为，营销渠道是指某种货物或劳务从生产者向消费者移动时，取得这种货物或劳务的所有权或帮助转移其所有权的所有企业和个人。因此，营销渠道主要包括商业中间商（因为他们取得所有权）和代理中间商（因为他们帮助转移所有权），此外它还包括处于营销渠道的起点和终点的生产者和消费者。

综上所述，可以简要地理解营销渠道，是指在使产品或服务顺利地被使用或消费的过程中所涉及的相互依存的组织的集合。

2.1.2　彩票营销渠道的内涵及意义

彩票营销渠道是指彩票从彩票发行机构转移到彩民手中过程中所涉及的相互依存的组织的集合，它不仅是指彩票实物形态的运动路线，还包括完成彩票运动的交换结构和形态。具体来说，彩票营销渠道包括四层含义。

（1）起点是彩票设计发行者，终点是彩民。彩票营销渠道的起点是彩票设计发行者，终点是彩民。它所组织的是从彩票发行机构到彩民之间完整的彩票流通过程，而不是彩票流通过程中的某一阶段。

（2）中间商是彩票营销渠道的积极参与者。彩票营销渠道的积极参与者是彩票流通过程中各种类型的中间商。彩票从彩票发行机构向彩民转移的过程表示为：彩票发行机构—代理或批发机构—站点—彩民。彩票发行机构组织宣传、销售、运输、储存等活动，一个环节接着另一个环节，把彩票源源不断地由彩票发行机构送往彩民手中。

（3）以彩票所有权的转移为前提。在彩票营销渠道中彩票发行机构向彩民转移彩票，应以彩票所有权的转移为前提。彩票流通过程先反映的是彩票价值形态变换的经济过程，只有通过彩票货币关系而导致彩票所有权随之转移的买卖过程，才能构成彩票营销渠道。

（4）是某种特定彩票从彩票发行机构到彩民所经历的流程。彩票营销渠道是指某种特定彩票从彩票发行机构到彩民所经历的流程，彩票营销渠道不仅反映彩票价值形态变化的经济过程，而且也反映彩票实体运动的空间路线。

彩票营销渠道的意义在于以下四个方面。

（1）是彩票进入市场之路。相关彩票发行机构设计发行的彩票只有通过营销渠道传递到彩民手上，才能实现其价值形态。如果没有营销渠道，彩票发行机构彩票不能进入市场，则其价值形态实现不了，国家也谈不上筹集公益基金，更谈不上发展。

（2）是彩票行业的重要资源。现代彩票的发行活动，必须依赖于人、财、物、管理、信息、时间、市场七大资源。在这七大资源中，市场资源是重要的外部资源，是彩票发行机构最难拥有与控制的一种资源，又是关系到彩票发行机构生存发展的一项资源。例如，遍布全国的彩票销售投注站网络资源是我国彩票销售的重要资源之一，围绕这一资源，福利彩票和体育彩票对营销渠道进行了长时间的建设与整合，投入了大量的人、财、物等资源。

（3）是彩票业节省彩票营销费用的重要措施。彩票发行机构不可能完全自产自销，这是因为其除了设计发行外，再筹建彩票营销渠道推销自己的彩票，而不借助中间商，那么在人力、资源、财力和时间等方面的限制就有可能严重影响彩票的销售效果，达不到预期的目标。所以彩票营销渠道的存在，有助于节约彩票流通环节中的人力、物力、财力，增加销售，加快资金周转。

（4）对彩民的作用。彩票营销渠道为彩民获得彩票产品提供了便利，节省了选购彩票产品的时间与精力。因为彩票营销渠道的存在，节省了流通费用，使彩票产品流通过程中的销售成本降低，从而减轻了彩民的负担；同时，由于彩票营销渠道的存在，使其有可能聚集并经销其他彩票发行机构的彩票，彩票品种齐全，使彩民可从中选购满足自己所需的彩票，从而节省了彩民的精力与时间。

彩票营销渠道的重要意义在于它所包含的轨迹构成了了解营销活动效率的基础。彩票能否及时销售出去，在相当程度上取决于营销渠道是否畅通。

2.1.3　彩票营销渠道的功能

从现代营销观点来看，彩票营销渠道在克服彩票及服务与彩民之间在时间、地点和所有权方面的关键性差距上，具有以下六大功能。

（1）完成彩票所有权转移的功能。彩票中间商按市场需求与彩票发行机构双方就彩票的价格和其他条件达成最终协议，成交付款后，部分彩票的所有权转移到彩票中间商，然后通过彩票营销渠道将产品转移到彩民手中。部分彩票的所有权将在某一时点上发生转移。

（2）促进销售功能。彩票中间商通过广告、展示、商标、现场演示等促销手段刺激彩民的需求，激发其购买欲望，并利用自己良好的信誉来劝说顾客购买。

（3）为彩票发行机构筹集资金的功能。彩票发行机构的彩票如果不经过营销渠道，由彩票发行机构直接卖给彩民，则彩票实现其价值转移所经历的时间较长，彩票发行机构往往不能得到足够的资金而难于维持正常运转。借助营销渠道，可以使彩票发行机构及时获得资金，使彩票发行运作得以正常进行。

（4）承担风险的功能。彩票中间商由于对彩票发行机构的部分彩票（如即开型彩票）收购，而承担了由于彩票产品缺失、损耗及其他原因而造成的损失，从而承担了彩票发行过程中的部分风险。

（5）信息渠道功能。彩票营销渠道能帮助彩票发行机构搜集和传递彩民对彩票玩法、趣味性、中奖概率等方面的意见和要求，也可以搜集和传递潜在的彩民需求，以便彩票发行机构开发新彩票品种和改进老彩票品种，还可以帮助彩票发行机构收集其他彩票发行机构的信息，使其做到知己知彼。

（6）为彩民提供彩票产品的功能。通过彩票发行机构营销渠道，可以为目标彩民提供品种齐全的彩票，以便彩民在较短时间内，以较少的精力满足不同的需求。

2.1.4 彩票营销渠道的模式

2.1.4.1 与彩票营销渠道有关的概念描述

彩票中间商。彩票中间商是指处在彩票发行机构和彩民之间，参与彩票销售活动，促进彩票买卖行为发生和实现的、具有法人资格的经济组织或个人。按彩票中间商是否拥有彩票的所有权，我们可将其划分为彩票经销商和彩票代理商。

彩票经销商。彩票经销商必须先从彩票发行机构购买彩票，取得彩票所有权，然后再通过自己的彩票销售网络将彩票卖给彩民。按其销售的对象不同，彩票经销商又可分为彩票批发商和彩票零售商。前者是指将彩票卖给其他中间商的彩票经销商，后者则是指将彩票直接卖给彩民的彩票经销商，例如彩票投注站。

彩票代理商。彩票代理商并不拥有彩票所有权，只是协助彩票发行机构和彩民之间实现彩票所有权的转移，例如，全国各地彩票发行中心在即开票的物流配送方面依赖于通过竞标获得配送资格的社会公司，这些公司只负责即开票及物料的日常配送，或者是顺带进行投注站的日常巡查，并不直接经营彩票的销售业务。所以彩票代理商承担的风险较少。

彩票营销渠道的长度。彩票营销渠道长度是指渠道层次的数量，即彩票在渠道的流通过程中，中间要经过多少层级的彩票中间商参与其销售的全过程。通常包括以下四级渠道。

零级渠道：彩票发行机构—彩民，零级渠道在中国彩票市场尚无先例。

一级渠道：彩票发行机构—站点—彩民，一级渠道在中国彩票市场占据主导模式。

二级渠道：彩票发行机构—批发（代理）商—站点—彩民，二级渠道在中国彩票市场早期曾经出现过，目前并不多见。

三级渠道：批发（代理）商——一级批发（代理）商—二级批发（代理）商—站点—彩民，三级渠道在中国彩票市场尚无先例。

彩票营销渠道的宽度。彩票营销渠道的宽度结构，是根据每一层级渠道中间商数量的多少来定义的一种渠道结构。渠道的宽度结构受产品的性质、市场特征、用户分布以及彩票发行机构的营销战略等因素的影响。渠道的宽度结构分成以下三种类型。

（1）密集型营销渠道。也称为广泛型营销渠道，是指彩票发行机构在同一渠道层级上选用尽可能多的渠道中间商来销售自己的彩票产品的一种渠道类型。密集型营销渠道，多见于即开型彩票的销售。

（2）选择性营销渠道。选择性营销渠道是指彩票发行机构在某一渠道层级上选择少量的渠道中间商来进行彩票销售的一种渠道类型。多见于电脑型站点销售渠道。

（3）独家营销渠道。独家营销渠道是指彩票发行机构在某一渠道层级上选用唯一的一家渠道中间商的一种渠道类型。例如，某彩票发行机构在发行一种新的彩票产品时，将其在某省的销售权签给了 A 公司，即在该省只有 A 公司才能销售这种彩票。

彩票营销长渠道。彩票营销长渠道是指彩票发行机构经过两道或两道以上的中间环节把彩票产品销售给彩民。如彩票发行机构通过批发商（或代理商）、零售商，将彩票产品销售给彩民。其渠道形式主要是中间要经过代理商、零售商两道环节。

彩票营销长渠道的优点是渠道长、分布密、触角多，能有效地覆盖市场，从而扩大彩票产品销售；缺点是由于中间环节多，销售费用增加，不利于彩票发行机构及时获得市场信息情报，迅速占领市场。

彩票营销短渠道。彩票营销短渠道是指彩票产品在从彩票发行机构向彩民转移过程中，最多只经过一道环节的营销渠道，有零级渠道和一级渠道两种形式。目前，我国的电脑型彩票销售大多是短渠道。

彩票营销短渠道的优点：有利于加速彩票流通，缩短彩票产品的生产周期，增加彩票产品竞争力；有利于减少彩票损耗，从总体上节省流通费用；有利于开展售后服务，利于彩票发行机构和中间商建立直接、密切的合作关系，维护彩票发行机构信誉。其缺点是：增加销售直接费用，有时显得成本过高。

2.1.4.2 彩票营销渠道模式

我国《彩票发行与销售管理暂行规定》第十条中对彩票营销渠道有如下明文规定：发行销售方式，指发行销售彩票所采用的形式和手段，包括采用电脑网络系统（离线和在线系统）、电话系统（移动电话和固定电话网络系统）、大规模集中销售（大奖组）、邮售、网点销售等。禁止利用因特网发行销售彩票。同时第八条中规定：彩票机构可以对外委托电脑系统开发、彩票印制和运输、彩票零售、广告宣传策划等业务。彩票发行机构应当制定本系统对外业务委托管理办法，并报财政部备案。这为我国彩票销售渠道进行了约束与规范。

目前，从世界范围上来看，彩票营销渠道的模式主要有以下四大类。

（1）彩票营销长渠道模式。主要针对即开型彩票，如图 2 - 1 所示。

图 2 - 1　彩票营销长渠道模式

（2）彩票营销零渠道模式。主要通过互联网销售彩票，如图 2 - 2 所示。

图 2 - 2　彩票营销零渠道模式

（3）彩票营销一级渠道模式。主要针对电脑型彩票，如图 2 - 3 所示。

图 2 - 3　彩票营销一级渠道模式

（4）多渠道模式。多渠道是指彩票发行机构针对同时销售的不同彩票产品采取不同的营销渠道模式，形成以上三种渠道模式混合使用现象。我国两家彩票发行机构属于此类。

2.1.5　彩票营销渠道业态模式

2.1.5.1　专业电脑投注站渠道模式

专业电脑投注站渠道模式是指彩票发行机构通过电脑投注站销售彩票的模式。这一渠道模式主要针对的是电脑型彩票的销售，随着科学技术的发展，彩票的销售发展为利用现代计算机系统来实现，由于电脑终端机售出的彩票无论是哪一种，彩民都可以凭着自己的主观意愿来选号，所以可称作"主动型彩票"。常见的有"乐透型""数字型""竞猜型"三种。这种销售形式在世界彩票业发达国家已流行多年，我国则是近几年才兴旺起来，并且占据了总销售额的90%以上。

目前中国体育彩票和福利彩票共拥有电脑销售终端近45万个，是我国彩票业的销售主渠道。纵观世界彩票业，虽然已有100多年的历史，但促使其蓬勃发展的重要因素之一是 20 世纪中叶特别是近几年计算机、计算机网络、无线通信和卫星通信等高新技术的应用。

1. 专业电脑投注站渠道模式优点。专业电脑投注站渠道模式的优点主要体现在三个方面。

（1）专业性强。在系统安全性、可靠性和操作性等方面较传统的人工销售方式有很大改进。

（2）便于管理。具有游戏参数化、数据汇总自动化、管理智能化和投注机一体化等功能，即时性较强。

（3）在更大程度上实现了彩票公开、公正、公平的原则。因而电脑彩票不仅是彩票发行手段的变革，而且给彩票业的发展注入了新的活力。

2. 专业电脑投注站渠道模式缺点。专业电脑投注站渠道模式的缺点主要体现在以下三个方面。

（1）缺乏灵活机动性。尤其是针对流动量比较大的人口，显得比较被动。

（2）销售员的主要精力是销售电脑票，在电脑票销售繁忙时，一般无法顾及网点即开型彩票的销售。

（3）运营成本比较高。需要专门的机器设备与专门的门面，再加上人工费用等，运营成本比较高。

2.1.5.2 专业电脑投注站渠道调研分析

2012 年 12 月 23 日开始至 2013 年 1 月 20 日止，作者曾对某市 1600 家福利彩票投注站发放调查问卷进行调研。在具体调研时，由市福利彩票发行中心通过特快专递邮寄 1609 份调查问卷给各投注站主，回收 1547 份，项目组人员通过电话访问核实了 118 位站主提供的相关信息，通过现场访谈访问了 30 位没提供问卷或存在有其他问题的典型站主，并在现场访问过程中通过站点附近的房屋中介核实租金信息。通过对调查问卷的综合分析可得到主要结论如下。

1. 福利彩票兼营投注站调研结论。

福利彩票兼营投注站的调研分析得到以下主要结论。

（1）福利彩票从业人员主要以高中学历为主，投注站主年龄主体是 40 岁以上的人群，男性稍多于女性，62% 的投注站主从业时间在 11 年及以上，具有较为丰富的彩票行业从业经验。

（2）52.4% 的兼营站面积超过 20 平方米，平均面积为 24.1 平方米，月租金多在 1000 ~ 3999 元，每平方米租金为 219.36 元，具有改造为专营站的条件，不需要另外寻找店铺，但仍有 47.6% 的店铺面积在 20 平方米以下，是改造为专营站的主要难点。

（3）投注站的经营方式主要有三种：自己亲自经营、聘请他人经营和由家里人负责经营。

（4）从投注站经营的时间来看，绝大部分投注站经营时间在 3 年以上，每天的营业时间在 8 小时以上。

（5）从投注站所在地段的人流量情况来看，一半以上的兼营站人流量一般，这会影响投注站主对兼营站的改造信心。投注站周边治安环境情况普遍较好。

（6）从投注站方圆 800 米范围内的福利彩票投注站分布情况来看，显示出福利彩票投注站具有较大的密度。这也是众多兼营站投注站主提出较多意见之一。

（7）从投注站周边福彩专营站数量来看，显示出福利彩票专营站较大的分布密度及其影响，但仍然有 20.1% 的投注站对于周边的福利彩票专营站情况不清楚，这会影响这部分投注站改为专营投注站的进度。

（8）从投注站方圆 800 米的范围内只销售体育彩票的专营投注站情况来看，体育彩票专营站的分布情况与之较为接近，显示出体育彩票专营站的布点情况正在步步紧逼，对福利彩票的销售形成较大的竞争力。

（9）超过一半的投注站主对其他投注站的情况不了解或了解一部分，显示出投注站主之间缺少充分的交流与沟通，同时也会对福利彩票专营站的推广形成一定的影响。

（10）绝大部分的投注站每月支出的总费用在 10000 元以内。

（11）从投注站聘请销售员的情况来看，大部分兼营站聘请了 1~2 名员工，20% 的投注站没有聘请员工，聘请员工的学历以高中为主，人均聘请成本在 3000 元以下的比例高达 83.6%，其中，2000~3000 元的比例最大，为 60.7%，工资构成中采用固定工资＋提成＋奖励的比例最大，然后是固定工资＋提成，对于调动销售员的工作积极性具有较大的激励作用。聘用时间最多的比例在 1~2 年，其次是 5 年以上，说明投注站销售员流失率高和老销售员比例高两种现象并存。

（12）兼营站不愿改专营站的三大原因是专营投注站的成本太高、专营投注站总的彩票销量会减少以及难以找到合适的店铺。

（13）在所有的福利彩票兼营投注站中，近80%的投注站福利彩票销售额占总收入一半以上比例，其中，41.5%的兼营投注站中福利彩票销售额占总收入的比例为60%~69%，显示出福利彩票销售额对于这些投注站的重要性。说明福利彩票专营站的做法对于尚在兼营的投注站主而言影响并不是太大，实行福利彩票专营的做法可以起到增强福利彩票竞争力的效果。

（14）有20%左右的投注站其他商品或体育彩票的销售额超过福利彩票销售额，这些兼营站（约105家）将会是实行福利彩票专营化政策的阻碍。

（15）兼营投注站站主对于只能销售福利彩票的看法中，最多的担忧是将会出现较大的亏损。

（16）如果投注站主的投注站一定要专营化，则投注站主希望最多的是提高销售返点和增加"快乐十分"等销量好的玩法。

（17）一半以上的投注站主比较了解和很了解福利彩票专营站的经营情况，为下一步推行兼营站转专营化奠定了基础，但仍然有45.2%的投注站主对福利彩票专营站的经营情况了解不深入，需要进一步沟通使其了解这些专营站的情况，为下一步工作打好基础。

（18）大部分投注站主对投注站的利润情况反映一般，这将对福利彩票的稳定经营构成了隐患，如果不重视会导致关店的情况经常发生。

（19）彩票投注站的客户主要是老彩民，彩票投注站的销售额主要来自老彩民。

（20）根据问卷原始数据，经调整可算得投注站每月平均总费用为7509.05元，根据某市福彩中心提供的各投注站2012年全年销售额的资料，可算得投注站每月平均销售额为87538元，投注站平均月收入约为5343.17元，即每个投注站平均每月利润为 −2165.88元，需要靠销售体育彩票或者是其他商品来弥补。

（21）当福彩销售额占比小于50%时，有20.1%的兼营站其他销售额占比为50%以上，有31%的兼营站体彩销售额占比达50%以上。当福彩销售额占比在50%~60%时，54.4%兼营站的体彩销售额占比在50%以上。这说明需要集中关注福彩销售额占比小于50%且体彩销售额占比达50%以上的兼营站。它们是专营化的最大阻力源。

2. 福利彩票专营投注站（不含"快乐十分"）调研结论。

福利彩票专营投注站（不含"快乐十分"）调研分析结论主要归结为下列五个方面。

（1）专营投注站主的情况。主要有以下四个结论。

①以男性站主为主，男性超过女性站主 10 个百分点；

②总体年龄偏大，甚至有部分超过退休年龄的，30 岁以下的投注站主的比例偏少；

③学历主要集中在高中、中专和大专，学历总体水平基本符合彩票投注注站经营的需要，但素质需要进一步提高；

④大多从事彩票经营的时间较长，从事彩票 6 年以上的占到总体人数的 70% 以上，5 年及以下的不到 30%。

（2）专营投注站的情况。主要有以下两个结论。

①专营投注站总体符合彩票经营许可要求，其平均面积约为 26.52 平方米（通过算期望值得到，如果按简单平均来计算，为 26.02 平方米），但是 10 平方米以下的投注站还是有近 8% 的比例。

②每站平均月租金为 2630 元（按简单算术平均为 2479.6 元/站），单位面积月租金为 85.26 元，在合理范围之内。在月租金 1000～4000 元范围内占的比例在 70% 以上，总体月租金压力并不大，不到 20 家投注站月租金超过 6000 元。

（3）专营投注站的经营。主要有以下 10 个结论。

①专营投注站有多种经营方式，但大多以自己经营为主。专营投注站经营时间大多在 3 年以上，专营投注站经营时间相对兼营的要短。

②专营投注站选择地段的空间在减少，虽然周边治安环境被认为尚可，但所在地段人流量大多被认为一般。专营投注站分布密度较大，没能合理地控制布局范围。

③专营投注站的经营成本主要体现在铺租金和人工成本上。未调整的月租金加人工费用平均每站每月为 5807.6 元，根据访谈发现月租金和人工费用有夸大的倾向，调整后平均每站每月人工加月租金费用为 4646.1 元。远低于

兼营站费用，可能与地段和面积有关。

④专营投注站主对利润满意度普遍偏低，事实证明专营投注站盈利空间较小，按照7%的返利点来计算，总体上专营站是亏损的，而且亏损的幅度比较大。计算得出总费用平均为7737元，但以2012年8月、9月、10月的平均销售额来计算，平均收入为6242元，平均每个站点每月亏损1495元。

⑤投注站经营者对彩票玩法的敏感性较高，传递了彩民对彩票玩法的敏感性。其中特别对"快乐十分"等彩种的需求十分强烈。

⑥专营投注站的经营时间相对较短，主要集中在3年以内，这使投注站在地段选择等方面具有局限性，同时经营经验等方面可能也待提高。

⑦专营投注站营业时间普遍较长，无法按劳动法规定的工作时间标准进行。

⑧专营投注站之所以专营，主要是因为迫于福彩中心的要求，并因而可以在短期内获得福彩中心提供的额外服务和收益。

⑨专营后有相当比例的投注站会减少销售额，从而总体上降低了佣金和期望利润。

⑩交叉分析表明，专营在短期内会遭受阵痛，但是从长期来看有利于销售额的提高。

（4）销售人员。主要有以下五个结论。

①专营站投注站完全由投注站主自己管理和作业的较少，大多数聘请1～2名销售人员。

②销售人员大多学历在高中及以下，基本工作只能是简单的彩票交易，很难有营销策划方面的素质和技能。

③销售人员月平均人工成本普遍不高，达不到某市人均工资水平，2012年某市平均月工资水平为4789元，但对专营投注站来说已经产生了较大的成本压力。

④专营投注站销售人员的流动性比较高，投注站的销售员一般的聘用时间最多的比例在0.5～2年。

⑤销售人员的基本付酬方式是"基本工资+销售提成"，投注站主已经注意到销售人员对社会保障的诉求意愿。

（5）彩票的销售服务。主要有以下四个结论。

①投注站对福彩中心的服务诉求比较明显，特别是对物业的维护、奖品的多样化和数量的增加、政策信息的及时传达、统一的宣传册、统计数据的及时发布等有较强的诉求。

②投注站与彩民的联络较多，他们能有效表达彩民的需求。

③专营投注站销售额主要来自老彩民，想办法提高彩民忠诚度很有意义。

④大部分投注站都会把宣传放在发放资料、讲解玩法、统计中奖走势等方面，没有更深层次的、系统的营销策划。

（6）福利彩票专营投注站（含"快乐十分"）调研结论。

福利彩票专营投注站（含"快乐十分"）调研分析得到以下主要结论。

本次调查的 486 个投注站的站主男性占比 63.1%，平均年龄约为 43 岁，且 21～50 岁的占 78.8%，学历结构主要为高中（中专）、大专和本科，占比达 89%，且有两位博士。投注站主平均从事彩票的年限为 9.5 年，绝大部分投注站主从事彩票业时间超过 5 年，比例达 63.6%，其中有 15.2% 达 16 年以上。也有 32.3% 不到 5 年。

①近九成的费用来自租金和销售员成本。投注站的总费用中，租金和销售人员成本占绝大部分，达到 88.5%。同时，根据问卷原始数据可算得投注站每月平均总费用为 9800 元。

②投注站收支有盈余。根据某市福彩中心提供的各投注站 2012 年月销售额的资料，可算得投注站每月平均销售额为 241075 元，按照佣金 7% 计算，投注站平均收入约为 16875 元。即每个投注站平均每月利润为 7075 元（16875 － 9800）。

值得一提的是，有"快乐十分"站点盈利率为 89%，但从数据来看，还有 43 个站点亏损。

③对"快乐十分"的依赖程度非常高。根据某市福彩中心提供的各投注站 2012 年销售额的资料可算得"快乐十分"的销售额占比达 51%，这与问卷取得的数据是吻合的。问卷数据显示近半数（47.7%）的投注站中"快乐十分"的销售额占总销售额的比重超过 50%。

④基本上能做到销售员收入与销售业绩挂钩。

⑤投注站经营方式与聘请销售员数量一定关系。调查显示，有75%的投注站是站主自己和家人经营的，有超过90%的投注站聘请了销售员。将投注站经营方式与聘请销售员数量进行双向交叉分析，发现无论哪种经营方式，聘请两个销售员的居多。聘请三个及以上销售员的则以"自己亲自经营"居多，占比为23.9%，远超过其他经营方式。采用"聘请他人代为经营"而不聘请销售员的只有一家，占比仅为0.9%，其他经营方式均有10%左右的投注站不请销售员。

⑥专营化后福彩销售额上升幅度与投注站对利润的满意度成正比。专营化后福彩销售额上升幅度与投注站对利润的满意度成正比，而一直专营的投注站中，对利润的不满意度为13%，过半数的投注站对利润满意度为"一般"。

⑦投注站"快乐十分"销售额提升空间与"快乐十分"销售额占比有一定关系。经分析发现"快乐十分"销售额占比（即投注站"快乐十分"销售额占其销售总额的比例）没超过50%时，"快乐十分"销售额占比越高，认为"快乐十分"销售额有较小提升空间或没有提升空间的越少，而当"快乐十分"销售额占比超过50%时，认为"快乐十分"销售额有较小提升空间或没有提升空间的比例有所提高，达到31.5%。

除"快乐十分"销售额占比为10%~20%时，投注站对"快乐十分"销售额提升空间持乐观态度的不到50%外，其他五种情形下，投注站对快乐十分销售额提升空间持乐观态度的均超过50%，即认为"快乐十分"销售额有很大或较大的提升空间。

⑧投注站经营面积和月租金。投注站的平均面积为38.75平方米，30~50平方米的占大多数，达55%，60平方米以上的仅为7%，但有四家投注站不到15平方米。

投注站的平均月租金为4099元，月租金最高的为50000元，最低的为800元，2000~5000元所占比例最高，达65.7%，计算可得投注站平均每平方米租金为106元。

⑨投注站经营情况。主要有以下十一个结论。

a. 经营方式与经营时间。486个投注站中，绝大部分投注站经营的时间在3年以上，比例高达72.6%。有52%是站主自己亲自经营的，23%是家人经营的，两者合计达 75%。有 11 家是采用利润分成方式外包他人经营的。

b. 营业时间和地理位置。绝大部分投注站每天的营业时间在 12 ~ 16 小时，比例高达 73.9%。绝大部分投注站处在人流量较大和一般的地段上，两者所占的比例高达 89.3%。有 6.6% 的投注站处在人流量非常大的地段上，只有两家投注站所处地段人流量非常少，且大部分投注站周边治安情况良好，所占的比例为 67.5%。只有 2.7% 的投注站周边治安较差。

c. 站点周围设立的投注站情况。在投注站方圆 800 米范围内，有 2 ~ 3 家福彩站的占 46.2%。有 16.5% 的投注站周围有 5 家以上福彩投注站，在这些福彩投注站中，专营站大多为 1 ~ 3 家，占比达 72.8%。值得注意的是，有 14.7% 的站主不清楚或没有填写（空白）自己投注站周围有多少家福彩站，有 10.3% 的站主不清楚或没有填写（空白）自己投注站周围有多少家福彩专营站。

在投注站方圆 800 米范围内，有 2 ~ 3 家体彩站的占大多数，比例为 53.1%。有 18.7% 投注站周围有 1 家体彩专营投注站，有 11.3% 的投注站周围有 5 家或以上体彩专营投注站。此外，有 7.2% 的站主没有填写或不清楚自己投注站周围有多少家体彩专营站。

d. 对附近投注站专营化了解和福彩玩法的了解情况。有 47.4% 的投注站主清楚附近投注站专营化与兼营化的情况，有 23% 表示不清楚，有 29.4% 表示清楚程度是一般。

绝大部分投注站主很了解福彩玩法，比例达 72.6%，有 22.6% 比较了解福彩玩法，说明有 95.2% 的投注站主了解福彩玩法，且没有不了解玩法的投注站。

经过 T 检验，也得到相应的结论：一是投注站主对投注站附近其他投注站的专营与兼营化比较了解；二是投注站主对福利彩票玩法很了解。

e. 总费用。大部分投注站每月支出的总费用在 5000 ~ 10000 元，比例达 57.8%，5000 元以下的不到 10%，10000 ~ 20000 元的占 24.1%，只有 1.6% 的投注站超过 40000 元。

f. 专营化前后情况。有 37.2% 的投注站专营化经营时间不到 1 年，3 年以上的只有 24.1%，绝大部分是 3 年以下，占比达 75.5%。有 66.05% 的投注站专营化的原因是市福彩中心的要求，但同时也有超过43%的投注站认为"专业化后服务会更好"，超过39%的投注站认为是"发展趋势，彩民需要这样的环境"，超过33%的投注站认为"销售额会比兼营投注站高"。

有64.8%的投注站在专营化经营后，福利彩票的销售额上升，20%持平，只有4家投注站出现亏损，有必要了解其原因。此外，有23家一直是专营。56.2%的投注站对利润状况满意度表示一般，有22.6%表示满意，其中，有3家投注站表示很满意，而不满意比例为21.2%。

g. 专营化后迫切需要的服务。有79.13%的投注站认为"网点布局不要太密集"，有超过60%的投注站认为"促销力度要大"，超过50%的投注站认为需要"中心的彩票宣传、售后服务、投注推介"。

h. 投注站销售额提升需要改进的地方。有65.84%的投注站认为"附近彩票网点太密集"，有超过60%的投注站认为"福彩宣传和服务水平需提升"。

i. 销售员情况。92%的投注站聘请了销售员，其中，有50%聘请了2人，只有8%明确表示没有聘请，所聘请的销售员中，超过62.5%的是高中学历。超过52.5%的投注站请的销售员能工作1~3年，超过13.3%的投注站销售员工作不到1年，但也有超过13%的投注站销售员工作时间达3年以上。

85.2%的投注站雇用的销售员每月人均成本在2000~4000元，也有8.8%的投注站超过4000元。绝大部分投注站雇用的销售员工资构成为"基本工资+提成+奖励"，比例达53.5%，有30%的投注站采用"基本工资+销售提成"的方式，两者合计达83.5%，说明福彩投注站基本上能做到销售员收入与销售业绩挂钩。

j. "快乐十分"情况。47.7%的投注站中"快乐十分"的销售额占总销售额的比重超过50%，且超过40%的占74.3%，说明专营化投注站对"快乐十分"的依赖程度非常高。

超过60%的投注站中"快乐十分"的销售额"忽高忽低，波动大"，且超过28%的投注站"稳步提高"，超过9%的投注站则是"逐渐减低"。有57.8%的投注站认为"快乐十分"销售额有很大和较大提升空间，有30%认为只有很少的提升空间。

超过半数的投注站认为"快乐十分"对其他福彩品种销售影响不大，有20.8%认为没有影响，两者合计达75.3%。只有16.2%的投注站认为有影响。

T检验结果也显示投注站主认为"快乐十分"对其他福彩品种销量的影响不大，且认为"快乐十分"的销量还具有较大提升空间。

要提升"快乐十分"销售额，70.58%的投注站认为应"常举办加奖促销活动"，超过60%的投注站认为"要合理布点，不要轻易全面铺开"，也有过半数的投注站认为应"常举办送礼品促销活动"和"多宣传"。

k. 与彩民的关系。有86.5%的投注站了解彩民，但也有11.9%的投注站对彩民不太了解。有68.5%的投注站平时与彩民有联络，但也有30.7%的投注站平时与彩民没有联络。

T检验结果也显示投注站主对"快乐十分"彩民较为了解。

有65.2%的投注站老彩民比例超过50%，其中，18.7%的投注站老彩民比例达到80%以上，但也有7%的投注站老彩民比例不到20%。有62.6%的投注站老彩民月销量占月销总量的比例超过50%，其中，17.3%的投注站达到80%以上，但也有6.6%的投注站老彩民月销量占月销总量的比例不到20%。与老彩民人数占比分析的结果基本吻合。

过半数的投注站对彩民的宣传措施为发放资料和玩法讲解，只有32.51%的投注站是"以上全部和售后兑奖服务"，甚至有5.14%的投注站"仅发放资料"，可见此处有较大的提升空间。

2.1.6 社会网点合作渠道模式

社会网点合作渠道模式是指彩票发行机构通过与其他行业零售商的合作销售彩票的模式。这一渠道模式主要针对的是即开型彩票的销售。即开型彩票票面上的号码或图案被一层纸或特殊涂膜覆盖，彩民购买后揭开或刮开覆盖物就可对照销售现场的兑奖公告判断自己是否中奖。由于即开型彩票的节奏快，无须等待开奖时间，因而特别受流动性比较大的人群欢迎，而社会网点本身就是吸引人群的地方。

2.1.6.1　社会网点渠道的种类

从国内外的具体实践来看，社会网点渠道主要有六种。

（1）新增社会零售销售网点。主要利用社会便利、零散的零售资源（如非连锁的商业网点、杂货铺、烟酒店、报亭等）来销售彩票。

（2）分散摊点或小型卖场。主要利用各地有关部门的资源，选择人流量大的场所设点销售彩票。主要定位为低端路线。此种包括两类：一类是固定的、日常摊点；另一类是节日或其他时点的非常设摊点。

（3）流动销售点。流动销售点是指通过流动销售摊点和流动销售车来销售彩票。流动销售摊点主要是在机场、广场、车站等人流量大的地方设点销售，变被动销售为主动销售；流动销售车主要是深入乡镇和村，可占领空白市场。

（4）现代连锁商业渠道网点。利用现有的商业模式和客流量，发展成为即开型彩票营销渠道网点。此类渠道主要定位中高端人群，以开发、吸引新人群为主，条件是有 POS 机、连锁，包括四类：现代连锁大卖场、超市和社区便利店、奥运特许专卖店；石化石油、邮局、烟草连锁专卖、电信移动、银行、连锁药店、交通等行业。各类专业卖场（信息技术、手机、电子、家居用品等）；餐饮娱乐业：连锁酒店、餐厅、咖啡馆、酒吧、茶楼、夜总会等。

（5）高端卖场。高端卖场主要针对高端人群，包括高档酒店、酒吧、卡拉 OK 厅、夜总会、洗浴中心、美容场所、高档餐饮等。

（6）无店铺直销渠道。无店铺直销渠道是指通过电话、邮寄、目录、电视等销售渠道销售彩票。主要针对有钱无闲的白领和女性群体，走中高端路线。

2.1.6.2　社会网点合作渠道模式的优点

社会网点合作渠道模式的优点有以下三种。

（1）覆盖面广、影响力大。由于社会网点种类多，网点密集度高，与百姓生活密切相关,覆盖面积大,具有广泛的影响力。

(2)机动灵活,可根据具体的彩票销售情况作出灵活的调整。例如,可以根据流动人口的特点调整其销售渠道。

(3)建设成本低。由于是借助现有的社会网点渠道,其发展比较成熟,无须另外开拓渠道,能节省建设成本。

2.1.6.3 社会网点合作渠道模式的缺点

社会网点合作渠道模式的缺点有以下两种。

(1)渠道类型复杂、管理难度高。由于社会网点渠道类型众多,呈现出多业态的渠道模式,因而在管理上具有一定的难度,渠道整合协调和控制比较困难。例如,社会网点渠道本身存在着竞争,如百货商店、专营店、超市等,这会影响管理协调难度。

(2)专业化服务提供显得比较不足。由于是渠道合作共享,受场地限制和人员专业素质等因素的影响,在彩票的专业化服务方面不如专业店面电脑投注站渠道所提供的专业服务。

2.1.7 网络投注渠道模式

网络投注渠道模式是指彩票发行机构通过互联网销售彩票的方式,它属于无站点销售。在我国,网络投注渠道模式被财政部等三部委明令禁止,在大多数欧美国家,网络销售彩票也是被禁止的,只有欧洲的一些国家允许网上销售彩票,但这些彩票都是针对外国人,并不是针对本国人。

作为一种新兴的渠道,一些国家开始进行了有益的探索。例如,新西兰彩票委员会于2008年6月引入在线销售渠道,彩民可以通过网络购买彩票。

2.1.7.1 网络投注渠道模式的优点

网络投注渠道模式的优点有以下两种。

(1)便利性好。只要有电脑和网络,不再麻烦彩民前往投注站购买彩票;可以不受地域限制,购买任何地方任何彩种的彩票,彩民购彩可有更多选择。

（2）信息量大。丰富即时的彩票资讯、彩票合买方案、开奖公告、专家预测等，可减少投资比率，提高彩票中奖概率。

2.1.7.2　网络投注渠道模式的缺点

网络投注渠道模式的缺点有以下三种。

（1）互动交流沟通性强。例如，网上有专业的彩票 QQ 讨论群及彩民论坛，使彩民能够一边购买彩票，一边同天南地北的彩民沟通交流信息和新的体会，这在某种程度上对彩票发行机构发行的彩票设计要求更高。

（2）规范性差。因为网络购买彩票业务刚刚兴起，网络应用不够规范，目前仍没有相对完善的监管措施。

（3）难监管。并且通过网络购买彩票没有实物交易，双方往来的只是一串串数字，监管难度较大。

2.2　彩票营销渠道管理的内容

彩票营销渠道管理是指根据彩票自身产品特点和营销环境对彩票销售渠道的决策、设计和营运的管理活动，促进彩票的有效销售。

彩票营销渠道管理的具体内容包括彩票销售渠道规划、彩票销售渠道的日常管理、彩票销售渠道的销售管理、彩票销售渠道的促销与公关管理、彩票销售渠道绩效管理和彩票销售渠道创新管理等。其中，彩票销售渠道规划包括渠道的结构、规模、地理布局及销售目标的规划，彩票销售渠道的日常管理包括彩票营销渠道成员选择、彩票营销渠道巡查管理及彩票营销渠道修改与渠道成员退出管理，彩票营销渠道销售管理包括现状、趋势及对策管理，彩票营销渠道促销管理包括现状、精细化促销管理及对策，彩票营销渠道激励与绩效管理包括激励与绩效管理现状、对策分析等，彩票营销渠道创新管理包括组织创新、技术创新及渠道模式创新等内容。具体如图 2 - 4 所示。

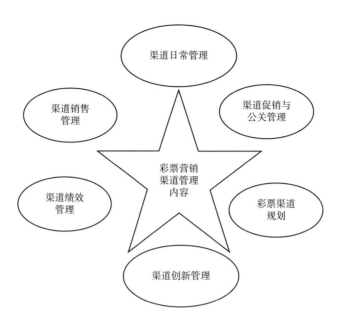

图 2 - 4　彩票营销渠道管理内容

2. 3　我国彩票营销渠道管理现状与发展趋势

2. 3. 1　我国彩票营销渠道管理的现状

我国《彩票发行与销售管理暂行规定》第十条中对彩票营销渠道有如下明文规定：发行销售方式，指发行销售彩票所采用的形式和手段，包括采用电脑网络系统（离线和在线系统）、电话系统（移动电话和固定电话网络系统）、大规模集中销售（大奖组）、邮售、网点销售等。禁止利用因特网发行、销售彩票。同时第八条中规定：彩票机构可以对外委托电脑系统开发、彩票印制和运输、彩票零售、广告宣传策划等业务。彩票发行机构应当制定本系统对外业务委托管理办法，并报财政部备案。这为我国彩票销售渠道进行了约束与规范。

我国各级彩票发行中心非常重视对彩票销售渠道的管理，以某市福利彩票为例，初步建立起了市区二级＋中心物流配送站的渠道管理架构，实行按彩票票种的模块化管理，形成了一支懂彩票发行政策、销售及渠道管理的队伍。

（1）渠道管理逐渐规范化、专业化。经过多年的发展，各级彩票发行中心在渠道管理方面逐渐规范化和专业化，在投注站的申报、开办及退出等方面形成规范化的流程管理，推行彩票销售投注站专营化，根据规范的物流管理中心站招标文件组建物流配送站，初步建设了一支专业化的即开票配送及服务队伍，在即开票配送、物料配送、市场开发、巡查监督、站点培训、销售促进、销售设备维修及保养服务及信息收集等方面开始发挥出应有的作用。

（2）渠道管理组织架构的模块化管理。各级彩票发行中心根据彩票票种的不同类型设置了专门的部门进行管理，例如，福利彩票的电脑票部主要针对投注站传统机及"快乐十分"的销售与促销，即开票部主要负责即开票的销售管理与促销，中福在线主要负责视频票的销售管理，宣传推广部主要负责整体市场的开发与推广，这种组织架构体现出了模块化专业管理，在特定的时期发挥了巨大的作用。

（3）我国彩票流通的主渠道比较单一，制约了我国彩票业的发展。目前我国彩票业的流通主渠道是传统的门店销售模式，其社会面覆盖有限，影响的人群依然是社会的中低端彩民，而在开拓新的目标客户方面，门店销售难以有大的发展。

（4）我国彩票流通的成本比较高。由于我国彩票流通的过程中主要以门店销售为主，所耗费的人工费用和设备费用比较高，导致我国彩票的流通成本也相应比较高，因而需要大力推广新型的彩票流通模式。

（5）彩票流通行业人员素质有待提高。在我国，以体育彩票为例，截至2017年12月，全国各省（区、市）共设发行机构32个，地级销售机构320个，县级销售机构2123个，电脑彩票投注站超过20万个，全系统从业人员超过30万人。由于彩票业的发展历史较短，加之进入门槛较低，导致整个彩票业从业人员的学历普遍偏低，其中，彩票业管理人员的学历结构较好，本专科及以上的比例较高，而比例最大、人数最多的彩票业店主及其销售员的学历结构则不太理想。例如，根据笔者曾在2013年对某市的福利彩票销售从业人员（包括兼营投注站、专营且不含"快乐十分"投注站和专营且含"快乐十分"投注站的从业人员）进行的一项调查中发现，福利彩票兼营投注站从业人员主要以高中学历为主；福利彩票专营投注站（不含"快乐十分"）从业人员学历主要集中在高中、中专和大专，学历总体水平基本符合彩票投注站经营的需要但素质需要进一步提高；福利彩票专营投注站（含"快乐十分"）从业人员学历结构主要为高中（中专）、大专和本科，占比达89%，且有四位博士。整体而言，由于整个彩票行业从业人员的低学历现象非常突出，大专及以上学历中与经营管理有关或者与公益事业有关的专业也明显偏少，导致了彩票行业的专业结构非常不理想，彩票行业如果想要得到长足的发展，在这方面的提升空间将会非常大，如图 2 - 5 所示。

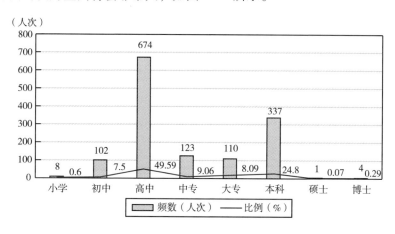

图 2 - 5　福利彩票从业人员学历结构

（6）站点偏少。在不到 6000 万人的法国，仅彩票销售站点就有 5 万多个，平均每 1200 人就设有一个站点，而在我国，2017 年这一数据大约是 3089 人（13.9 亿人/0.0045 亿人），因此，彩票流通站点数量明显偏少，需要随着市场的发展相应增加销售站点，特别是增加新型的社会网点合作类型的销售站点，在条件允许的情况下，试点网络彩票销售渠道。

（7）彩票销售与彩民日益增加的需求之间的匹配性问题。随着国家经济的快速发展和彩民生活水平的提高，再加上新技术的不断进步，彩票品种不断增加，传统的彩票销售主渠道投注站也面临着在面积扩大、硬件设施更新、软件服务升级、装修升级换代等方面的提升需要，以匹配彩民日益增加的需求，尤其是年轻彩民对这方面的需求。在此方面，广东省内东莞市、佛山市已经作出了有益的探索，积累了丰富的经验，结果也已经证明这种探索是与时代的发展相适应的。

（8）管理专业化、服务兼职化与直达式的服务问题。彩票事业的不断发展壮大需要一支能提供专业化、专职化与直通达式服务的人才队伍，而过去的发展经验带来的是专业化的管理而不是专业化的服务，物流配送站与各区民政局所提供的服务又不能完全专职化，导致了市中心的各种服务不能直通投注站，形成了管理专业化、服务兼职化与层级式的服务，这种服务并不能满足当前彩票日新月异的市场变化趋势。

（9）小生产模式与规模化的经营管理问题。现有的彩票销售渠道采用的是各个投注站自营加盟的形式，无论是在经营规模和水平上，还是在管理及服务意识上都与现代化的公司运营存在很大的差距，随着彩票事业的不断壮大，必将带来小生产模式与规模化的经营管理问题。

（10）粗放式经营与精细化运营之间的问题。以往的彩票销售注重的是投注站的数量扩张和销量增长，这种跑马圈地式的粗放经营也带来了高速增长的彩票销售，当彩票品种的不断增加，当彩票销售的低速增长成为彩票业的新常态，粗放式的经营将会越来越难以为继，成本也会越来越高，因此，精细化的彩票运营呼之欲出，它需要在大数据的支撑下通过科学的研究找出低成本高效益增长之路。

（11）互联网彩票销售政策不明晰。互联网彩票一直是人们非常关心的问题。"十二五"期间，中国彩票销售总额超过8600亿元，比"十一五"期间的3455亿元增长了148%。前瞻产业研究院2014年10月发布的《2015-2020年中国彩票业市场前瞻与投资战略规划分析报告》指出，2010~2015年中国彩票年销售额保持了15%以上的高增长率，在这5年中，仅有2010年和2013年2月出现彩票月销售额下降的情况。不过，由于现行法规、监管的真空及滞后，近年来，涉及互联网彩票销售的各类负面问题和乱象一直层出不穷。

2014年11月中旬起，审计署派出18个特派办，对全国共计18个省份开展彩票资金审计工作。2015年6月25日，审计署发布了第一份针对彩票的审计公告。公告指出了彩票资金在使用、管理、监督等方面的问题。根据公告，审计共抽查彩票资金 658.15 亿元，占同期全国彩票资金的 18.02%。审计查出虚报套取、挤占挪用、违规采购、违规购建楼堂馆所和发放津贴补贴等违法违规问题金额 169.32 亿元，占抽查资金总额的 1/4。在违规售彩方面，18 个被审计省份中有 17 个未经财政部批准，违规利用互联网销售彩票 630.4 亿元；向互联网彩票销售商支付佣金 66.7 亿元。在滥用、挪用彩票资金方面，部分机构虚报套取、挤占挪用彩票资金等 42.87 亿元。

2015 年 1 月 15 日，财政部、民政部、国家体育总局发布《关于开展擅自利用互联网销售彩票行为自查自纠工作有关问题的通知》。通知规定，彩票销售机构应当认真开展自查自纠工作，建立工作责任制，妥善做好彩票资金结算等善后工作。2 月 25 日，国家体育总局又发布《体育总局关于切实落实彩票资金专项审计意见加强体育彩票管理工作的通知》。两个《通知》发布后，3 月 1 日，几乎所有涉及网络购彩的网站已经全部停止网络彩票的销售。

2015 年 4 月，八大部委联合发布的《关于制止擅自利用互联网销售彩票的公告》，明确指出彩票具有四大销售渠道，不可擅自跨渠道销售。

2016 年 5 月 24 日，财政部、公安部等五部委再次联合发布《关于做好查处擅自利用互联网销售彩票工作有关问题的通知》，严禁彩票发行销售机构及其代销者擅自利用互联网销售彩票，按照"谁批准、追究谁，谁出票、查处谁"的原则，对有关彩票机构实行停业整顿，并严格查处责任人。《通知》中也提到，"个别地区有令不行、有禁不止，擅自利用互联网销售或变相销售彩票现象仍时有发生"。由于一些彩票 O2O 平台比较高调，这也引起了监管层的注意，彩票 O2O 模式也包含在此次整顿之列中。

事实上，2007 年至今，国内互联网彩票业务已经历了五次叫停，而此次叫停成为时间最长的一次。各部委几次联合发布公告和通知，也表明了国家和政府层面整肃整顿互联网售彩的决心。究其原因，互联网售彩的主要障碍不在于技术层面，而在于各方利益如何重新调整，这需要国家政策的出台。根据有关报道，从技术来讲，互联网销售彩票管理系统的测试、调试都已经完成，整个行业都在期待重启，但是目前牵涉的利益方太多，导致政策迟迟不出。

互联网彩票的出现迅速打破了原有的利益链条，开网售业务的地方彩票中心彩票销量会大幅上升。而其他一些地方彩票中心原有的"公益金"收入随之减少，导致双方利益失衡。业内人士认为，在行业发展过程中夹杂了中央与地方、省份之间，省份与网络代销商之间三重博弈关系。同时对于互联网彩票网站资金的监测等问题都有待进一步解决。这些都延缓了国家政策的出台。

《彩票发行销售管理办法》中规定，我国彩票发行方式是指发行销售彩票所采用的形式和手段，包括实体店销售、电话销售、互联网销售、自助终端销售等四大渠道。2015 年 4 月，八大部委联合发布的《公告》的官方解读中，财政部再次强调了这四个渠道的合法性与合规性，表明了政府对互联网和自助终端售彩两大新渠道发展的重视。

在互联网彩票的低谷期，一些企业考虑到当前行业的大环境，选择观望或者退出。但也有一些资本比较雄厚，或者着眼于长远利益的企业择机进入。例如，2015 年 2 月，乐视体育 1000 万美元领投竞彩服务运营商章鱼彩票 B 轮融资；同年 3 月，阿里巴巴 23.88 亿港元收购互联网彩票公司亚博科技 59.45% 的股份。阿里表示，中国彩票市场拥有巨大的商业潜力，对亚博科技的投资将有助于在这一市场抢占先机、挖掘潜力。

总之，长远来看，发展互利网彩票是大势所趋，关键在于如何放开和管理的问题，最终要等待国家政策的出台。综合行业大环境以及监管层目前的态度，到底何时开售还不是非常明晰。但很大的一种可能是，未来互联网彩票行业或采取牌照制，一些规模较大的平台将成为优先进入者，而其他一些规模较小的平台将面临收购、淘汰或转型。

2.3.2 我国彩票营销渠道开拓与创新方面的一些尝试

从全国来看，投注站仍然是福利彩票销售最为重要的渠道。与此同时，各地也在积极尝试开拓一些新的福彩销售渠道。

2.3.2.1 自助售彩

近年来，随着中国彩票行业进入市场急速扩张和加速上升的阶段，自助终端这一国外普遍流行的售彩模式进入了人们的视野。例如，山东济宁市福彩中心与东港彩意网络科技有限公司联合推出了 24 小时福彩自助投注服务体验店，并于 2016 年 10 月 11 日开始试运营。自助终端销售机超越了传统的彩票购彩模式，为广大市民提供了新型的彩票购买渠道，实现了从购买、找零到兑奖的一站式服务，且它占地面积小、可移动性大，能遍布各大场所，可以提供全部彩种。"福利彩票自助销售系统"是彩民通过自助方式，在自助销售终端机上使用微信或银联 App 扫码购买彩票，同时支持微信支付、微信线上兑奖，中奖后将一万元以下的小额奖金自动返奖到彩民购彩支付账户中的一种新型智能彩票销售系统。彩民以前购彩总会担心彩票丢了或者过期被迫弃奖。而福彩自助投注终端由于有着实名支付系统的依托，彻底改变了原先纸质彩票不记名、不挂失的弊端，购彩成功后可选择是否打印纸质彩票，电子彩票同样可以兑奖！彩民不再为保管彩票和及时兑奖而耗费心力。据调查，北京、天津等地早在几年前就推广使用了彩票自助投注设备，不过直到今天，在这些地区的彩票自助投注机对彩民来讲仍不常见，彩民主要选择的购彩渠道仍然为实体投注店。对于大部分彩民来说，接受自助终端操作有点麻烦，对于熟悉自助终端机器比较慢的彩民，容易手忙脚乱，如果操作超时或者其他失误，可能会造成交易失败和个人损失。还不如花费几元钱，去投注站打印一张彩票立刻取走。对于上了年纪的老彩民来说，比较喜欢钻研走势图，而自助机器只能选号码，相比较来讲，还是到投注站更现实。因此，虽然自助终端设备丰富了彩票销售渠道，但是想要普及开来难度仍在。

2.3.2.2　社会网点售彩

主要是针对即开型彩票，除了在原有的投注站销售外，还增设社会流动网点进行彩票销售。例如，某市在市内增设了大批社会流动网点来进行销售。其中，位于商业旺地步行街上的销售网点，堪称全城近百家销售"刮刮乐"社会网点翘楚。据统计，从 2013 年 5 月开卖，一年多就销售"刮刮乐"突破 2000 万元，取得了令人瞩目的成绩。在开设社会网点之初，某市福彩中心就明确提出了标准：形象一流、服务至上。设计时尚、前卫、坚固耐用的销售棚；统一制作的销售员工作服美观、大方。整体形象的提升，不仅可以长期宣传福彩公益性，而且提升了福利彩票在更多消费者心目中的形象，消除了很多人心中"彩票只是低收入、低消费群体实现快富梦想"的成见，从而吸引了更多的新彩民加入。在加大彩票销量的同时，也增加了彩票的品牌力量。市场效果良好。

2.3.2.3　行业合作售彩

此外，与其他行业合作，拓展福利彩票销售渠道也是一个思路和途径。例如，广西福彩积极寻求与其他行业包括新华书店、中烟集团、中石油、沃尔玛在内的多个巨头进行合作，坚持"多人少买"理念，增加新的销售渠道，使彩票销量健康增长。此外，程良辉在《论银行购彩在福彩销售渠道中的应用》中指出了两点：一是现有的彩票发行方式主要是依靠投注网点进行销售，而实际情况是各省投注站的分布已趋于饱和状态，发展的空间潜力有限；二是目前彩民的整体结构并不合理，中高收入人群的参与度远远低于中低收入人群，如何使彩民群体结构更加合理，是优化彩票市场的关键所在。

2.3.2.4　投注站形象升级与标准化建设

一方面随着购彩人群人口结构的变化和劳动密集型产业的转型，原有的一线工人为主要的彩民群体开始逐步向中产阶级转化。调研结果显示，公务员、军人等中高端彩民对投注站的空间布局评价最低，说明相较于其他群体，他们对投注站本身的硬件等有更高的要求和期待。从对其他省份的调研结果来看，投注站的转型和升级是得到共识的。尤其是面对未来互利网彩票的竞争，更需要实体投注站在硬件、服务等各方面能有较大的提升。这些年轻一代彩民、待开发的中高端彩民对投注站的环境、硬件配置必然会提出更高的要求，只有推进投注站形象升级与标准化建设才能满足其需要，提高其光顾和购买意愿。另一方面随着新游戏玩法的增加，必须要求有新的营销环境与之相匹配，使投注站成为购彩人群愿意长时间停留的一个新的空间，让购彩人群可以购彩、交流、互动。这也对投注站的升级和标准化建设提出了要求。以东莞市福利彩票为例，通过投注站形象升级和标准化建设极大提升了投注站的彩票销售能力，带来了年均3%～5%的销量增长。佛山市福利彩票发行中心更是以投注站建设为工作重点。提出"三化"的口号：专业化、形象化、规范化。提出了投注站建设和管理的三个阶段：第一阶段，实现好的店面环境。要有空调、电视、洗手间等基本配置，最好有停车位等。第二阶段，信息化建设。逐步实现智能化操作。例如，实现刷卡、微信、支付宝一体化，更方便彩民购彩，促进信息化管理。当然这需要省中心的支持。此外，还要逐步开发中高端彩民市场。建设大户室，提高中高端彩民的服务能力。第三阶段，投注站 + 互联网模式。

自 2006 年起，陕西福利彩票发行中心实施了投注站建设专管化、标准化、精细化的"三步走"战略。以专管化巩固市场份额，按照"先易后难、由点及面、稳步推进"的原则，采取"自愿选择、政策扶持、逐步分离"的策略，到 2010 年全部实现福彩专营。专营化使福彩的市场份额从 55% 迅速上升，稳定在 70% 以上，最高达到 74%；以标准化重塑行业形象，制定了示范投注站建设指导意见，全系统先后投入 1000 多万元，建成 119 个福利彩票示范店，使投注站的面貌和形象明显改善；以精细化改善服务质量，启动了投注站的星级评定，制定评比标准，每年选出 700 家三星级以上的星级投注站，并按星级给予一定的奖励，有效调动了业主积极性。从 2014 年至今，升级层面累计投入 6500 多元专项资金，推动市级福彩机构建设经营福彩旗舰店，以规模化建设引领福彩营销发展新方向。有专门的《彩票业务费支持福利彩票投注示范店（旗舰店）项目资金管理办法》，明确了总则、省、市福彩中心的工作职责、资金使用范围和标准、项目申报、资金使用和管理、监督和管理、附则等六个方面的内容。

2.3.3　我国彩票营销渠道管理的发展趋势

2.3.3.1　投注站依然是彩票营销渠道管理的核心和重点

一方面，传统售彩基于投注站的方式，培养了中国的彩票市场，刻画并强化了彩民购彩的行为习惯。调研显示，绝大部分彩民会选择投注站购买彩票，这与其消费习惯的养成有很大关系，彩票长期以来都是以投注站作为销售场所。而投注站的即时出票让彩民感到安全、兑奖方便、有利于获取信息和交流分享,这些都将使投注站具有长久的生命力。同时,也要求中心要加大力度进行投注站的管理和建设。另一方面,随着彩票营销 3.0 时代的到来,关系、情感、互动将成为彩票营销的关键词,而投注站具有网络不可替代的独特优势。未来即使互联网彩票销售渠道开放,可能与实体投注站也不是非此即彼的关系,双方面对的彩民群体并不完全重叠,甚至可以在一定程度上实现双赢。当然,这取决于各省份及投注站如何去定位和开展自己的工作。

2.3.3.2　投注站的形象提升与标准化、规范化建设是彩票营销渠道管理的重点

随着社会的发展,消费者的消费面临着升级换代的需求,对环境、服务方面的要求也会越来越高,彩票行业也不例外。尽管我国各级彩票机构出台的方案、合同、标准等存在细节上的差异,但其总体思路是基本一致的。通过标准化、规范化建设和升级投注站软、硬件,提升投注站对彩票需求升级的响应,特别是逐渐增加的中高端彩民的服务能力。在此基础上,如何通过培训、激励等去推动投注站自身的营销创新,提升其营销能力,则是要各显其能了。

2.3.3.3　投注站的物流配送、培训与服务

投注站管理和服务上,一个核心的问题在于站点的物流配送、培训与服务。目前广东省福彩采取的模式基本是:省福彩出具一个统一的招标方案,各地市自己招标派送和日常管理工作,即派送和日常管理合一。但派送和日常管理工作合一是否恰当、高效?值得深究。

据调研,广东省体彩中心采取的做法是:物料配送是由 EMS 来做,而体彩中心有一支专门的专管员队伍来做站点管理工作。这样就将物流配送与管理工作分开来,各司其职。

2016 年 12 月 30 日,广东省即开型体育彩票集中配送启动仪式举行,标志着广东省即开型体育彩票由省、市、县、销售代表到网点的四级即开票物流配送调整为配送中心直接到网点的一级物流配送模式。这是由广东省体育

彩票中心与中国邮政速递物流股份有限公司广东省分公司、广东彩惠智能科技有限公司合作的项目。据了解，这将使相关配送成本由过去即开票总销量的 1.5% 降低至 0.78%。

促进投注站自身的营销创新尤为重要。各彩票中心渠道管理的意义在于保证规范和安全、有效运营，而销量的提升还是要靠促进更多的投注站自身进行营销创新，开展有效的促销活动，在这方面需要各彩票中心为投注站提供更多的专业知识培训。

第 3 章
彩票营销渠道规划

彩票营销渠道规划是彩票营销渠道管理的重要组成部分，它不仅包括渠道模式、渠道功能、渠道数量、渠道布局等研究模块，还包括渠道目标管理、渠道网点的陈列规划等措施。在选择渠道时要通过商圈研究来综合考虑经济水平、交通状况、人口数量和收入水平的信息系统的选点研究，合理制定网点分布规划方案，可以细化到城市层面、区县层面以及街道定点层面三个水平上。

3.1 对现有的彩票营销渠道进行基本面分析

通过对现有的彩票营销渠道进行基本面分析，可以掌握彩票营销渠道的具体情况，为进一步进行科学规划奠定良好的科学基础。共开办多少家投注站、多少个即开票固定销售亭、多少系统从业人员，共销售彩票多少亿元，并超过竞争对手多少亿元，其中，电脑票销售多少亿元，同比增长多少百分比，占总销量的数据是多少；即开票销量多少亿元，同比增长多少百分比，占总销量的百分比是多少等。下面以某市福利彩票为例进行具体分析。

3.1.1 某市福利彩票投注站销售单店变化趋势

从图 3-1 中可以看出，某市福利彩票投注站单店平均销量除以即开票销量略有下降外，电脑型彩票（含传统机和"快乐十分"）及总销量均为增长。

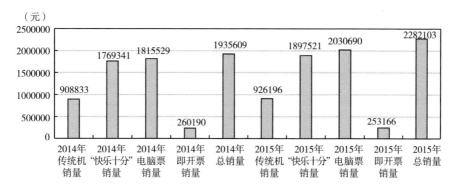

图 3-1 单店平均销量

从图 3-2 中可以看出，某市福利彩票投注站单店平均销量 2012～2015 年增加的有 1 区、2 区、4 区、9 区、11 区，2012～2015 年逐年减少的有 3 区、6 区、7 区，逐年减少的原因需要做重点分析。

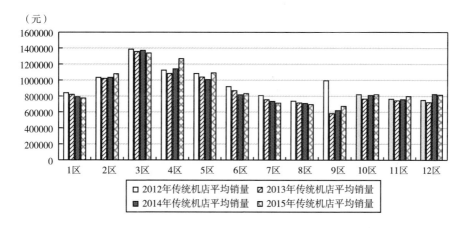

图 3-2 某市 2012～2015 年电脑型投注站店平均销量

从图 3-3 及图 3-4 中可以看出，某市福利彩票电脑型投注站销售增长率在各区之间 2015 年起伏较大。

3.1.2 某市福利彩票投注站数量与店均销量相关性分析

从表 3-1 至表 3-3 中可以看出，某市福利彩票投注站数量与店平均销

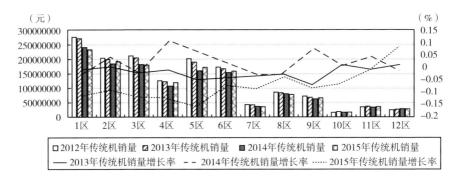

图 3 - 3   2012 ~ 2015 年传统机（电脑型）销量

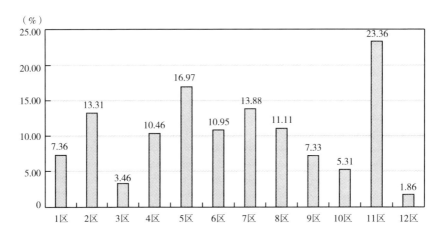

图 3 - 4   2014 ~ 2015 年电脑型投注站平均销量增长率

量之间没有强相关性，说明投注站数量的扩张并不影响单店的销量。

表 3 - 1   相关性

		2013 年投注站数量	2013 年店平均销量
2013 年网点数量	Pearson 相关性	1	0.320
	显著性（双侧）		0.311
	N	12	12
2013 年店平均销量	Pearson 相关性	0.320	1
	显著性（双侧）	0.311	
	N	12	12

表 3 - 2　　　　　　　　　　　　　　　相关性

		2014 年投注站数量	2014 年店平均销量
2014 年网点数量	Pearson 相关性	1	0.173
	显著性（双侧）		0.591
	N	12	12
2014 年店平均销量	Pearson 相关性	0.173	1
	显著性（双侧）	0.591	
	N	12	12

表 3 - 3　　　　　　　　　　　　　　　相关性

		2015 年投注站数量	2015 年店平均销量
2015 年网点数量	Pearson 相关性	1	0.149
	显著性（双侧）		0.644
	N	12	12
2015 年店平均销量	Pearson 相关性	0.149	1
	显著性（双侧）	0.644	
	N	12	12

3.1.3　某市福利彩票投注站数量与店均销量相关性分析

从表 3 - 4 至表 3 - 6 中可以看出，某市福利彩票投注站数量与总销量之间呈现强相关性，2015 年投注站数量与总销量之间的相关性呈现减弱趋势，说明单纯增加投注站数量并不能带来总销量的相应增加，而应该将发展的重点放在如何提高单店的销量上来。

表 3 - 4　　　　　　　　　　　　　　　相关性

		2013 年网点数量	2013 年总销量
2013 年网点数量	Pearson 相关性	1	0.980**
	显著性（双侧）		0
	N	12	12
2013 年总销量	Pearson 相关性	0.980**	1
	显著性（双侧）	0	
	N	12	12

注：** 表示在 0.01 水平（双侧）上显著相关。

表 3 - 5   相关性

		2014 年网点数量	2014 年总销量
2014 年网点数量	Pearson 相关性	1	0.987 **
	显著性（双侧）		0
	N	12	12
2014 年总销量	Pearson 相关性	0.987 **	1
	显著性（双侧）	0	
	N	12	12

注：** 表示在 0.01 水平（双侧）上显著相关。

表 3 - 6   相关性

		2015 年网点数量	2015 年总销量
2015 年网点数量	Pearson 相关性	1	0.985 **
	显著性（双侧）		0
	N	12	12
2015 年总销量	Pearson 相关性	0.985 **	1
	显著性（双侧）	0	
	N	12	12

注：** 表示在 0.01 水平（双侧）上显著相关。

3.1.4 某市福利彩票投注站销量聚合度分析

从表 3 - 7 中可以看出，某市福利彩票投注站销量聚合度比较高，接近 70% 的比例，超过该区店均销量的投注站贡献了 70% 左右的销售量，其中有 8 个区的比例超过 70%，最高为 78.98%，接近 2∶8 法则，有 4 个区的比例低于 70%，最低的比例为 66.24%。这也说明了下一步的工作要给予这些店重点关注与扶持。

表 3 - 7   投注站销量聚合度

区域	2015 年网点数量（个）	超过该区店均销量的投注站数量（个）	超过该区店均销量的投注站数量占比（%）	超过该区店均销量的投注站销量在该区的占比（%）
1 区	302	121	0.4070	0.7014
2 区	179	67	0.3743	0.6638
3 区	135	53	0.3926	0.6834

续表

区域	2015 年网点数量（个）	超过该区店均销量的投注站数量（个）	超过该区店均销量的投注站数量占比（％）	超过该区店均销量的投注站销量在该区的占比（％）
4 区	95	35	0.3684	0.6624
5 区	159	72	0.4528	0.7458
6 区	191	80	0.4188	0.7124
7 区	52	25	0.4808	0.7747
8 区	113	46	0.4071	0.7613
9 区	100	37	0.37	0.7144
10 区	22	10	0.4545	0.7369
11 区	48	18	0.375	0.6975
12 区	36	15	0.4167	0.7898

3.1.5　某市福利彩票投注站销量与地理位置的相关性分析

为了研究投注站所在地理位置与投注站销量之间的关系，调查抽取了 463 家投注站作为样本，地理位置用 2013 年调研的租金数据替代，销量用 2015 年的销量数据，分析结果如表 3 - 8 所示。

表 3 - 8　　　　　　　　　　　　相关性

项目		月租金	总销售额
月租金	Pearson 相关性	1	0.118*
	显著性（双侧）		0.011
	N	463	463
总销售额	Pearson 相关性	0.118*	1
	显著性（双侧）	0.011	
	N	463	463

注：＊表示在 0.05 水平（双侧）上显著相关。

从表 3 - 8 中可以看出，投注站地理位置的好坏与销量有显著的相关性。

3.1.6　某市福利彩票投注站各型彩票店均销量变化分析

（1）某市福利彩票投注站传统机彩票店均销量变化分析。

从表 3 - 9 中可以看出，4 区投注站传统机店均销量继续保持增长，增长率超过 10%，有四个区投注站传统机店均销量出现负增长，分别是 1 区、7 区、12 区和 11 区，其中 12 区下降的幅度最大。

表 3 - 9　　　　　投注站传统机彩票店均销量变化

区域	2014 年传统机店均销量（元）	2015 年传统机店均销量（元）	传统机店均增长率（%）
1 区	807383.0299	782297.2226	-0.031070516
2 区	1041762.704	1084154.369	0.040692247
3 区	1375350.866	1342550.356	-0.023848831
4 区	1148271.6	1271143.663	0.107006098
5 区	1020787.887	1098235.346	0.075870276
6 区	822902.0316	836844.199	0.016942682
7 区	718420.6903	700450.4956	-0.02501347
8 区	630469.1	679495.14	0.07776121
9 区	817994.0909	823125	0.00627255
10 区	762740.2917	793766.7917	0.040677673
11 区	833728.3333	822139.6667	-0.013899811
12 区	743065.3462	720496.3077	-0.139031723

（2）某市福利彩票投注站"快乐十分"彩票店均销量变化分析。

从表 3 - 10 中可以看出，2 区、5 区、10 区以及 7 区投注站"快乐十分"店平均销量继续保持高速增长，增长率超过 10%，其中 10 区增长率超过 35%，有 3 个区投注站"快乐十分"店平均销量出现负增长，分别是 11 区、3 区和 8 区。

从表 3 - 10 及图 3 - 5 可以看出，1 区 2015 年"快乐十分"销量最大，2 区、5 区、7 区及 10 区增长率均超过 10%，3 区、8 区及 11 区均为负增长，需查明原因，采取相应的改进对策。

表 3 - 10　　　　投注站"快乐十分"彩票各区店平均销量变化

区域	2014 年"快乐十分"店平均销量（元）	2015 年"快乐十分"店平均销量（元）	"快乐十分"店平均增长率（%）
1 区	1776272	1883380	0.060299402
2 区	1793870.857	1973763.347	0.10028174
3 区	1807080.654	1781503.267	-0.014153982
4 区	2017764.93	2030424.894	0.006274251
5 区	1993199.311	2306643.677	0.15725691

续表

区域	2014年"快乐十分"店平均销量（元）	2015年"快乐十分"店平均销量（元）	"快乐十分"店平均增长率（%）
6区	1700642.319	1804528.919	0.061086684
7区	1391730.964	1598794.954	0.148781622
8区	1677712.235	1673111.579	-0.00274222
9区	1826183.538	1971929.857	0.079809239
10区	1319911.92	1785541.786	0.352773438
11区	2687351.222	2581042.7	-0.039558849
12区	1431037.231	1676473.933	0.171509656

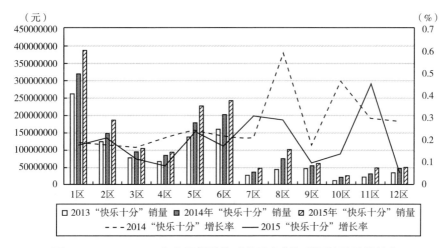

图3-5 2013~2015年各区投注站"快乐十分"彩票销量及增长率

（3）某市福利彩票投注站即开票平均销量变化。

从表3-11及图3-6、图3-7中可以看出，2区、4区、11区及5区投注站即开票销量继续保持增长，其中，2区和4区增长率超过10%，剩余7个区投注站即开票销量出现负增长，其中，10区和12区的下降幅度超过10%。

表3-11   投注站即开票平均销量变化

区域	2014年即开票店平均销量（元）	2015年即开票店平均销量（元）	即开票店平均增长率（%）
1区	370297	335700	-0.093429976
2区	238607.1761	269971.9719	0.131449507
3区	196498.5814	195377.8195	-0.005703664
4区	192786.5591	212146.8085	0.100423232

续表

区域	2014 年即开票店平均销量（元）	2015 年即开票店平均销量（元）	即开票店平均增长率（%）
5 区	199211. 9032	207816. 4557	0. 043192964
6 区	234890. 9158	230836. 911	− 0. 017259096
7 区	280090. 5804	252988. 9381	− 0. 096760278
8 区	212151. 2551	200886. 7347	− 0. 053096647
9 区	327541. 3636	264850	− 0. 191399837
10 区	256704. 1667	270245. 8333	0. 052752033
11 区	316971. 3889	284623. 6111	− 0. 102052674

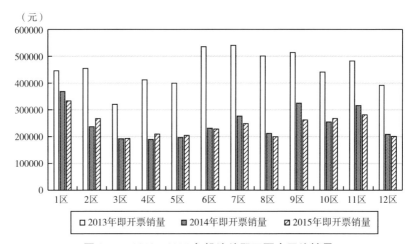

图 3 - 6　2013 ~ 2015 年投注站即开票店平均销量

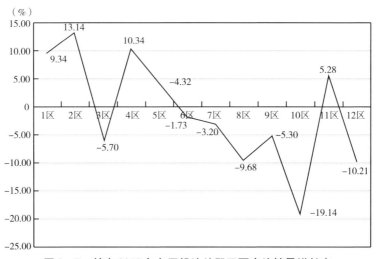

图 3 - 7　某市 2015 年各区投注站即开票店均销量增长率

3.2 彩票营销渠道规划

目前各彩票发行中心对彩票营销渠道都有规划，但较为粗糙，主要集中在销量任务和促销宣传活动安排等方面，对于渠道的数量、分布、管理队伍、培训、大数据分析等方面考虑不足，电脑票、即开票、视频票之间的渠道缺乏规划与协调，促销宣传活动的协调与统筹安排等方面存在各自为政的现象，因此，需要有团队统筹制定较为详细的渠道规划，对渠道建设与管理的各个方面能目标细化，要有措施，能实施，有反馈，有年度总结。

3.2.1 彩票营销渠道规划的总体思路及遵循的原则

3.2.1.1 总体思路

彩票营销渠道规划的总体思路是"渠道类型以线下投注站为主，社会网点为辅，积极应对网络及电话等新型渠道""营销方式以精细化营销、大数据营销、情感营销及关系营销为主，从数量扩张为主转向数量扩张与质量提升并重""管理方式以下沉式服务为主，从重管理为主转向提供专业化、规范化、标准化和精准式服务为主"。

（1）渠道类型以线下投注站为主，夯实实体渠道建设，社会网点为辅，积极应对网络及电话等新型渠道。

基于目前彩民最常购买彩票的渠道是投注站的现实，在国家政策没有大的变动条件下，未来 3 年渠道建设主要以投注站、彩票销售亭为主，同时积极开拓社会网点，在现有超市社会网点基础上，积极开拓其他社会网点实体渠道，例如便利店、加油站和即开型彩票自动售卖渠道等。关注新型彩票销售渠道，例如网络与电话渠道等，密切关注国家有关彩票销售渠道政策变化，在已有的手机售彩经验基础上，积极做好互联网渠道建设的准备工作，积极应对国家政策层面可能的明朗化。

（2）营销宣传方式以精细化营销、大数据营销、情感营销、关系营销和促销宣传、公益宣传为主，从数量扩张为主转向数量扩张与质量提升并重。

营销方式以精细化营销和大数据营销为重点，其中，精细化营销在"形象统一""服务热情及时""设备完善""管理员训练有素""资料齐全""图表清晰实用"等方面为重点抓手，认真研究改进的细节，制定完善的措施和实施的方式方法，提高彩民及投注站对这几方面的美誉度；大数据营销则注重每周、每月、每季度的投注站及彩票亭和社会网点彩票销售的变动情况，进行数据挖掘，采取相应的营销策略，提升渠道的销量，加强情感营销和关系营销在营销中的力度。

宣传方面以促销宣传、公益宣传为主，其中，公益宣传要长期化、多样化和新媒体化，及时制作公益金使用宣传视频在投注站反复播放；促销宣传则根据不同彩票类型和事件进行密集式宣传。

（3）进行彩票渠道管理模式创新探索，管理方式以下沉式服务为主，从重管理为主转向提供专业化、规范化、标准化和精准式服务为主。

加强各彩票中心对实体站点（主要为投注站和社会网点）的管理和服务力度，中心管理资源要下沉至投注站和社会网点，为此需要对现有的模块式管理方式进行创新探索，按区域市场设置市场部，形成统一的针对实体站点的服务窗口与队伍，形成各彩票中心内部有序的部门之间竞争的格局，改变以往重管理、轻服务的局面，为实体投注站提供专业化、规范化、标准化和精准式服务。

3.2.1.2　遵循的原则

彩票营销渠道规划应遵循的原则是：控制实体站点数量和强化站点质量，优化布局，抓大放小，连锁经营，培训到位。

（1）控制数量、强化站点质量。实体站点数量的扩张并不一定能带来销量的提升，反而会增加管理的难度和消耗宝贵的设备资源，要针对不同的区域采取不同的措施，销量表现好的区域要增加站点数量，销量差的区域要适当缩减站点数量。强化实体站点质量，增加高销量站点的比例。

（2）优化布局。对现有的投注站进行布局优化，消除布局空白的街道或者是社区，同时对分布较为密集且销量不佳的区域进行站点数量的调整，从便利彩民的角度合理布点。

（3）抓大放小。各彩票中心的服务资源重点向销量和增长率显著的区域和实体站点倾斜，进一步提高彩票销售的站点聚合度，节省服务成本，对销量平平且占比较小、增长率为负的区域和站点不用过多投入彩票中心的服务资源。

（4）连锁经营。运用连锁经营理念，针对部分营销量一直比较差的投注站可以考虑引入公司进行连锁化运营管理的方式，合理引导自身经营投注站且经验丰富、管理水平比较高的投注站业主成立公司，对销量一直比较差的投注站在自愿合规的基础上进行连锁经营尝试。

（5）培训到位。对投注站、社会网点、片区服务管理站及彩票中心的管理队伍进行分类培训，在知识、技能及态度等方面结合时间、事件和促销活动进行计划和培训。

3.2.2 彩票营销渠道规划的具体内容

3.2.2.1 彩票营销渠道管理模式规划

对彩票中心现有的彩票渠道管理模式进行改革，一方面，保留视频票原有管理模式不变；另一方面，电脑票和即开票由原来的按彩票类型设置的模块化管理改为按具体区域市场设置的综合式团队管理，团队之间形成竞争机制，同时配套推出激励制度，彩票中心力量下沉至投注站。具体如图 3 - 8 所示。

在实际的操作过程中，有两种方案选择。

方案一：可以分成两步走：第一步选择特定的区域进行试点，组建市场一部，先试先行，实行时间为一年，一年后进行经验总结；第二步组建市场二部和三部，全面推行，这是一种比较保守的做法。

方案二：没有试点期，全面推行，组建市场一部、二部和三部。区域的划分与组合可以考虑以上年度电脑票的销量数据为参考。

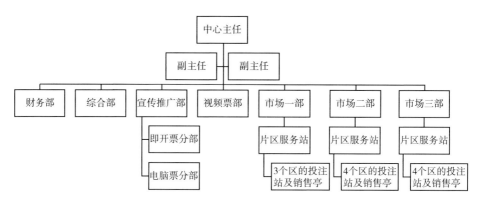

图 3 – 8　彩票中心改革后的渠道管理架构

建议：

市场一部：1 区、11 区、9 区、10 区

市场二部：2、6 区、12 区

市场三部：8 区、5 区、4 区、5 区

2015 年各区销量如表 3 – 12 所示。

表 3 – 12　　　　　2015 年各区销量（不含中福在线）　　　　单位：亿元

区域	1 区	2 区	3 区	4 区	5 区	6 区	7 区	8 区	9 区	10 区	11 区	12 区
销量	7.23	4.30	3.14	2.36	4.36	4.48	0.98	2.12	1.51	0.52	1.01	0.91

3.2.2.2　彩票营销渠道销量目标管理规划及分解

彩票营销渠道销量目标管理规划及其分解由四个部分组成。

（1）总销量目标及其分解，如表 3 – 13 所示。

表 3 – 13　　　　　　　总销量目标及其分解　　　　　　　单位：亿元

年份	总销量	电脑票销量	即开票销量	视频票销量
2015	39.43	30.42	4.69	4.32
2016	41.16	32.30	4.00	4.75
2017	43.22	34.24	3.80	5.18
2018	45.34	36.29	3.61	5.44
2019	47.65	38.47	3.43	5.75

注：2017～2019 年总销量按年增长 5% 计算。

（2）各渠道销量目标及其分解，如表 3 - 14 所示。

表 3 - 14 　　　　　　　　各渠道销量目标及其分解　　　　　　　单位：亿元

年份	总销量	投注站	社会网点	视频票销量
2015	39.43	29.32	5.79	4.32
2016	41.16	30.61	6.04	4.75
2017	43.22	32.14	5.90	5.18
2018	45.34	33.72	6.18	5.44
2019	47.65	35.44	6.46	5.75

注：社会网点含流动即开票销售亭、电话及好易终端等。

（3）各区域销量目标及其分解，如表 3 - 15 所示。

表 3 - 15 　　　　　　　　各区域销量目标及其分解　　　　　　　单位：亿元

年份	总销量	1 区	2 区	3 区	4 区	5 区	6 区	7 区	8 区	9 区	10 区	11 区
2015	39.43	7.23	4.30	3.14	2.36	4.36	4.48	1.89	2.12	1.51	0.52	1.01
2016	41.16	7.55	4.49	3.28	2.46	4.55	4.68	1.97	2.21	1.58	0.54	1.05
2017	43.22	7.92	4.71	3.44	2.59	4.78	4.91	2.07	2.32	1.66	0.57	1.11
2018	45.34	8.31	4.94	3.61	2.71	5.01	5.15	2.17	2.44	1.74	0.60	1.16
2019	47.65	8.74	5.20	3.79	2.85	5.27	5.41	2.28	2.56	1.82	0.63	1.22

注：2017 ~ 2019 年销量按年增长 5% 计算，因该市行政区划变动，原有的 12 区减少为 11 区。

（4）各市场部销量目标，如表 3 - 16 所示。

表 3 - 16 　　　　　　　　各市场部销量目标　　　　　　　单位：亿元

年份	总销量	市场一部	市场二部	市场三部	视频票部
2015	39.43	11.77	9.79	11.75	4.32
2016	41.16	12.29	10.22	12.27	4.51
2017	43.22	12.91	10.73	12.88	4.74
2018	45.34	13.54	11.26	13.52	5.00
2019	47.65	14.23	11.83	14.20	5.22

注：2017 ~ 2019 年销量按各市场部所辖区域 2015 年销量占当年总销量比例乘以当年总销量任务计算。

3.2.2.3 彩票各型渠道数量及质量目标管理规划

（1）投注站数量规划，如表 3 – 17 所示。

表 3 – 17 投注站数量规划

年份	总数量	1 区	2 区	3 区	4 区	5 区	6 区	7 区	8 区	9 区	10 区	11 区
2015	1432	332	197	149	105	175	210	97	124	110	24	53
2016	1504	317	188	142	100	167	201	92	119	105	23	50
2017	1579	333	197	149	105	175	211	97	125	110	24	53
2018	1658	350	207	156	110	184	221	102	131	116	25	56
2019	1741	367	218	164	115	193	232	107	137	122	27	58

注：2017～2019 投注站数量按年增长 5% 计算。

（2）投注站质量规划，如表 3 – 18 所示。

表 3 – 18 投注站质量规划

区域	2017 年站点数量（个）	超过该区店平均销量的投注站数量（个）	超过该区店平均销量的投注站数量占比（%）	超过该区店平均销量的投注站销量在该区的占比（%）
1 区	>302	>121	>0.4070	>0.7014
2 区	>179	>67	>0.3743	>0.6638
3 区	>135	>53	>0.3926	>0.6834
4 区	95	35	0.3684	0.6624
5 区	>159	>72	>0.4528	>0.7458
6 区	>191	>80	>0.4188	>0.7124
7 区	>52	>25	>0.4808	>0.7747
8 区	>113	>46	>0.4071	>0.7613
9 区	>100	>37	>0.37	>0.7144
10 区	>22	>10	>0.4545	>0.7369
11 区	>48	>18	>0.375	>0.6975

  2018 年和 2019 年的各区投注站网点数量及超过该区店均销量的投注站数量、超过该区店均销量的投注站数量占比、超过该区店均销量的投注站销量在该区的占比等数据要分别高于 2017 年和 2018 年。

（3）彩票亭数量规划，如表 3 – 19 所示。

表 3 – 19 　　　　　　　　　　　　彩票亭数量规划

年份	总数量	1 区	2 区	3 区	4 区	5 区	6 区	7 区	8 区	9 区	10 区	11 区
2015	103	4	17	9	13	24	9	10	4	9	2	2
2016	113	4	19	10	14	26	10	11	4	10	2	2
2017	125	5	21	11	16	29	11	12	5	11	2	2
2018	137	5	23	12	17	32	12	13	5	12	3	3
2019	151	6	25	13	19	35	13	15	6	13	3	3

注：2017～2019 投注站数量按年增长 10% 计算。

（4）彩票亭质量规划，如表 3 – 20 所示。

表 3 – 20 　　　　　　　　　　　　彩票亭质量规划

区域	2017 年彩票亭数量（个）	超过该区亭平均销量的彩票亭数量（个）	超过该区亭平均销量的彩票亭数量占比（%）	超过该区亭平均销量的彩票亭销量在该区的占比（%）
1 区	4	2	50	60
2 区	19	10	50	60
3 区	9	5	50	60
4 区	14	7	50	60
5 区	16	8	50	60
6 区	26	13	50	60
7 区	10	5	50	60
8 区	11	6	50	60
9 区	4	2	50	60
10 区	10	5	50	60
11 区	2	1	50	60

（5）视频票厅数量规划，如表 3 – 21 所示。

表 3 – 21 　　　　　　　　　　　　视频票厅数量规划

年份	总数量	1 区	2 区	3 区	4 区	5 区	6 区	7 区	8 区	9 区	10 区	11 区
2015	14	1	3	4	1	2	1	1	1	0	0	0
2016	17	1	4	6	1	2	1	1	1	0	0	0
2017	20	2	4	6	1	2	1	1	1	1	1	0
2018	23	3	4	6	2	2	1	1	1	1	1	1
2019	29	4	5	6	3	3	2	1	1	1	1	1

注：数据根据 2015 年度的实际数量和市场需要填写。

（6）视频票厅质量规划，如表 3 – 22 所示。

表 3 – 22　　　　　　　　视频票厅质量规划

区域	2017 年视频票厅数量（个）	超过该区店平均销量的视频票厅数量（个）	超过该区店平均销量的视频票厅数量占比（%）	超过该区店平均销量的视频票厅销量在该区的占比（%）
1 区	2	2	1	0.1
2 区	4	3	0.74	0.2
3 区	6	5	0.83	0.25
4 区	1	0	0	0
5 区	1	0	0	0
6 区	2	2	1	0.2
7 区	1	1	1	0.05
8 区	1	0	0	0
9 区	1	1	1	0.05
10 区	1	0	0	0
11 区	1	0	0	0

注：数据根据 2015 年度的实际数量和市场需要填写。

（7）投注站旗舰店数量规划，如表 3 – 23 所示。

表 3 – 23　　　　　　　　投注站旗舰店数量规划

区域	2015 年站点数量（个）	2017 年旗舰店数量（个）	2018 年旗舰店数量（个）	2019 年旗舰店数量（个）
1 区	302	12	12	12
2 区	179	7	7	7
3 区	135	5	5	5
4 区	95	4	4	4
5 区	159	7	7	7
6 区	191	8	8	8
7 区	52	3	3	3
8 区	113	5	5	5
9 区	100	4	4	4
10 区	22	1	1	1
11 区	48	2	2	2
合计		58	58	58

注：旗舰店的标准根据面积、销量与服务水平确定。

3.2.2.4 彩票各型渠道服务与管理质量目标管理规划

（1）彩票各类渠道服务质量目标管理规划，如表 3 – 24 所示。

表 3 – 24　　　　　　　彩票各类渠道服务质量目标管理规划　　　　　　单位：%

服务内容	2015 年调查结果中"较好与很好"的比例	2017 年调查结果中"较好与很好"的比例	2018 年调查结果中"较好与很好"的比例	2019 年调查结果中"较好与很好"的比例
配送速度	89.3	90	91	92
物料齐全	83.9	85	87	90
宣传资料质量	81.6	83	84	85
促销活动创意	82.4	84	85	86
促销奖品	77.8	80	81	82
检查方法形式	78.7	80	81	82
检查效果	76.4	80	81	85
培训效果	71.7	75	80	85
沟通效率	65.6	80	85	90
沟通人员专业能力	72.5	78	80	85
反应及时有效性	73.3	80	83	85
售后服务	83.2	85	87	90
渠道分布数量	81	83	84	85
布点间隔标准	75.6	78	80	85
电话接听相应服务	74.8	78	80	85
即开票配送速度效率	80.9	83	84	85
即开票拓展投入精力	84.8	86	88	90
即开票拓展专业水平	77.8	80	84	85
即开票巡查频率	84.1	85	88	90
即开票巡查效果质量	75.6	80	83	85
即开票培训指导质量	71.7	75	77	85
信息收集频率	72.5	80	85	90
收集的处理与反馈	74.1	77	80	85
配合宣传促销专业性	78.6	80	85	88
投注机维护质量	79.4	83	85	90
投注站激励	74	80	85	88
投注站日常宣传	73.3	78	80	85
重要机会的宣传活动	76.4	80	85	90
投注站评估整改	80.2	85	90	95

（2）彩票各型渠道管理质量目标管理规划，如表 3 - 25 所示。

表 3 - 25　　　　　　　　　彩票各型渠道管理质量目标管理规划　　　　　　　单位：%

管理涉及的内容	2016 年调查得到认可的比例	2017 年得到认可的比例目标	2017 年得到认可的比例目标	2017 年得到认可的比例目标
管理规范	35.9	50	60	70
管理员训练有素	32.1	50	60	70
服务热情及时	55.7	65	70	75
总体评价	75.8	80	85	90

（3）2017～2019 年彩票营销渠道培训规划如表 3 - 26 所示。

表 3 - 26　　　　　　　　　2017～2019 年彩票营销渠道培训规划

培训对象	彩票销售员	实体站点业主	片区服务站管理及服务人员	中心工作人员	中心中层管理人员
培训内容	彩票销售技巧、彩票玩法、人际沟通技巧等	关系营销投注站管理员工激励情感营销彩票社会责任等	活动管理服务营销执行力管理沟通彩票法规等	管理沟通服务营销事件营销营销策划品牌营销执行力等	领导力管理沟通彩票社会责任彩票法规等
培训形式	课堂培训 + 实地培训	课堂培训 + 优秀投注站座谈及实地交流	课堂培训 + 优秀片区服务站座谈及交流	课堂培训 + 实地培训	课堂培训 + 实地培训
培训覆盖面	2017 年覆盖面为全部彩票销售员人数 20%，2018 年为 30%，2019 年为 50%	2017 年覆盖面为全部业主人数的 20%，2018 年为 30%，2019 年为 50%	每年 100% 的覆盖面	每年 100% 的覆盖面	每年 100% 的覆盖面

第 4 章
彩票营销渠道日常管理

4.1　彩票营销渠道巡察管理

4.1.1　日常巡察的概述

4.1.1.1　日常巡察的概念

巡察，又称巡访、拜访、巡查等，是指专管员或体彩管理部门，在投注站的日常营业中，对其进行的监督、指导、服务等一系列活动。本章所述专指专管员的巡察工作。日常巡察是专管员工作的常规工作，在做好日常检查、服务的同时，要善于发现问题、解决问题。

日常巡察必须制度化，规定明确，条目细致，每次巡访都要及时将情况记录在册，要有双方签字确认。还要注意将发现的问题和解决的办法进行认真观察与思考，消灭各种事故隐患。

4.1.1.2　日常巡察的内容

日常巡查的内容主要包括监督、指导、服务三大项。

1. 监督。监督投注站的日常销售行为，发现情况及问题及时指出和监督其改正。监督的内容有：

（1）投注站一般信息资料更改，例如电话、面积、照片、专营性质、投注站类型等。

（2）投注站未挂"销售许可证"。

（3）投注站未销售即开票彩票。（需在情况描述栏中说明原因）

（4）投注站未经市体彩中心批准擅自变更销售地址的。

（5）投注站不按统一规范装修或没有得到市体彩中心批准私自更改装修，在中心发出整改通知后仍不改正的。

（6）投注站形象差，环境脏乱，影响体彩形象的。

（7）投注站不配合片区督导员的服务工作，导致服务工作无法按中心要求完成的。

（8）投注站拒绝为中奖者兑奖被投诉，或销售员态度恶劣，被彩民投诉的。

（9）投注站未经市体彩中心批准擅自关门停业，全年连续暂停销售时间不得超过 40 天，累计不得超过 60 天。

（10）投注站不按面值销售，严禁溢价和折价销售。

（11）投注站销售已作废、打印不完整、不清晰的彩票。

（12）投注站严重浪费投注单、热敏票及宣传资料或挪作他用的。

（13）投注站未经允许擅自使用彩票标识或名义的。

（14）投注站冒领或少付中奖者奖金，欺骗中奖者的。

（15）投注站销售异地、境外彩票、过期彩票、"私彩"、非法出版物或进行其他与国家法律法规相抵触的活动。

（16）投注站向未满 18 周岁的未成年人销售彩票。

（17）投注站有转手倒卖投注站行为，擅自将彩票的销售权转让、转包给第三方或与其他投注站联盟经营的。

（18）投注站不按规范操作或误导彩民购彩，受到彩民投诉或造成彩民损失。

（19）投注站未按规定做好安全工作，发生安全事故致使销售终端设备损失的。

（20）投注站擅自拆卸终端机或更换终端机零件；修改、复制终端机内装载的程序和有关数据文件。

对于有违规情况的投注站，专管员现场指出，并将情况记录在《投注站巡察记录表》（见表 4 - 1）中。次周专管员进行复查，如投注站仍未改善，则上报市体彩中心作进行一步处理。

表 4 - 1   投注站巡察记录

专管员		片区		日期		
投注站编号		投注站电话			投注站地址	
报障时间		到达时间			离开时间	
巡察服务内容						
处理结果						
您的评价	□很满意		□较满意	□一般	□不满意	□很不满意
您的意见						
业主签字：			中心审核：			

2. 指导。彩票专管员应根据投注站经营情况，给予投注站业务指导，促进规范其销售经营。指导的内容主要有：

（1）基础工作。主要包括投注站卫生、配套服务（茶水服务、缩水服务、历史数据）、设备维护、活动参加和积极建议等。

（2）投注站面貌。主要包括经营模式、面积、招牌、走势图表、硬件配备等。

（3）服务水平。主要包括合规诚信经营、人员配备、售前售后服务、返奖水平等。

（4）销售业绩。按投注站分类，对销售总量和增长幅度分别进行考评。

3. 服务。专管员根据投注站实际情况，提供一系列免费服务。使投注站在保障正常经营的同时提升销售业绩。服务的内容有：

（1）向各彩票投注站传达省、市中心的有关文件及宣传工作。

（2）按各彩票投注站的需求及时配送销售耗材和各类资料。

（3）电话解答或上门解决各彩票投注站提出的技术、玩法方面的问题。

（4）定期对销售终端进行检查和保养。

（5）完成销售终端的维修工作及时排查故障。

（6）收集、汇总体彩投注站的取消票。

（7）搞好与各彩票投注站业主关系以及相关工作人员关系，充分调动销售人员的积极性和激励业主。

（8）帮助各彩票投注站开展营销导购和宣传工作。

（9）其他需要上门进行服务的工作。

4.1.2 投注站定期拜访

4.1.2.1 投注站定期拜访的主要内容

定期拜访包括以下三项工作：传达彩票中心及上级部门的新指示；了解投注站一定时期销售及管理情况；发放宣传材料及物料。

定期拜访时要做好记录，整理后将有关问题进行分门别类和归纳总结，及时向上级汇报反映，并跟踪问题的反馈和处理情况。

4.1.2.2 销售资料派送

专管员在进行投注站巡访时，还负责派送有关玩法、促销、报表等等销售资料，销售资料的派送可分为以下两种。

（1）常规资料的日常补给。每次巡查投注站时对投注站各种宣传材料使用情况进行检查，了解使用的习性，每月进行补给。

（2）不定期资料的派送。当有新的或有时效性的宣传资料（如新玩法简介、足彩对阵表、活动宣传等）时，片区服务中心将根据情况在片区设立派发点，由片管员进行资料派发，市中心安排具体派发计划。

4.1.2.3 设备维护

专管员在定期对投注站进行拜访和巡察时，还应该对投注站的相关设备作定期维护和保养，设备主要是指各种型号的终端机。作为专管员必备的技术技能，专管员应了解各型号终端机的基本性能、基本结构，掌握各型号终端机常见故障及解决方法。

专管员不仅应谙熟各种型号终端机的日常操作维护保养及简单故障排除，还应该在拜访时多与销售员沟通，在对销售员的培训中也要求他们了解并掌握所使用的设备的日常操作维护保养及简单故障排除。每当有新的型号终端机投入使用前，专管员要积极参与学习与调试，对有关使用、清洁、保养、检查、维护、维修、调试，以及相关注意事项等方面的问题进行全面学习和思考。对《××终端机的故障排查调试流程》《××终端机常见故障及排除方法》等相关材料提出自己的意见和看法。

定期维护的要求：专管员应对所辖的全部投注站的终端机进行每季度一次的定期维护，维护工作包括以下六项。

（1）对终端（包括打印机、显示器、读票机、UPS）进行全面的清尘。

（2）核对和检查全部零配件的完整性和质量。

（3）对所有存储设备（DOM、CF卡）进行一次碎片整理。

（4）检查投注站的电源插座和接地线是否牢固可靠。

（5）向投注站工作人员宣讲如何进行现场维护的培训。

（6）填写《服务记录表》（见案例4-1），并由投注站工作人员确认。

注：第一次定期维护时，如果检查打印机的打印头为正常时，则予以为期一年的质量保固；如果是不良的，则由市中心协调更换费用。

维护工作完毕，应填写并上交《终端机维护与排障记录表》，如表4-2所示。

表4-2　　　　　　　　　　终端机维护与排障记录

投注站编号		投注站电话		联系人电话	
服务工程师		投注站地址			
服务类型	□定期维护 □报障受理	服务日期		到达时间	
				完成时间	
定期 维护	整理清尘　□OK　□NG ＿＿＿＿＿				
	线路检查　□OK　□NG ＿＿＿＿＿＿＿＿＿＿				
	软件检测　□OK　□NG ＿＿＿＿＿＿＿＿＿＿				
	硬件检测　□OK　□NG ＿＿＿＿＿＿＿＿＿＿				
	业务培训　□OK　□NG ＿＿＿＿＿＿＿＿＿＿				
报障 受理	故障描述及处理： 注：无非"报障受理"此栏无须填写				

	部分名称（编号）	故障（编号）	原条形码	新条形码	部分名称（编号）
配件 使用					
客户 确认	□满意 □一般 □不满意 客户签名＿＿＿	电话 调查	□满意 □一般 □不满意 调查员签名＿＿＿		

4.1.2.4　定期巡察

专管员对于自己负责的片区，在彩票中心的管理下，按照地区特点和工作情况，定期对所辖投注站进行的巡察工作，一般是每月一次的定期巡察。

巡察的主要任务有以下五项。

（1）销售情况。是否有异常，如大起大落。

（2）投注站环境。包括环境与卫生、布局与布置、走势图和开奖公告等的张贴、宣传品派发等。

（3）销售员情况。有无擅自换人，是否需要培训，业务能力与操作规范情况。

（4）设备情况。是否擅自移机，使用保养是否得当。

（5）彩民情况。彩民心理变化、结构变化、对产品与投注站、中心服务的看法和建议。

4.1.2.5　即开票配送

随着即开票的种类越来越多，销售日渐畅旺，即开票的配送工作也随之产生了一定变化，任务越来越重，问题越来越多，部分地区除专管员直接负责外，尝试专管员责任制，即建立销售代表制度。

4.1.3 日常工作记录与总结

4.1.3.1 日常工作记录的类型和方式

专管员在日常工作中,对所履行的本职工作以及所遇到的问题,应随时做好记录,并及时进行小结,以利于进一步量化、细化专管员工作职责,总结并解决工作中可能遇到的问题。

日常工作记录分为日志、周志、月志。以专管员周志为例,应包括以下内容。

(1)投注站巡察情况。

①巡察投注站数目及其编号。

②投注站工作的基本情况与亮点。

③发现的问题与原因。

④业主与销售员的意见与投诉。

⑤彩民的意见与投诉。

⑥为投注站服务项目及情况。

⑦派发资料情况。

(2)业务学习与培训。

①上级统一安排的业务培训工作。

②辖区内部业务交流培训。

③业务培训过程的成绩与问题。

(3)会议及其他工作。

①参加会议情况。

②召集会议与座谈情况。

③其他工作记述。

日常工作的记录主要有以下方式:一是统一的记录本或工作手册;二是建立专管员网络管理系统,完善系统化办公;三是在电脑或笔记本、纸张以及其他地方随手作自由式记录,并及时整理。

日常工作记录，可使用根据各地情况统一印制的工作手册和巡访记录本，包括投注站的例行巡察服务记录表（见图4－1）；设备维护与维修登记表；

上门服务记录表 NO.0003750

网点编号	17075	行政区/片区	道滘/1区	片区服务员	钱XX	
服务日期	2010/6/20	到达时间	14:00	完成时间	15:00	
网点巡查	☑良好 □一般 □需要改正					
	改正项目		改正项目描述			
终端维护	终端型号：□CP86 ☑单场 □IL2 （终端条码： ）					
	故障描述：开不了机，系统出了问题					
	故障处理：重装系统					
	配件名称	配件条码			数量	单位
资料更新	更新项目	更新内容			备注	
	业主手机	更改为：1360239XXXX				
网点培训	对象	培训内容			备注	
	销售员	机器的一般维护				
资料派发	打印纸： 卷 投注单： 包 其 它： 本，其它资料说明（网点月报 ）					
其它服务						
服务确认	网点声明：保证所提供资料真实；确认阅读及同意本栏以上记录内容。 服务评价：□ 非常满意 ☑满意 □一般 □不满意，说明： 意见及建议： 网点经办人签名：王XX 日期：2010.6.20					
网点情况分析	5月份日均销量是891元，6月份日均销量是3452，比上月销量上涨，主要原因是有2个大客户买排列3；网点面积大约6平方米，走势图不全。（建议业主把走势图补全，海报贴好） 注：网点情况分析可从网点销量、环境、业主、服务、设备等方面变化进行分析说明，如此栏填写空间不足可背书进行说明。					

第一联（白色）中心留存

第二联（蓝色）客户留存

图4－1 上门服务记录

工作行程记录与签名证明；总结与思考等内容。随着彩票事业和办公网络化及管理系统化的发展，根据各地现有管理情况，可将纸质记录与电脑网络系统相结合，并且逐步过渡到网络系统化管理。建立专管员网络管理系统，完善系统化管理与网络化办公，是专管员管理工作的必需和目标，系统的建立，有利于信息处理与沟通的准确快速，从而进一步提高工作效率，为投注站与彩民提供更加全面及时的服务。

4.1.3.2　日常工作总结

日常工作总结包括每周、月度、年度、季度、半年度等定期检查和总结的工作报告。

（1）周报。每周一次的工作报告，一般周末做好后，于次周周一前提交至市彩票中心。内容主要有：当周投注站巡察服务的总体情况；当周严重违规的投注站；当周服务过程困难及意见；下周工作计划。

（2）月报。每月一次的工作报告，次月 1 日前提交至市彩票中心。内容主要有：当月投注站巡察服务的总体情况；当月严重违规的投注站；当月服务过程困难及意见；下月工作计划。

（3）年报。每年一次的工作报告，次年 1 月 1 日前提交至市彩票中心。内容主要有：当年投注站巡察服务的总体情况；当年严重违规的投注站统计分析；当年服务过程困难及改善意见；下年工作计划。

4.2　彩票营销渠道培训管理

目前彩票行业非常重视对管理层和一般员工的培训。因为培训的作用不容忽视，培训可以吸引人才，培训可以留住人才，培训可以开发人才，培训可以增加无可估量的价值。不少人才在考虑是否更换工作时，都会优先考虑未来雇主是否能提供好的培训机会，在不少世界五百强企业，它们恰恰以培训机会来吸引合适的候选人，如到美国总部进行免费学习半年，出外培训费用每年固定有，而且规定员工必须花完。相对管理层和一般员工来讲，培训意味着知识的积累，在工作期间肯定会用于工作，有关彩票的培训投资自会有培训效果的体现，彩票的经营理念和营销技巧要传递给员工，就必须通过培训，这样才能使员工能力适合工作所需。

4.2.1 培训的基本原则

4.2.1.1 实用性

员工培训与普通教育的根本区别在于员工培训特别强调针对性、实践性。企业发展需要什么、员工缺什么就培训什么，要努力克服脱离实际向学历教育靠拢的倾向。不搞形式主义的培训，而要讲求实效，学以致用。培训要针对当前彩票从业人员在工作中经常遇到的实际问题，结合从业人员的特点，设计相关研训内容。

4.2.1.2 参与性

倡导学员在培训过程中合作共享、互动交流、自主研修，同时科学合理安排培训时间，注重培训实效。在培训过程中，行动是基本的，如果受训者只保持一种静止的消极状态，就不可能达到培训的目的。为调动员工接受培训的积极性，日本一些企业采用"自我申请"制度，定期填写申请表，主要反映员工过去 5 年内的能力提高和发挥情况和今后 5 年的发展方向以及对个人能力发展的自我设计。然后由上级针对员工申请与员工面谈，互相沟通思想、统一看法，最后由上级在员工申请表上填写意见后，报人事部门存入人事信息库，作为以后制定员工培训计划的依据。同时，这种制度有很重要的心理作用，它使员工意识到个人对工作的"自主性"和对于企业的主人翁地位，疏通了上下级之间交流的渠道，更有利于促进集体协作和配合。

4.2.1.3 因人施教

企业不仅岗位繁多，员工水平参差不齐，而且员工在人格、智力、兴趣、经验和技能方面均存在个别差异。所以对担任工作所需具备的各种条件，各员工所具备的与未具备的也有不同，对这种已经具备与未具备的条件的差异，在实行训练时应该予以重视。显然，企业进行培训时应因人而异，不能采用普通教育"齐步走"的方式培训员工。也就是说要根据不同的对象选择不同的培训内容和培训方式，有的甚至要针对个人制订培训发展计划。

4.2.2　培训的基本要素

（1）硬件。学员能感受到的东西：即你要讲的内容和你所采取的形式。

（2）软件。培训员须遵循的原则：即你在培训中的理念、思路及专业知识。

培训工作的一般业务流程如图 4 – 2 所示。

4.2.3　培训前的准备

4.2.3.1　了解培训需求

由具有丰富培训经验的项目负责人与培训单位进行初步的交流和沟通，了解培训需求，并通过问卷或访谈确定具体的需求和项目背景情况，包括培训对象及其专业背景、工作职责、培训项目具体要求和期望等。可以从三个角度切入。

（1）以组织为主，从战略的角度：从整个组织在战略发展的角度来了解其培训需求。

（2）以个人为主，从个人绩效考核的角度来了解培训需求，可以进行差距分析，进一步做培训需求规划。

（3）以事件为主，从解决问题的角度：在培训时要看业绩怎样，业绩的出路在哪里。在设定业绩时是根据顾客的需要定业绩还是从竞争的角度来设定目标，以及组织要达到的愿景，通过这三点才能看出目标定的是什么。两者中间如果有差距，则要找出哪部分可以通过培训解决。但培训不是万能的，不能解决所有的问题，例如企业中错误的流程或奖励制度有问题，就无法通

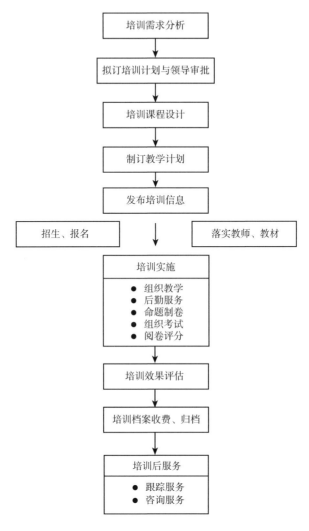

图 4 – 2　培训工作的一般业务流程

过培训得到解决。

　　培训之前对学员的了解越多越好，包括年龄层次、性别分配、学识经历、心理趋向、彼此关系、是否接受类似培训、对本次培训期望值、所面临的主要问题、对未来的看法等，企业培训则还需了解学员的工作岗位、服务对象、组织架构、上下级认识差距、组织内部存在普遍问题、收入水平等。此外，学员的客观环境：场地的冷暖、是否用餐、是否面临一些紧急事件、是否体力透支等。

66

4.2.3.2　分析并设计初步培训计划

项目负责人组成培训方案设计小组，根据培训单位的具体情况和需求，按照既定的培训目标设计出能最大限度地满足贵单位需求的培训方案，包括课程设置、教学方式、授课时间和地点以及培训费用等。

4.2.3.3　领导审核与审批

将初步培训计划修改后报领导审核和审批。

4.2.3.4　培训内容设计

（1）列举你最熟悉、最有资格讲的东西。不要涉及未熟知的领域，不要临时翻新书，不要到环境恶劣的地方找题材。从你的生活经历、亲生感受、已经融会贯通的知识和已思考成熟的理念中发掘对学员有用的东西。

（2）有序的组织教案。首先，将思考的材料胡乱地往一张草稿纸上写，无须在意条理性，想到什么就写什么，直到智尽能索；其次，将所写材料按一定的顺序组织起来，并安排好过渡，尽量做到浑然天成，让学员觉得这是一个整体而看不到焊接的痕迹。

（3）准备好精彩的开头和结尾。一堂培训课程，如果前面 5 ~ 10 分钟没有吸引听众，这场培训已失败得差不多了。"破冰船法"在这方面会帮你开路。一堂培训课程结束后，学员能记住的往往只有最后几句话。"巧妙艺术的收尾"将是你这场培训是否给学员留下深刻的关键。

4.2.4　如何拟订培训计划

拟定培训方案应注意的细节主要有以下七点。

（1）培训目的。培训计划要明确培训的目的，例如，彩票业培训的目的经常有：掌握彩票市场营销和营销渠道（投注站）管理的基本理论和专业知识；掌握彩票营销渠道（投注站）管理方法和技巧；掌握彩票基本知识和玩法技巧；能进行彩票市场的调研并撰写调研报告。掌握客户（业主和彩民）

管理知识；明确彩票专管员的职责和职业道德，并了解有关彩票的法律法规等。

（2）培训对象。要明确谁是培训对象？多少人？如何达到目标？学习动力有多大？培训对象具有什么样的思维方式？什么层次等？

（3）时间安排。日期安排和每个时间段的内容（如上午2个单元，下午2个单元）。

（4）培训地点与器材配备。培训场所的大小；座位安排；设备配置（白板、投影仪、幻灯、电视、录像等）。

（5）培训前检查确认。

（6）培训内容。

①培训内容安排。主要包括三大块：必须的—应该的—可能有的。

②培训方法选择。主要方法有授课、讨论、参观、现场演示等。方法的选择要注意：

方法效果—培训目的达到；方法的搭配和使用；以保持兴趣和注意力和内容安排的轻重缓急。

③内容组织。要具有逻辑性、连贯性和灵活性。

④内容结构。主要包括开场白、绪言、主题、结论和结束语等。

（7）培训组织实施。

①领导致欢迎辞；

②培训主管自我介绍及培训讲师自我介绍；

③宣读培训纪律；

④根据培训内容进行逐步讲解。

（8）培训评估与考核。

4.2.5　常见的培训手段与技巧

4.2.5.1　常见的培训手段

（1）音乐。入场时，课前放点轻音乐让学员放松；即将开始培训时，放点奔放的曲子，以激活学员脑细胞；中场休息、培训结束可放一些以友谊为主题的曲子以增进彼此感情，也可放些有震撼力的曲子以加强效果，让学员久久回味。

（2）招贴画。将需要学员牢记的一些观念以五颜六色的形式制作出来，张贴或是挂在培训场地，能给学员反复刺激，产生潜移默化的作用。许多教学科研成果表明，大部分的知识是在下意识中学到的。

（3）形象教学。采取投影、挂图等多种形式的教学方式，能很形象、直观地讲明许多问题。而且能大大缩短培训时间，提高培训效率。PPT、挂图等音像教材的制作，最好专人制作、统一规格。另外，尽量多用图像而少用文字。

（4）其他教具。包括教学用笔、教鞭、视频、奖品、游戏道具等，尽可能精致、到位。它们能提高培训品位，增强讲师自信心，同时起到状态转换、吸引听众的作用。

（5）游戏、讨论。可将各种学科、各种门类的知识运用到培训中。例如，可以从幼儿园活动、娱乐演出、广告、电影、电视、音乐、舞蹈、体育、摄影、绘画、天文、物理、化学、历史、生物等方面得到启发，发明一些模拟的游戏，设计一些讨论，使你的培训灵活多样、说服力强，而且让人印象久远。

4.2.5.2　常见的培训技巧

（1）制定时间表。每个人都需要有计划。时间就好像是一幅地图，指导着培训目标的完成。对时间的安排可以进行讨论和展示，而且可为每一部分设定大致的时限。时间表还可以不时地提醒培训师进行到什么程度。

（2）一切为了学习。如果培训场所偏离得较远，而且持续时间较长，将有可能使你的参与者失望。如果不能在工作中运用所学的方法，将无法衡量学习效果，而这恰恰是培训成功与否最重要的指示剂。

（3）把成年人当作成年人来培训。现在的培训已不仅以说和演示的方式进行，作为培训师，你应该做到：给予学员一定的挑战；尊重学员；给他们以自我发现方式学习的机会；提供一个安全学习场所；给予专业的反馈。

（4）保证均等参与。让一些性格外向的、比较自信的参与者在讨论中扮演主角非常容易，但你应该确保时间得到公平的分配：采用轮流的方式，使每人都有发言的机会；直接向那些沉默不语的人提问；私底下让人们意识到他们想要控制讨论的倾向。也可寻求他们的帮助，以引导其他人畅所欲言地发表观点；谢谢他们愿意将自己的想法与人分享，然后可以说："让我们来听听其他人的想法。"

（5）应对不良表现。有时会有这样的情形，有人看上去冷淡、不友好或者比较内向，培训师主动干预。在很多情况下，干预此类表现可以起到影响其他人行为的作用。培训师可以试图：接近他；让他意识到你正在关注他；把注意力放在问题上，不要进行人身攻击；倾听他的任何抱怨；提供帮助，在你力所能及的范围内。

（6）拿出最佳状态。人们往往对培训有很高的期望。所以培训师需要拿出100%的热情和知识。如果事情并不像计划的那样顺利，你应该试着略作调整：不要为任何不足道歉，你的学员可能并没有意识到那是一个问题；处理问题时要有自信，软弱和缺乏果断将会使你的学员在过程中渐渐丧失信心。

（7）认真回顾。在每天结束时或者第二天开始时，回顾一下大家已经学过的内容，可以通过如下方式进行：培训师作一个简短的总结；所有学员轮流发言，回忆到目前为止他们学到最有用的是什么。

（8）善于倾听。千万不要在"真空"中工作，否则你会为忽视参与者而付出代价。观察学员的肢体语言，消极的态度通常表现为：眼珠不停地转动；极力避免眼神交流；把胳膊和腿相互交叉；把胳膊折叠放在脑后，身体后倾；频频离开教室；当你注意到一个问题，仔细听清它所表达的含义，这样你才能作完整地回答。

（9）良好的学习氛围。当人们学习了某种技能，在运用之前需要有机会去实践。你可以通过以下方式创造学习气氛：运用幽默和自我否定；强调从反馈中学习的重要；进行角色模仿，并及时进行反馈；建立学习交流，鼓励互相学习。

（10）让培训更有趣。如果有轻松的培训环境，人们可以学得更好，也可以从中获得乐趣，但这并不意味对学习的不重视。培训师可以通过以下方式让学员保持轻松的心情：讲一些合适的笑话；自我解嘲；用一些奇闻、轶事来解释枯燥的理论；进行一些简短、有趣的游戏；保持欢快的节奏。

4.2.6 培训效果评价

了解培训效果是非常重要的一个环节，它既可检测培训的情况，又可为今后的培训提供依据，一般来说，评价培训效果的方法主要有三种。

（1）知识掌握情况评估。主要为各种学习形式（如试卷考试、课堂参与、实地操作等）下的考核成绩及分析。

（2）培训后续效果评估。主要通过销售员从业态度改变、行为规范和销量等指标来评估培训效果。

（3）培训效果评估表（或调查问卷）。在培训结束时，将事先设计好的培训效果评估表或调查问卷发给受训者，请其填写并回答相关问题，然后根据其回答来分析培训效果，这是常见的培训效果评价方法。

一般培训效果评估表或调查问卷内容有满意度指标（如对培训组织、培训师、培训时间或住宿安排等的满意程度）、对培训内容的评价、意见和建议等，其设计和分析可参照调查问卷的设计和数据分析的相关内容。

4.2.7 培训总结报告

培训结束后，必须进行分析总结，并形成总结报告。培训总结报告的正文，一般具有以下四个部分。

（1）基本情况概述。这是培训总结报告的开头部分，也称前言。这一部分的写法，或概述培训工作的全貌、背景；或说明总结工作的指导思想和培训的成果；或将培训的主要成绩、经验、问题扼要地提出来，先给人以总的印象，作为后文的铺垫。

（2）成绩与经验的论述。这是培训总结报告的主体，其具体的写法可以是先写成绩后讲做法、经验，也可以把两者揉在一块写，做法、经验中讲成绩，或成绩中加做法、经验。

（3）问题与原因的论述。总结培训活动中存在的缺点和问题，分析其原因，提出可供吸取的教训。

（4）今后努力方向。主要是针对公共关系活动中存在的问题，从经验教训及有关规律性的认识中，提出今后应发扬什么、克服什么，采取哪些措施，向什么方向努力，达到什么目的。无论是全面性总结还是专题性总结，这一部分的内容都是不可忽视的。

4.3　彩票销售员培训

彩票销售员是指直接从事电脑体育彩票销售的工作人员，由业主按体育彩票管理机构的有关规定招聘，归业主管理，也可由业主自己直接从事销售工作，但须服从各级体育彩票管理机构的领导。这里指的彩票销售员均指非业主销售员。彩票销售员必须经培训合格后方可持证上岗操作，培训工作由当地彩票管理机构组织。彩票销售员未经培训，严禁上机操作。对彩票销售员进行针对性的培训目的在于通过提高其素质进而提升整个彩票的整体形象，强化彩民对彩票品牌的认知和亲和度，通过培训增强其销售自信，提升其从事彩票工作的积极性，使其掌握更多的营销方法和技巧，最终实现彩票销售量的提升。

4.3.1　彩票销售员特点

目前，彩票销售员具有以下四个特点。

（1）学历层次普遍不高。

（2）工作流动率较高。

（3）进入彩票行业时间不一致，有新近加入的员工，有工作多年的员工。

（4）素质差异较大，有的业务知识精通，沟通能力强，有的对业务知识了解一般，沟通能力较差。

彩票销售员的上述特点要求专管员需要在培训的过程中分层次、分内容进行有针对性的培训。

4.3.2 彩票销售员培训的主要障碍

4.3.2.1 彩票销售员岗位特点

（1）工作时间长，脱产培训困难大。

（2）因薪酬的原因，参与培训的积极性不高。

（3）投注站分散，集中培训的组织难点较大。

（4）销售员对专业知识的培训接受难度大。

4.3.2.2 学习中的主要障碍

1. 学习兴趣障碍。学习的第一个条件是注意力、好奇心和兴趣，如果缺少此条件，则往往是由于存在以下障碍：（1）培训没有很有意义的目标。（2）培训的目标很模糊和遥远。（3）学员缺乏目的性。

2. 培训过程中信息传达的障碍。对于培训中传达给学员的知识和信息，一般的障碍为：（1）相互矛盾，不连贯。（2）不同的例证和方式产生不同的意思。（3）错误的方式：过于理论化，与实际脱节。（4）用词复杂，语言障碍。（5）顺序有误，缺乏逻辑性。

3. 吸收消化中的障碍。在转化为自己的体验和下结论之前，学员必须先对所学的东西进行消化，在此过程中的障碍是：（1）没时间。（2）没内容。（3）练习和所学目标之间没有清楚的关系。（4）方式错误。

4. 学以致用的障碍。如果发生以下情况，学员就无法将自己的体会和结论转化为有用的知识。（1）培训时所指出的结论与学员自己认为的结论不相同。（2）学员所涉及的东西与所学的知识之间差距太大。（3）学员无法将自己的感性知识上升到理性水平。

4.3.3 彩票销售员培训的主要方式

基于彩票销售员的上述特点及其主要障碍，彩票销售员培训的方式可以灵活多样，主要方式有以下五种。

（1）建站前的单独培训。这种培训形式针对在某一时期投注站开设量少并且比较分散的情况，往往采用一对一单独站点培训的方式，一般在投注站进行培训。这种培训由片区专管员来协调组织培训。投注站申请人及其聘请的销售员都必须参加。一般需要在下发销售终端机器设备的一定工作日内完成培训工作。

（2）建站前的集中培训。同一时期内投注站开设量比较多或新玩法上市的情况下，采用集中培训方式。集中培训一般由市中心或专管员统一组织场地、培训人员、受培训的投注站申请人和销售员、培训时间等。

（3）强化培训班集中培训。强化培训班一般是中心根据投注站销售情况、新玩法上市、业主或销售员的业务知识与操作技能的掌握情况，定期或不定期地对业主或销售员进行培训。

（4）外包机构重点培训。由外部引入专业培训机构，结合市彩票中心培训要求，为投注站制作一套系统的、切实有效的培训方案，进行有重点、见效快的外聘讲师培训。将所有投注站按照销量、形象、服务水平等综合指标进行精细分类，针对不同类别的投注站制定不同的方法，进行针对性的提高培训。培训结束后，组织所有参训人员进行严格考核，全程跟踪投注站销量、评估培训结果，根据实际情况不断改进培训方法，以达到提高销量的目的。

（5）专管员日常巡查指导培训。该培训服务为专管员有针对性的培训指导，培训对象为依据销量、形象、服务水平等综合指标进行精细分类并确定为重点扶持对象或者重点整改对象，以及没有参加片区培训的投注站业主和销售员。该类培训实行一对一上门讲授式培训，培训的实施更具有交流性和针对性，投注站有任何问题也可以随时向培训师提出，并及时得到解答。该培训师作为片区培训的重要补充，以保证每个月每个投注站至少一次的培训任务指标。

4.3.4　彩票销售员培训的主要内容

包括彩票玩法基本知识、基本销售与服务技巧、销售终端使用方法。使业主和销售员能熟练操作销售设备，掌握销售设备的操作技巧、保养知识和保养方法，以及设备的简单故障排除，同时能精通各种彩票玩法，推荐投注号码，指导彩民进行理性投注。具体有：（1）岗位职责培训。（2）设备操作培训。（3）法律法规培训。（4）彩票玩法培训。（5）商务礼仪培训。（6）店面有形展示培训。（7）营销知识培训。

4.3.5 案例——新建投注站销售员培训方案

案例 A

新建投注站销售员培训方案

1. 培训背景

1994～2008 年，经过 14 年的市场培育，某市体彩从无到有，从小到大，由冷到热，从无序到有序，从分散到同一，目前已拥有 120 多万彩民，年销售从一开始的 600 万元冲上了 8 亿元大关，而且近 4 年来连续保持了 12%～25% 的增幅。投注站数量也从最初的几十家，发展到现在的 800 多家。销售队伍逐年递增，为当地增加了近 2000 个就业机会。截至 2008 年 10 月底，某市体彩累计销售已达 48.08 亿元，约占广东省总销售额的 23%，筹集公益金 15.2 亿元，某市地方留成公益金 4.4 亿元；从 2003 年至今共产生百万元以上大奖 141 名，增加地方税收 2.6148 亿元。除此之外，通过体育彩票构建的体育事业、文化展览、助学扶贫、公益项目已达到几百个之多。根据某市体彩中心发展战略规划的部署要求，某市体彩中心将围绕中国体彩十五周年展开各项营销活动，2009 年总销量增长率保持在 2008 年的 15%～20%，体彩中心近几年飞速发展，市场的发展、内部的管理要求逐渐向管理人员提出更高的要求。

2. 培训对象

某市体彩中心新投注站销售员。

数量：150 家，按照平均每家 2 个销售员计算，共约 300 人，主要分布在 ××区、××区、××区和××新区。

3. 培训基本目的

通过系统全面的培训，完成深圳体彩投注站销售人员整体形象和工作态度的提升，改变彩民对体彩品牌的认知和亲和度。通过培训促使业主和销售员提升自身积极性，促进业主和销售员增加对体彩的认知，使业主和销售员能够掌握更多的营销方法和技巧，最终实现体彩销量的提升。

4. 培训日期

2009 年 6 月 23 日至 2009 年 7 月 3 日

5. 培训人员现状分析

根据某市中心领导的介绍和我方工作人员的实地考察和走访，某市体彩投注站销售员的知识及能力参差不齐，缺少工作主动性和积极性，缺少投注站营销的技巧和方法。某市体彩业主及销售员对体彩的认知有限，态度不够积极。希望通过培训规范投注站销售人员的形象并提升服务能力，最终实现体彩销量的提升。

主要障碍有：（1）投注站营业时间人员脱产参加培训有困难。（2）兼营投注站体彩为非主营业务，对中心组织的活动参与性不高。（3）投注站散布范围较广，人员集中培训有一定困难。

6. 培训目标

投注站销售员培训目标：规范化投注站销售员的形象和态度，促使业主和销售员的心智得到触动，并掌握相应的知识和技能，最终实现投注站销量的提升。

具体目标是：（1）提升体彩终端销售员的整体服务意识、自我新形象和素质改善。（2）推进销售人员职业范围的量化管理，提高服务质量和工作效率。（3）加强销售人员对彩民、顾客的沟通能力，有效预防和处理冲突。（4）从竞争对手顾客中挖掘新的目标群体，提升体彩整体销售业绩。（5）综合推进和提升社会销售投注站、销售代表、行业渠道的月销量。

7. 培训方式

培训师用一个月左右的时间进行相应课程的培训，完成覆盖整个体彩新投注站销售员的培训。从而帮助新投注站迅速树立从业态度和规范其从业形象及言行举止，为树立体彩销售队伍新形象作出突出贡献，最终实现对销量的影响。

（1）具体培训方式。主要有：①提问分析、角色扮演。②理念、方法配合游戏。③实际案例讲解、分析。④现场展示规范的技巧。⑤现场学员演练与点评。⑥课程过程轻松、幽默。

（2）内容比重。具体有：①知识与概念讲解：20%。②游戏、互动：10%。③案例分析与点评：20%。④提问、演练、点评：50%

8. 培训课程大纲

培训课程大纲如表 A－1 所示。

表 A－1　　　　　　　　　　　　　**培训课程大纲**

培训篇章名称	每章授课核心内容	培训方式	培训时间
体彩领导动员讲话	强调培训意义和课间纪律		15 分钟
制服着装规范展示与演练	1. 体彩服务窗口与社会服务行业当前服务规范的现状与彼此差距 2. 销售员着装规范与执行 3. 男女体表、配饰不同标准规范 4. 男性女性与制服搭配的鞋袜及特殊情况变通	讲授、提问、图片、点评	讲授约90分钟 演练约90分钟
规范仪容仪表展示与联系	1. 男女头发、毛发规范礼仪要点 2. 男女五官及手部规范修饰要点 3. 工作中表情、微笑、眼神规范礼仪要点与修饰 4. 工作坐姿、手势规范现场练习 5. 一个具体案例的展示与提问	讲授、图片、案例、提问、点评、学员上台演示	讲授约90分钟 体验约90分钟
服务仪态、举止规范演练	1. 营业之前个人情绪、化妆、用具状态准备与检查 2. 营业服务手势禁忌与规范练习	讲授、提问、演示、点评	讲授约65分钟 体验约90分钟
服务用语规范	1. 服务窗口服务用语规范化的总体要求与考量标准 2. 服务语言的音量、语速、语气、语速现场演示与练习 3. 一个具体案例的学员演示与点评	讲授、图片、案例、提问、演示、点评	讲授约90分钟 体验约90分钟
服务用语规范	1. 销售人员规范口述语言禁忌与规范 2. 销售人员问候、接待规范用语要点 3. 销售人员文明用语规范训练 4. 销售人员形体语言规范训练	讲授、提问、演示、点评	讲授约90分钟 体验约90分钟

续表

培训篇章名称	每章授课核心内容	培训方式	培训时间
产品主动营销语言规范训练	七大主动营销体彩产品专业话述训练	讲授、演练、点评	讲授约90分钟 体验约90分钟
服务行为禁忌	1. 服务行为要求的基本点 2. 服务忌语和服务沟通技巧 3. 一个具体案例的学员演示与点评	讲授、图片、案例、提问、演示、点评	讲授约90分钟 体验约60分钟
全面培训重点总结填写《培训评估表》	关键词回顾、领导训后颁奖、总结		约60分钟

9. 培训实施安排

新投注站共有150家，按照每家2个销售员计算，需要培训300余人，每人上4次课共计16个课时，则总共需要3间教室、3个培训师、2周的时间进行滚动培训。我们将投注站的销售员分为A、B两位，则只要将投注站的销售员分好组就可以按照以下的课表进行培训。

以下A1、A2、A3是指以投注站销售员A人员组成的培训班；

B1、B2是销售员B人员组成的培训班；

按照体彩中心片管员辖区3个小组约60人编成1个班；

A班学员逢周二、周四上午上课，B班学员逢周三、周五上午上课；

开课前，只需要将投注站销售员编成相应的班级即可以按照以下课表上课；

××区、××区、××区和××新区的新投注站学员统一上课地点参加培训；

第一期开课时间为6月23日结束时间为7月3日；

时间方面如有改动可以经双方沟通后根据实际情况进行调整。

课程实施教学计划如表A-2~表A-6所示。

表 A-2　　　　　　　　　　课程实施教学计划

对象	课程主题	培训时间		场地	培训师
A1	品牌篇	周二	6月23日		
A1	形象篇	周四	6月25日	课室1	培训师A助理
A1	行为篇	周二	6月30日		
A1	语言篇	周四	7月02日		
	巡视督导			投注站	
	考试				

表 A – 3 　　　　　　　　　课程实施教学计划

对象	课程主题	培训时间		场地	培训师
A2	品牌篇	周二	6 月 23 日	课室 2	培训师 B 助理
A2	形象篇	周四	6 月 25 日		
A2	行为篇	周二	6 月 30 日		
A2	语言篇	周四	7 月 02 日		
巡视督导				投注站	
考试					

表 A – 4 　　　　　　　　　课程实施教学计划

对象	课程主题	培训时间		场地	培训师
A3	品牌篇	周二	6 月 23 日	课室 3	培训师 C 助理
A3	形象篇	周四	6 月 25 日		
A3	行为篇	周二	6 月 30 日		
A3	语言篇	周四	7 月 02 日		
巡视督导				投注站	
考试					

表 A – 5 　　　　　　　　　课程实施教学计划

对象	课程主题	培训时间		场地	培训师
B1	品牌篇	周三	6 月 24 日	课室 1	培训师 A 助理
B1	形象篇	周五	6 月 26 日		
B1	行为篇	周三	7 月 01 日		
B1	语言篇	周五	7 月 03 日		
巡视督导				投注站	
考试					

表 A – 6 　　　　　　　　　课程实施教学计划

对象	课程主题	培训时间		场地	培训师
B2	品牌篇	周三	6 月 24 日	课室 2	培训师 B 助理
B2	形象篇	周五	6 月 26 日		
B2	行为篇	周三	7 月 01 日		
B2	语言篇	周五	7 月 03 日		
巡视督导				投注站	
考试					

案例分析与点评：

（1）优点分析。该培训方案比较规范，结构比较完整。培训方案所涉及的要素基本健全，是一份比较好的培训方案。

（2）需要改进的地方。该方案需要进一步改进的地方是：

第一，培训时间不具体，例如，2009 年 6 月 23 日～2009 年 7 月 3 日，开始与结束时间不清楚。

第二，培训效果考核没有明确要求，考核方式不清晰。

第三，表述目的不清晰，内容需要重新组织。

4.3.6　彩票销售员培训效果评价

根据英国管理服务委员会（MSC）的定义，企业培训效果评估是判断培训是否达到既定目标的过程[①]。在企业人力资源培训实践中，培训效果评估是最重要、最难操作的一项工作[②]。培训效果的评估研究最早始于 20 世纪 50 年代，美国威斯康星大学 Kirkpatrick（1959）进行了培训效果评估方法的研究，他阐述了培训评估的四层级模型的思想和方法[③]。奥尔（Warr. P）、伯德（Bird. M.）和莱克哈姆（Rackham. N）设计了 CIRO 培训评估模型［背景评估（context evaluation）；输入评估（input evaluation）；反应评估（reaction evaluation）；输出评估（output evaluation）][④]，丹尼奥（Daniel Stufflebeam，1967）提出了关于培训效果的 CIPP 评估模型［背景评估（context evaluation）；输入评估（input evaluation）；过程评估（process evaluation）；成果评估（product evaluation）][⑤]，都具有将培训评估贯穿于整个培训过程中的特征。菲利普斯（Philips，1991）则提出了五级投资回报率模型[⑥]。以上模型各有优劣，但最为广泛应用的是柯克帕特里克（Kirkpatrick）的四层次模型，这四层

---

① 莱斯利·瑞，牛雅娜，吴孟胜，张金普. 培训效果评估（第三版）［M］. 北京：中国劳动和社会保障出版社，2003.

② 陈益民. 企业人力资源培训工作效果评估模型量化初探［J］. 开发研究，2009（6）：131 - 133.

③④⑤⑥　夏艳玲. 培训效果评估理论综述［J］. 科教文汇，2006（1）：187 - 188.

次模型为：（1）反应层次，即一级评估。是培训评估中最低的层次。可以通过对受训者的情绪、注意力、兴趣等研究，得出受训者对培训的看法和态度，这一层次的评估通常采用调查问卷的形式。（2）学习层次，即二级评估。该层次的评估主要是用来了解受训者通过培训学到了什么。主要采用书面测试、操作测试、等级情景模拟测试等评估方法。（3）行为层次，即三级评估。行为层次的评估是用来测定受训者在日常工作中是否自觉运用了培训所学到的知识和技能。主要依靠上下级、同事、客户等相关人员对受训者的业绩进行评估来测定。（4）效益层次，即四级评估。用来判断培训后员工工作业绩提高的程度。具体可以通过事故率、产品合格率、产量、销售量等指标来进行测定。该层次的评估需要采集大量的数据，对企业来说有一定的困难。

2018 年，我国彩票销售收入突破 5110 亿元，彩票从业人员超过 100 万人，但彩票从业人员学历构成与知识结构急需改善，彩票从业人员的培训也非常多。笔者曾经多次从事此类培训。因此，本书拟在四层次模型的基础上，结合所做过的彩票行业人力资源培训及相关彩票业项目咨询与调研经历，再综合运用模糊数学中的相关理论知识，对培训效果做一次定量测度研究尝试。

4.3.6.1　基于四层次模型的彩票业人力资源培训效果指标设计

根据柯克帕特里克（Kirkpatrick）的四层次模型，我们可以将效果一级指标设计为：反应层次评估指标；学习层次评估指标；行为层次评估指标和效果层次评估指标。在各个二级指标的构成中，本着科学性、系统性、可操作性等原则，主要采用了德尔菲法和学员问卷调查法，在各级指标的权重确定上则主要采用专家频率统计方法，即通过专家对影响培训效果的诸多因素的重要程度来确定权重值。

各指标及具体权重如表 4 - 3 所示。

表 4 – 3　　　　　　　　　　培训效果影响因素评价指标体系

一级指标（U_i）	权重（R_i）	二级指标（U_{ij}）	权重（R_{ij}）
学员反应 层次（U_1）	0.11	学习内容的适用性（U_{11}）	0.80
		学习内容的难易程度（U_{12}）	0.085
		培训师的授课水平（U_{13}）	0.115
学员学习 层次（U_2）	0.20	学员的提问及回答问题次数与质量（U_{21}）	0.60
		学员的考勤记录（U_{22}）	0.10
		学员的书面考核成绩（U_{23}）	0.30
学员运用 行为层次（U_3）	0.31	访谈中学员运用培训知识的程度（U_{31}）	0.15
		学员对培训课程的认可程度（U_{32}）	0.15
		学员日常工作文件中运用培训知识的程度（U_{33}）	0.70
学员工作绩效 效果层次（U_4）	0.38	学员领导的认可程度（U_{41}）	0.20
		学员主要工作指标的完成程度（U_{42}）	0.65
		学员工作客户的认可程度（U_{43}）	0.15

4.3.6.2　培训效果的模糊定量测度模型的建立

1965 年，美国加利福尼亚大学控制论专家扎德（L. A. Zadeh）教授在《信息与控制》杂志上发表了一篇开创性论文《模糊集合》，模糊集（Fuzzy Set）概念的提出奠定了模糊性理论的基础，这标志着模糊数学的诞生[①]。

当因素过多或者因素间的影响又分层次时，在 Zadeh 的"$\wedge - \vee$"算子下，会出现"泯灭"现象，难以得到有意义的结果，为了不让有价值的信息白白丧失，我们采用多层次模糊测度模型。该模型实际上起到了层次的细分代替因素（或权重）细分的作用，具体步骤如下。

对培训效果测度问题，往往需要考虑众多因素，因素之间还有不同的类别和层次，这时需要建立多层次模型。

定义：给定集合 U，设 P 是将 U 分成 k 个子集的一种分法，且满足：①$\bigcup_{i=1}^{k} U_i = U$；②$U_i \cap U_j = \varnothing$，$\forall i, j, i \neq j$。则称 P 是对 U 的一个划分，记

----

① 谢季坚，刘承平. 模糊数学方法及其应用［M］. 华中科技大学出版社，2006.

为：$U/P = \{U_1，U_2，\cdots，U_k\}$。

多层次测度模型可按以下步骤进行：

（1）对因素集 $U = \{u_1，u_2，\cdots，u_k\}$ 作划分 P 得：$U/P = \{U_1，U_2，\cdots，U_k\} = \{U_i\}$，$i = 1，2，\cdots，k$，

其中，U_i 含有 n_i 个因素，记为：$U_i = \{u_{i_1}，u_{i_2}，\cdots，u_{i_{n_i}}\}$。显然有：

$$\sum_{i=1}^{k} n_i = n。$$

（2）对每个 U_i，即每组，用单层次测度模型作模糊测度：$B_i = A_i \circ R_i$，$(i = 1，2，\cdots，k)$。

（3）由 B_i $(i = 1，2，\cdots，k)$，建立高一层次的模糊矩阵：$R = \begin{pmatrix} B_1 \\ B_2 \\ \vdots \\ B_k \end{pmatrix}$。

设 $U_1，U_2，\cdots，U_k$ 的权向量为 $A = (a_1，a_2，\cdots，a_k)$，满足：$\sum_{i=1}^{k} a_i = 1$。

则二层测度模型为：$B = A \circ R = A \circ \begin{pmatrix} A_1 \circ R_1 \\ A_2 \circ R_2 \\ \vdots \\ A_k \circ B_k \end{pmatrix} = (b_1，b_2，\cdots，b_m)$。

由于 $B = A \circ R$ 中"$\wedge - \vee$"（取小—取大）算子有一定的局限性（陈守义，刘云丰，汪培庄。综合评判的数学模型［J］模糊数学，1983：P61 - 70）为此，将"$\wedge - \vee$"算子推广为更一般的合成运算。常有四种类型：①$M(\wedge，\vee)$"主因素决定型算子"；②$M(\cdot，\vee)$"主因素突出型算子"；③$M(\wedge，\oplus)$"不均衡平均型算子"，其中，$\alpha \oplus \beta = \min(1，\alpha + \beta)$（有界和）；④$M(\cdot，+)$"加权平均型算子"，即普通矩阵乘法意义。该种算子能让每个因素都对综合评判有所贡献。$b_j = \sum_{i=1}^{k} a_i \cdot r_{ij}$，$j = 1，2，\cdots，m$，其中，要求 $\sum_{i=1}^{k} a_i = 1$，权重归一化。

总之，以上算子在应用中，应该根据具体问题选择合适的算子，要能描

述实际问题的本质，才能得到满意的效果，并且保证 $B = (b_1, b_2, \cdots, b_m)$ 满足：$b_j \in [0, 1]$ $(j = 1, 2, \cdots, m)$ 即可[①]。

4.3.6.3　实证分析

为了更好地评价培训效果，一般将培训效果好与坏的评价标准分为五个等级：优秀（v_1）、良好（v_2）、一般（v_3）、较差（v_4）、差（v_5），故评判集为 $V = \{v_1, v_2, \cdots, v_5\} = \{$优秀，良好，一般，较差，差$\}$。在各指标体系中，一级指标 U_1 和 U_2 及其各所属二级指标是在 2008 年的培训结束后进行的问卷调查中得出的具体数字，一级指标 U_3 和 U_4 及其各所属二级指标是在 2010 年 3 月所进行的调研访谈后综合得出的具体数字，调研访谈的对象为 2008 年参加培训的学员、所在单位的领导、所服务的客户等。其结果如表 4 - 4 所示。

表 4 - 4 培训效果评价

指　　　标	评价标准				
	优秀	良好	一般	较差	差
学习内容的适用性（U_{11}）	0.15	0.50	0.20	0.10	0.05
学习内容的难易程度（U_{12}）	0.10	0.30	0.30	0.20	0.10
培训师的授课水平（U_{13}）	0.10	0.50	0.20	0.10	0.10
学员的提问及回答问题次数与质量（U_{21}）	0.50	0.20	0.10	0.10	0.10
学员的考勤记录（U_{22}）	0.20	0.40	0.20	0.10	0.10
学员的书面考核成绩（U_{23}）	0.15	0.55	0.15	0.10	0.05
访谈中学员运用培训知识的程度（U_{31}）	0.10	0.40	0.30	0.10	0.10
学员对培训课程的认可程度（U_{32}）	0.10	0.50	0.20	0.10	0.10
学员日常工作文件中运用培训知识的程度（U_{33}）	0.50	0.20	0.10	0.10	0.10
学员领导的认可程度（U_{41}）	0.20	0.40	0.20	0.10	0.10
学员主要工作指标的完成程度（U_{42}）	0.60	0.20	0.10	0.10	0.00
学员工作客户的认可程度（U_{43}）	0.20	0.70	0.10	0.00	0.00

---

① 谢季坚，刘承平. 模糊数学方法及其应用 [M]. 华中科技大学出版社，2006.

首先，对培训效果评价指标中的学员反映层次因素（U_1）进行模糊定量测度。其 U11 的模糊测度矩阵为：

（1）U11 的模糊评价矩阵：

$$R_1 = \begin{bmatrix} 0.15 & 0.5 & 0.2 & 0.1 & 0.05 \\ 0.1 & 0.3 & 0.3 & 0.2 & 0.1 \\ 0.1 & 0.5 & 0.2 & 0.1 & 0.1 \end{bmatrix}$$

权重向量 A1 =（0.80，0.085，0.015），根据影响培训效果多因素原因，为了能让每个因素都对综合评判有所贡献，因此，本书选择"M（·，+），加权平均型算子"，即普通矩阵乘法意义，计算得：B1 = A1 · R1 =（0.14，0.483，0.207，0.11，0.06）。由"最大隶属度原则"可知，在学员队培训效果学习反应层次因素评价中，对培训学习反应层次所体验的品质感知是 0.483，根据五级评判原则，属于良好的范畴，反映出此次培训在学员心目中的地位较高。

其次，对"学员学习层次"进行定量测度。同理，B2 = A2 · R2 =（0.365，0.325，0.125，0.10，0.085），由"最大隶属度原则"可知，学员对学习层次是高度认可的，其 0.365 对应的评判指标是优秀。

最后，对学员运用行为层次影响因素进行定量测度。同理，B3 = A3 · R3 =（0.38，0.275，0.145，0.10，0.10）。同样由"最大隶属度原则"可知，学员对运用行为层次上的高度认可。对学员工作绩效效果层次影响因素进行定量测度。同理 B4 = A4 · R4 =（0.46，0.315，0.12，0.085，0.02），这一指标反映出学员对学员工作绩效效果层次上的高度认可，由"最大隶属度原则"可知，0.46 对应的评价指标是优秀。

培训效果模糊综合评价因素集中，共涉及四大指标，分别是：学员反应层次；学员学习层次；学员运用行为层次；学员工作绩效效果层次。其在评价体系中的权重分别是 0.11，0.20，0.31，0.38。

综上所述，对此次培训效果进行模糊综合测度为，U = {U1，U2，U3，U4，U5}T，权重向量 A =（0.11，0.20，0.31，0.38），作综合测度得：

$$A \cdot U = (0.11, 0.20, 0.31, 0.38) \cdot \begin{bmatrix} 0.14 & 0.483 & 0.207 & 0.11 & 0.06 \\ 0.365 & 0.325 & 0.125 & 0.10 & 0.085 \\ 0.38 & 0.275 & 0.145 & 0.10 & 0.10 \\ 0.46 & 0.315 & 0.12 & 0.085 & 0.02 \end{bmatrix}$$

$$= (0.38, 0.32, 0.13, 0.11, 0.06)$$

培训模糊综合测度等级分值如表 4-5 所示。

表 4-5　　　　　　　　　　培训模糊综合测度等级分值

测度标准	优秀	良好	一般	较差	差
分值	90~100 （中值取95）	80~89 （中值取85）	70~79 （中值取75）	60~69 （中值取65）	60以下 （中值取30）

根据表 4-5 可知，此次培训效果综合测度的分值为：

$$F = (0.38, 0.32, 0.13, 0.11, 0.06) \cdot (95, 85, 75, 65, 30)^{T} \approx 81.95$$

（2）计算结果分析。

由上述计算可知，因为培训效果综合测度分值 $F \approx 81.95$，说明此次培训效果评价为良好，如果从培训效果的四大层次来分别分析，学员反应层次为良好，其他层次即学员学习层次、学员运用行为层次、学员工作绩效效果层次均为优秀，但正是由于学员反应层次的评价为良好，使整个培训效果的最终评价值落在良好区域，这也反映了在培训内容的适用性、学习的难易程度以及培训师的授课水平方面存在着较大的改进余地。

4.3.6.4　结论

培训效果评价是培训工作的最后一个环节，但由于培训工作的复杂性以及培训效果的滞后性，要客观、科学地衡量培训效果非常困难。唐·柯克帕屈克四层次评估模型是最常用的培训评估模式，它主要以受训学员作为评估对象，前两个层次主要是对培训的过程进行评估，后两个层次主要是对培训的结果进行评估。但是唐·柯克帕屈克（Kirkpatrick）只是在培训结束后一次性的评估，没有给出具体的评估方法，也不能对培训效益进行定量的评估。因此，本书尝试运用模糊数学的相关理论与知识，结合自身所从事的彩票业人力资源培训的经历，对培训效果进行跨时间阶段的定量测度，其中，四层次评估模型中的前两层次为一次性的评估，后两层次的评估则为连续的多角度的评估，克服了一般培训效果评估模型的滞后性问题和难以定量化评估的问题，为科学合理地评估培训效果提供了一种新的思路。

4.4　新彩票玩法上市培训

为了新玩法的顺利上市，为了使销售员、业主、彩民朋友全面深入地了解体彩彩票新玩法，以及提高销售员、业主的服务水平，新彩票玩法上市培训是彩票专管员必须要做的重要工作之一。新彩票玩法上市培训方案的制定流程与前文所述的内容基本一致，培训对象不仅包括彩票销售员，而且包括众多的彩民。专管员在培训的过程中需要注意的内容主要有以下三点。

（1）新彩票玩法的卖点。所谓"卖点"，是指商品具备了前所未有、别出心裁或与众不同的特色和特点。这些特点、特色一方面是产品与生俱来的；另一方面是通过营销策划人的想象力、创造力来产生"无中生有"的。新彩票玩法的卖点其实是一个彩民购买新彩票的理由，最佳的卖点即为最强有力的消费理由。

（2）新彩票玩法的规则。新彩票玩法的规则培训是彩票上市培训中的核心内容，其目的是为了让彩票销售员和彩民熟悉和精通新彩票玩法的具体规则，为新彩票的顺利上市和畅销奠定了一个良好的基础。

（3）新彩票玩法的营销技巧培训。新彩票玩法的营销技巧培训对象主要是彩票销售员，其目的在于让彩票销售员尽快掌握新彩票的销售技巧。

案例 B

××市 11 选 5 高频彩票培训方案

根据省体彩中心《关于下发广东 11 选 5 高频电脑体育彩票上市方案的通知》的文件精神，结合我中心制定的《××市 11 选 5 电脑体育彩票投注站建设及营销方案》，我们抓住 11 选 5 高频电脑体育彩票上市的有利时机，以玩法的技术性为抓手，以高频的固定返奖为基础，充分发掘彩民群体和潜在的彩民群体，按照省中心 11 选 5 培训工作统一的部署，有针对性、分阶段地对站点负责人、销售人员进行培训，以切实做好我市 11 选 5 的营销培训工作，促进销售"开门红"。现结合我市的实际情况，制订我市的培训方案如下。

1. 培训模式

我们计划采取先集中，然后面对面，最终分片集中的方式进行全方位的培训，有针对性地分阶段实施培训。

认识阶段。先集中初审合格的投注站进行站点建设相关注意事项、营销方面的知识、应急预案、玩法规则等进行培训，培训完成后各站点对投注站的软、硬件设施进行完善。

巩固阶段。投注站软硬件设施完善后，组织各 11 选 5 站点业主以及销售人员再集中进行强化培训，以加深各站点业主及销售人员对 11 选 5 玩法的认识，掌握相关的游戏规则和营销技巧。

掌握阶段。以片区为单位，由各片区专管员深入 11 选 5 投注站进行强化培训，全力以赴以提高站点的水平。

总结阶段。再分片区进行培训，在培训的过程中不断总结出适合××市发展的培训模式，以在更高的层次上提升我市体育彩票销售队伍的营销水平，将 11 选 5 玩法引向纵深，以促进销售量的进一步提高。以考试的形式引起各销售人员的高度重视，确保培训的成果。

2. 培训情况

第一阶段：认知阶段——建站前集中培训。抓住 2009 年 11 月 15 日高频玩法上市这一机会，我们计划于 10 月 19 日举办初审合格的投注站进行建站前的培训，培训内容包括 11 选 5 玩法的游戏规则、亮点、营销技巧、操作技巧、建站的注意事项、软硬件的配备、销售过程中的应急预案、末位淘汰制度等方面重点突出玩法的新颖、趣味、固定返奖等亮点。先要让各合格投注站能尽快认识 11 选 5 玩法的特点，以更好地提前向彩民进行宣传，尽快预热市场。

集中培训计划：

时间：10 月 19 日上午 9～12 点。

地点：××市东区体育场体育局二楼大会议室。

讲师：××市体育彩票管理中心电脑彩票管理员：×××

第二阶段：巩固阶段——开售前进行集中培训。在各初审投注站进行软、硬件完善工作基本完成后，由各片区专管员进行初步验收，计划组织各 11 选 5 投注站业主、销售人员进行巩固培训，目的是让各销售站点人员真正地掌握 11 选 5 玩法的游戏规则、营销技巧，结合广东体彩中心有关 11 选 5 分析软件，进行深入系统的培训，培训结束后进行笔试。

培训计划：

时间：10 月 30 日前。

培训地点：××市东区兴中道体育场二楼会议室

培训讲师：××

第三阶段：掌握阶段——面对面培训。为了让 11 选 5 游戏规则、玩法的亮点具有覆盖面更广、渗透力更强的特点，我们充分发挥专管员的桥梁纽带作用，让专管员深入投注站进行面对面培训，培训形式包括提问、解答，重新将玩法要点、重点、亮点向投注站人员讲清楚、道明白，努力提高我市整体的营销宣传能力，让本次活动能掀起 11 选 5 销售的一个"小高潮"。

面对面培训计划：

时间：11 月 5～10 日。

地点：各片区 11 选 5 销售投注站。

培训讲师：××市专管员队伍，××、××、××、××、××、××。

第四阶段：巩固阶段——分片集中培训。为了更好地总结培训情况，解决在培训的过程中出现的问题，以更好地调整工作计划和培训模式，提高销售人员的积极性和主动性，分片区组织 11 选 5 销售投注站进行"巩固再提升"的培训。

分片集中培训计划：

时间：11 月 11～14 日分片区进行一次总结会议。

地点：各片区的专管站或体委会议场所。

培训讲师：××、××、××、××、××、××。

案例分析与点评：

（1）优点分析。该培训方案基本要素较为齐全，可操作性强，任务明确。

（2）有待改进的地方。该方案有待改进的地方在于培训对象的具体规模不明确、片区安排不清晰、培训计划书的写作规范上有待进一步提高。

4.5 投注站营销及销售技巧交流培训

投注站营销宣传及销售技巧交流培训是彩票专管员日常工作中非常重要的工作之一，其目的是为了通过培训持续不断地提高彩票投注站业主以及销售员的业务素质，为彩票销售额处在不同层次的彩票投注站业主及销售员有机会交流和学习，从而为持续不断地提高彩票销售额奠定基础。投注站营销宣传及销售技巧交流培训的主要内容有以下三种。

4.5.1 有形展示培训

有形展示是为进行服务传递、公司与顾客进行交互所处环境以及有利于服务执行或传播交流的任何有形商品。其中，与环境相关的有形设施又叫作服务场景。投注站有形展示是彩民与投注站沟通的一个重要桥梁，也是与彩票销售额密切相关的重要因素之一，其要素如表4-6所示。

表4-6 有形展示的要素

服务场景	服务场景	其他有形物	其他有形物
外部设施	内部设施	名片	手册
外部设计	内部设计	文具	网页
标志	设施	收费单	虚拟场景
停车场地	标志	报告	
周围景色	布局	员工着装/制服	
	空气质量/温度		

投注站有形展示培训的主要内容有以下五项。

（1）门头有形展示。投注站要有统一的店面设计，门头、门脸要有"中国彩票"或其他的标识，图形、文字、颜色及牌匾大小和位置等要规范醒目，并与周围其他广告图有很强的区分度。

（2）店内环境有形展示。根据投注站位置、面积大小、房屋结构、通风、通光、朝向特点，合理安排打票区、研究区、休息区，合理放置各类器材和物件，创造良好的销售环境。

环境应该舒适、明亮、规范、方便、因地制宜有特色，并且符合终端机运行的各项环境指标要求。

设施和物件齐全，不但方便销售和投注，也利于投注站营销活动的开展。建议配备的设施及物件有走势图、开奖公告、奖池信息公布版、荣誉榜、号码推荐栏、宣传资料、选号辅助器材、销售柜、桌椅、电视、电脑、打印机、电话、传真机、饮水机等。

（3）彩票走势图有形展示。期数尽量多，最好分成多区间，格子不能太大或太小，号码书写规范，字体颜色显目，平整地张贴或安装在显眼的墙面。

（4）开奖及中奖有形展示。详细列出开奖日期、期号、中奖号码、中奖金额，中奖省份等。在特别固定区域张贴本店已兑奖的各类彩票，定期更新，供彩民欣赏和学习。

奖池信息公布牌：各类彩票的奖池信息、重要的彩票种类，例如大乐透奖池，一旦大乐透奖池过亿元，应制作特别奖池公布牌，并悬挂在店门口。

中大奖信息有形展示：可制作特别公告牌或者是横幅等有形展示。

（5）即开票有形展示。即开票往往制作精美，种类繁多，如果展示不得当，彩民往往无所适从。

案例 C

即开票有形展示

如在早些时候，有位彩民来到某市的某投注站里购买"顶呱刮"即开票，但是看着各式各样精美的即开票，却不知道买哪种好。于是彩票销售员向他简单地介绍了各种即开票的价格和中奖金额，可有趣的是，这位彩民总是记不住，并一个劲地问"这种是不是 20 元的，那种是不是 10 元，10 元的能中 100 万元吗"等之类的问题。彩票销售员实在没有办法，干脆把所有的"顶呱刮"即开票摆在那位彩民的面前，一张一张给他讲解。

经过这件事情，彩票销售员得到启发。她特别设计了一个牌子，牌子上按即开票的面值分好种类，并注明了该票的最高奖奖金，这样彩民可以一目了然。没想到这个牌子一挂出来，就给她的即开销量带来了不小的帮助，由此引起了许多投注站的纷纷效仿，如图 C - 1 所示。

图 C - 1   即开票展示牌

也可以利用即开废票设计成各种饰品和图案，将一张张彩票制作成精美的吊饰等饰物，将艺术性融入"顶呱刮"的展示中，可以得到意想不到的宣传效果，如图 C - 2 所示。

图 C - 2   即开废票设计成的各种饰品和图案

（6）宣传品有形展示。各类彩票玩法标识、广告语、标语、海报等在店内外展示；玩法宣传单、报刊、资料、投注单等摆放在彩民方便拿取的位置。

（7）推荐号码有形展示。有条件的投注站点，还可以制作推荐号码有形展示，书写本店及各方选号高手的号码推荐，引导彩民投注。

4.5.2　专题营销培训

专题营销培训主要是针对特定的营销专题来开展营销活动，促进彩票的销售，对于彩票投注站而言也可以在力所能及的范围内组织小型的营销活动，增进彩民与投注站的交流，从而达到彩票销售的目的。

4.5.2.1　活动（事件）营销

体育彩票是与体育活动联系密切的彩票，因此，每逢重大体育赛事是开展营销活动的重要契机之一。例如，竞猜型的体育彩票，如何将赛事与活动联系在一起进而促进彩票的销售是一个非常重要的内容。2018 年是世界杯年、亚运年，更是活动营销开展的绝佳时机。

一般来说，活动营销的主要对象是老彩民，因此，要求第一步：广泛搜集特定彩民数据信息、建立数据库。通过各种渠道收集消费者信息，包括消费者姓名、年龄、家庭住址、联系电话、家庭收入、健康状况等，建立彩民档案数据库，并对这些数据进行分析整理，把彩民根据需求状况分类，确定目标消费人群。第二步：活动营销的组织实施。确定活动的时间、地点后，针对目标消费人群发出邀请。活动营销主要以服务为主，以健康买彩票理念的宣传、免费的彩票玩法咨询以及彩民喜闻乐见的文娱活动来吸引目标人群参加；通过专家的推荐以及专管员或销售员一对一的沟通来促成彩票销售。

4.5.2.2　彩票知识营销

彩票知识营销指的是向大众传播新的彩票玩法以及它们对彩民购彩的影响，通过宣传，让彩民不仅知其然，而且知其所以然，重新建立新的彩票产品玩法概念，进而使彩民萌发对新彩票产品的需要，达到拓宽市场的目的。

知识营销是通过有效的知识传播方法和途径，将组织所拥有的对用户有价值的知识（包括产品知识、购彩技巧研究成果、彩票经营理念）传递给现实或潜在的彩民，并逐渐形成对彩票品牌和彩票产品的认知，为将潜在彩民最终转化为现实彩民、将现实彩民转化为忠实彩民的过程和各种营销行为。

案例 D

彩票知识营销

在江苏某市的一个体育彩票投注站，有一位足彩的彩民研究足彩比赛颇有心得体会，屡有斩获，该店业主十分欣赏，灵机一动之余，该店业主干脆聘请该彩民常年坐店开展对足彩的讲座及交流，渐渐地在该店聚集了一批忠实的彩民，大家在一起探讨足球及足球彩票的各种知识，不断提高中彩率，同时该彩票店的销量也大幅上升。该彩票店的做法从本质上来看是知识营销最基本的做法。彩票专管员对彩票店业主进行知识营销培训的目的在于帮助那些有实力的彩票店组建自己的彩民群体，定期进行彩票知识交流，进而建立起一批忠诚度较高的体育彩票购彩群体，同时在影响力上做到影响于无形之中。

4.5.3 彩民开发与维护

4.5.3.1 彩民开发

（1）请老彩民发动亲朋好友购买彩票。让那些常来买彩票的忠实彩民、有影响力的彩民帮助介绍一些从来没有接触过彩票的朋友到店里来，与他们进行沟通，通过联合购买、参考号码推荐等形式达成购买。

（2）在醒目位置进行重要信息提示。在门口、玻璃门、橱窗等处张贴巨奖中奖彩票、喜报、宣传海报、促销信息，在门头悬挂中奖、派送、促销等内容的横幅，引起路人关注。

（3）在投注站周边区域发放宣传品。印有投注站信息，可提供服务的宣传单、名片等资料，可注明将资料在规定时间返回投注站，参加抽奖活动，奖励若干金额的彩票。

（4）进行小范围的促销活动。运用小规模促销措施，吸引人气，提高关注度。各种体彩玩法可合理安排引用套餐概念，搭配购买，均衡各种玩法的销量和彩民群。买一种体彩玩法的彩票，进行抽奖，送另外一种彩票。

（5）充分利用网络资源。有条件的投注站，安置能上网的电脑和选号软件，建微信群、彩票论坛，引导他们购买彩票。

（6）组织活动、联络感情。举办体彩培训讲座，讲解投注技巧、选号方法、中奖故事，增强老彩民投注技巧和信心，提高中奖率，引发新彩民兴趣。

（7）利用好彩票公益品牌。例如积极引导人们关注体育彩票。大力宣传体育彩票筹集 27.5 亿元公益金资助 2008 年奥运会。

4.5.3.2　彩民维护与忠诚度培养

（1）建立彩民档案。客户档案管理即彩民档案管理。建立彩民档案的目的是加强投注站和彩民的联系，针对投注站内不同类型的彩民细化服务和管理，从而做到稳固彩民群、扩大彩民群、加大投注站影响力。投注站可根据实际情况，制作"彩民联系卡"或"彩民信息统计表"，内容建议如下。

彩民的基本情况：姓名、年龄、文化水平、家庭情况、兴趣爱好、出生日期、地址、固定电话、手机号码等。

彩民的买彩记录：喜欢买什么样的彩票，每期投入多少钱，投入的钱占家庭收入的比例，购买间隔多长时间，喜欢机选还是自选，喜欢的选号方法，中奖情况如何等。

投注站业主和销售员尽量收集彩民信息，更重要的是要经常对彩民档案进行分析，否则建立彩民档案就失去了意义。

①对彩民进行销售构成分析，知道哪些彩民买得多，哪些彩民买彩稳定，哪些彩民信用好等。如果彩民购彩习惯发生了改变，马上分析原因并制定相应措施。

②针对不同的彩民开展多种形式的回访、回馈活动。例如，制作投注站的名片卡方便彩民与投注站联系；将当晚开奖结果发送信息给彩民；过年、过节打电话或者发短信联络彩民；如彩民多日不来买彩可打电话表示问候；记住彩民的姓名和生日，在投注站内外能马上叫出他们的名字，彩民生日的

时候给他们一个惊喜；如有讲座、派送、促销等好消息，或投注站组织彩民联谊活动等，都可以通知彩民来参加。

尊重彩民、关心彩民、满足彩民，来你投注站买彩票的人数将会越来越多。

（2）提高服务质量，想彩民所想，急彩民所急。挖掘彩民需求，解决并提供持续有效的配套服务，保持投注站内外醒目、整洁、舒适，营造投注站内快乐和谐的氛围，提升投注站在周边区域的影响力。例如送奖、送票、兑换零钱、提供娱乐场地、提供开奖短信、配备软硬设施以供彩民查询相关资讯，在社区内开展多项宣传、促销、服务、体育活动等。

（3）精通玩法规则及选号技巧，亲身引导彩民共同购彩。做好历史数据的统计分析，提出自己的选号心得，与彩民交流沟通，方法、资源、信息共同分享，帮彩民提供专家推荐号码以供选择，结合周边彩民的购彩习惯，推出合适的选号方案。可在投注站采用擂台竞赛方式，激发彩民之间比中奖、比选号、比技巧的心态。业主通过组织这样的竞赛活动，提高投注站销量，培养彩民忠诚度，让彩民充分体会在购彩过程中的快乐。

4.6 彩票营销渠道应急事件及投诉处理

4.6.1 应急预案与投注站销售安全

4.6.1.1 应急预案及其制定

（1）应急预案的概念。应急预案是面对突发事件，如自然灾害、重特大事故灾害、环境公害以及认为破坏的应急管理、社会、救援计划等。针对具体设备、设施、场所和环境，在安全评价的基础上，为降低事故造成的人身、财产与环境损失，就事故发生后的应急救援机构和人员，应急救援的设备、设施、条件和环境，行动的步骤和纲领，控制事故发展的方法和程序等，预先作出的科学而有效的计划和安排。

总体预案是全国应急预案体系的总纲，明确了各类突发公共事件分级分类和预案框架体系，规定了国务院应对特别重大突发公共事件的组织体系、工作机制等内容，是指导预防和处置各类突发公共事件的规范性文件。

2006 年 1 月 8 日国务院发布的《国家突发公共事件总体应急预案》，是我国应急预案工作发展的里程碑，由此，我国应急预案框架体系初步形成。是否已制定应急能力及防灾减灾应急预案，标志着社会、企业、社区、家庭安全文化的基本素质的程度。

总体预案所称的突发公共事件，是指突然发生，造成或者可能造成重大人员伤亡、财产损失、生态环境破坏和严重社会危害，危及公共安全的紧急事件。

总体预案将突发公共事件主要分成四类：一是自然灾害：主要包括水旱灾害、气象灾害、地震灾害、地质灾害、海洋灾害、生物灾害和森林草原火灾等；二是事故灾难：主要包括工矿商贸等企业的各类安全事故、交通运输事故、公共设施和设备事故、环境污染和生态破坏事件等；三是公共卫生事件：主要包括传染病疫情、群体性不明原因疾病、食品安全和职业危害、动物疫情以及其他严重影响公众健康和生命安全的事件；四是社会安全事件：主要包括恐怖袭击事件、经济安全事件、涉外突发事件等。

按照各类突发公共事件的性质、严重程度、可控性和影响范围等因素，总体预案将突发公共事件分为四级，即 I 级（特别重大）、II 级（重大）、III 级（较大）和IV级（一般），依次用红色、橙色、黄色和蓝色表示。

2007 年 8 月全国人民代表大会常务委员会通过的《中华人民共和国突发事件应对法》规定，"应急预案应当根据本法和其他有关法律、法规的规定，针对突发事件的性质、特点和可能造成的社会危害，具体规定突发事件应急管理工作的组织指挥体系与职责和突发事件的预防与预警机制、处置程序、应急保障措施以及事后恢复与重建措施等内容"。

"所有单位应当建立健全安全管理制度，定期检查本单位各项安全防范措施的落实情况，及时消除事故隐患；掌握并及时处理本单位存在的可能引发社会安全事件的问题，防止矛盾激化和事态扩大；对本单位可能发生的突发事件和采取安全防范措施的情况，应当按照规定及时向所在地人民政府或者人民政府有关部门报告"。

"公共交通工具、公共场所和其他人员密集场所的经营单位或者管理单位应当制定具体应急预案，为交通工具和有关场所配备报警装置和必要的应急救援设备、设施，注明其使用方法，并显著标明安全撤离的通道、路线，保证安全通道、出口的畅通。

有关单位应当定期检测、维护其报警装置和应急救援设备、设施，使其处于良好状态，确保正常使用"。

（2）应急预案的分类。应急预案有许多分类方法，例如根据管理主体不同，可以分为单位组织预案和政府预案，单位组织预案由各单位根据自身情况制定，由单位组织负责，政府预案由政府组织制定，由相应级别的政府负责。根据事故影响范围不同可以将预案分为现场预案和场外预案，现场预案又可以根据现场大小范围分为不同等级；而场外预案按事故影响范围的不同又可以分为区县级、地市级、省级、区域级和国家级。应急预案还可以按照行业来分，例如信息安全应急预案是有效应对信息安全突发事件的关键。

按照内容的不同，应急预案可分为以下四类。

①应急行动指南或检查表。针对已辨识的危险制定应采取的特定的应急行动。指南简要描述应急行动必须遵从的基本程序，例如发生情况向谁报告，报告什么信息，采取哪些应急措施。这种应急预案主要起提示作用，对相关人员要进行培训，有时将这种预案作为其他类型应急预案的补充。

②应急响应预案。针对现场每项设施和场所可能发生的事故情况，编制的应急响应预案。应急响应预案需包括所有可能的危险状况，明确有关人员在紧急状况下的职责。这类预案仅说明处理紧急事务必需的行动，不包括事前要求（如培训、演练等）和事后措施。

③互助应急预案。互助应急预案为在事故应急处理中共享资源、相互帮助制定的应急预案。这类预案适合于资源有限的中、小企业以及高风险的大企业，需要高效的协调管理。

④应急管理预案。应急管理预案是综合性的事故应急预案，这类预案详细描述事故前、事故过程中和事故后何人做何事、什么时候做、如何做。这类预案要明确制定每一项职责的具体实施程序。应急管理预案包括事故应急

的四个逻辑步骤：预防、预备、响应、恢复。

（3）应急预案主要内容。重大事故应急预案可根据 2004 年国务院办公厅发布的《国务院有关部门和单位制定和修订突发公共事件应急预案框架指南》进行编制。

一般应急预案包括以下四个重要的部分：一是完善的应急政治管理指挥系统；二是强有力的应急工程救援保障体系；三是综合协调、应对自如的相互支持系统；四是充分备灾的保障供应体系以及体现综合救援的应急队伍等。具体地，应急预案主要内容应包括以下八项。

①总则。说明编制预案的目的、工作原则、编制依据、适用范围等。

②组织指挥体系及职责。明确各组织机构的职责、权利和义务，以突发事故应急响应全过程为主线，明确事故发生、报警、响应、结束、善后处理处置等环节的主管部门与协作部门；以应急准备及保障机构为支线，明确各参与部门的职责。

③预警和预防机制。包括危险源监控与信息监测报告，系统可以调用已有的报警器、视频监控等系统，用于实时监控危险源。万一有事故发生时，该系统能对比预警条件，根据提示的信息发布程序，将信息迅速发送出。

④应急响应。根据事故的大小和发展态势条件，调出对应的应急预案，其中规定有应急指挥、应急行动、资源调配、应急避险、扩大应急等响应内容，操作人员跟着定义好的应急预案按步操作即可完成响应程序规定的操作。信息共享和处理，通信，指挥和协调，紧急处置，应急人员的安全防护，群众的安全防护，社会力量动员与参与，事故调查分析、检测与后果评估，新闻报道，应急结束等。

⑤后期处置。包括善后处置、社会救助、保险、事故调查报告和经验教训总结以及改进建议。在恢复重建阶段，可利用系统进行重建方案的审查与评估。

⑥保障措施。包括通信与信息保障，应急支援与装备保障，技术储备与保障，宣传、培训和演习，监督检查等。

⑦附则。包括有关术语、定义，预案管理与更新，国际沟通与协作，奖励与责任，制定与解释部门，预案实施或生效时间等。

⑧附录。包括相关的应急预案、预案总体目录、分预案目录、各种规范化格式文本，相关机构和人员通讯录等。

（4）应急预案的编制步骤。应急预案的编制一般可以分为以下六个步骤。

①组建编制队伍。预案从编制、维护到实施都应该有各级各部门的广泛参与，在预案实际编制工作中往往会由编制组执笔，但是在编制过程中或编制完成之后，要征求各部门的意见，包括高层管理人员，中层管理人员，人力资源部门，工程与维修部门，安全、卫生和环境保护部门，邻近社区，市场销售部门，法律顾问，财务部门等。

②危险与应急能力分析。主要从以下三方面分析。

第一，法律法规分析。分析国家法律、地方政府法规与规章，例如安全生产与职业卫生法律、法规，环境保护法律、法规，消防法律、法规与规程，应急管理规定等。调研现有预案内容包括政府与本单位的预案，例如疏散预案、消防预案、员工手册、危险品预案、安全评价程序、风险管理预案、资金投入方案、互助协议等。

第二，风险分析。通常应考虑下列因素：历史情况；本单位及其他兄弟单位所在社区以往发生过的紧急情况，包括火灾、危险物质泄漏、极端天气、交通事故、地震、飓风、龙卷风等；地理因素，单位所处地理位置，如邻近洪水区域、地震断裂带和大坝；邻近危险化学品的生产、贮存、使用和运输企业；邻近重大交通干线和机场、邻近核电厂等；技术问题；人的因素；管制因素。彻底分析紧急情况，考虑如下情况的后果：出入禁区，电力故障，通讯电缆中断，燃气管道破裂；水害，烟害，结构受损，空气或水污染，爆炸，建筑物倒塌，化学品泄漏等。

第三，应急能力分析。对每一紧急情况应考虑如下问题：所需要的资源与能力是否配备齐全；外部资源能否在需要时及时到位；是否还有其他可以优先利用的资源。

③预案编制。应急预案的编制必须基于重大事故风险的分析结果、参考应急资源需求和现状以及有关法律法规要求。此外，预案编制时应充分收集和参阅已有的应急预案，尽可能地减小工作量和避免应急预案的重复和交叉，并确保与其他相关应急预案的协调和一致。

④预案的评审与发布。为保证应急预案的科学性、合理性以及与实际情况的符合性，应急预案必须经过评审，包括组织内部评审和专家评审，必要时请上级应急机构进行评审。应急预案经评审通过和批准后，按有关程序进行正式发布和备案。

⑤预案的实施。应急预案的实施是应急管理的重要工作。应急预案实施包括：开展预案宣传、进行预案培训，落实和检查各个有关部门职责、程序和资源准备，组织预案演练，使应急预案有机地融入公共安全保障工作中，真正将应急预案所规定的要求落到实处。应急预案应及时进行修改、更新和升级，尤其是在每一次演练和应急响应后，应认真进行评审和总结，针对实际情况的变化以及预案中所暴露出的缺陷，不断地更新、完善，以持续地改进应急预案文件体系。

⑥应急培训与演习。

案例 E

××市体育彩票管理中心应急预案之
——市体育彩票管理中心消防预案

一级预案

一、发现初期火警，在场人员应该：

（1）在场人员立即利用附近的灭火器械扑救，尽量控制火势发展；

（2）在可能的情况下，关闭门窗以减缓火势蔓延速度；

（3）即时报告办公室，报告内容包括火警具体地点、燃烧物性质、火势蔓延方向等。

二、全体人员接到火警报告后：

（1）携带灭火器以最快的速度到达火警现场；

（2）进行灭火扑救；

（3）办公室指挥火警现场及可能受影响范围内的人员使用安全通道疏散。

三、灭火后，办公室安排人员留守火警现场，等待单位调查。

四、若扑救无效，办公室即时决定：

（1）将灭火人员撤离至安全距离内；

（2）立即向主管领导报告现场情况；

（3）进入二级预案处理程序。

二级预案

初期火警扑救无效，火势无法控制并进一步蔓延时，办公室应即时向单位最高领导报告。

一、单位最高领导接到报告后：

（1）第一时间到达现场，下达启动二级预案的命令；

（2）紧急疏散火场及附近人员；

（3）向消防部门报警，讲清楚单位地点、起火楼层、燃烧物资、火势等；

（4）有人员伤亡情况应向医疗部门求救；

（5）清除路障，指挥无关车辆离开现场，维持单位外围秩序；

（6）禁止无关人员进入起火地点，指挥疏散人员离开火场；

（7）等待引导消防部门消防队员到火灾现场。

二、办公室接到指挥部指令后：

（1）以最快的速度到达现场，组织灭火；

（2）安排人员携带灭火工具检查相邻房间和上下楼层通道是否有火势蔓延；

（3）针对燃烧性质不同采取相应的灭火方法。

（4）协助医疗部门人员对伤员进行抢救；

市体育彩票管理中心办公室消防管理制度

一、贯彻执行消防安全规章制度，做好消防宣传工作。

二、定期进行防火安全检查，消除火灾隐患。

三、熟悉单位的消防重点部位和各种消防器材的摆放位置和操作规程。

四、积极参加扑救火灾和疏散人员工作并保护好现场。

五、积极参加单位组织的各项消防培训。

六、定期组织消防业务训练，熟练掌握灭火器材的使用。

七、熟悉单位灭火和应急疏散预案，并定期进行演练。

八、在公安消防的领导下积极协助调查火灾发生的原因。

体育彩票中心处置突发事件预案

突发事件发生,在场工作人员遇事一定要冷静,果断采取措施。按照迅速平息、减轻伤亡、保护职工、控制事态的原则进行处置。

(1)突发事件一旦发生,办公室立即组织工作人员进行疏散,迅速离开现场。

(2)办公室立即向单位领导报告同时组织人员进行处置,根据现场情况如有需要立即报警。如报"119"火警电话,内容为:"××路××号市体育彩票管理中心发生火灾,请迅速前来扑救",待对方放下电话后再挂机。立刻派出人员到指定地点等待引导消防车辆。

(3)协助警方对突发事件进行处置。

(5)案例分析与点评。

本消防预案是市级体彩中心应急预案系统的组成部分之一,中心明确、结构完整,并且应急预案有相应的管理制度配合,不过在事后总结、补救方面尚有不足。

4.6.1.2 投注站销售安全的概念

针对投注站可能发生的设备、彩票等被盗;人员受伤;火灾、水灾等事件,应做好预防与整改,以及保险与报警,并制定相应的应急预案。

专管员发现存在的销售安全隐患,要及时与业主沟通,建议其及早防范或进行整改,提示其遇突发事件,及时报警并通知中心。

投注站销售安全管理主要包括以下内容。

(1)兑奖票管理。回收兑奖票,保证不外流。回收兑奖票,包括回收电彩和即开型彩票的所有兑奖票。一旦外流造成其他投注站损失的,应处罚流出兑奖票的投注站。

(2)取消票管理。必须将全部取消票的原票拿到市级中心办理。制定并执行《取消票工作流程》,保证手续完整,及时准确。

(3)防盗、防抢、防火、防水管理。全面做好相关安全工作的预案,并定期宣传、通知、检查、处理。如在节日及恶劣天气到来前夕,发布加强投注站安全管理的通知。

4.6.2　投注站投诉

4.6.2.1　投注站投诉的种类

投注站投诉主要有以下三种。

（1）彩票中心的管理与服务。这类投诉是指投注站因制度条文不够规范或有损自己的利益，制度执行过程中出现的问题，以及针对工作人员态度、能力等的投诉。

（2）投注站设备故障。这类投诉是由于终端机、网络等出现故障而引起的。

（3）其他彩票投注站的竞争问题。这是投注站投诉较多的问题，主要是对新建或移址的投注站违反规则的投诉，如对新建站或移建站与原有投注站的距离存在异议等。

4.6.2.2　投注站投诉的处理

（1）投注站投诉处理的原则。投注站是彩票事业的重要组成部分，是我们的合作者，也是我们的服务对象，它们在彩票工作的第一线，向广大社会公众展示彩票的形象和服务，它们的投诉对我们的工作有极大的警示和影响。

对于投注站的投诉，我们在处理时既要按照针对服务对象的要求做，更要完善相关服务体制，提高服务质量。

处理投注站投诉的根本原则是热情周到的服务态度及专业有效的工作能力，快速妥善地帮助投注站解决问题。

（2）处理投注站投诉的程序。从投诉的开始到结束，是一个牵涉面相当广而又一环扣一环的过程。

①接受投诉。这是投诉处理的第一步，礼貌而真诚是做好投诉处理工作的基础。

②聆听与记录，诚意听取用户的投诉。在投诉登记表（见表4－7）上认

真记录相关要点。

③判断、处理，快速判断、迅速反应、及时处理。经过判断分析，当找到问题所在，应以积极的正面态度回应，如告知具体会怎样处理等。

④回访。是建立信任，弥补因种种原因造成失误的重要环节，也是检查工作质量、与投注站沟通、搞好关系的最好机会。

⑤总结。要及时总结发生这次投诉的原因是什么？从这次投诉处理中学到了什么？在从今后的工作中怎样才能避免类似情况的发生，需要做哪些方面的调整。

表 4 - 7   投诉登记

日期：　　　　　年　　月　　日　　　　　编号：

投诉人姓名	彭先生	联系电话	138××××629
投诉人单位	××区××地区		
投诉内容	我是02××投注站的业主，由于近来在不到150米之处又增设一家体彩投注站，投注站销售额逐日下降，目前已难以维持。我们都是靠经营体彩投注站维持生计，按照体彩的有关规定，距离要在150米以上才能开设新投注站，可现实为何又有新站点开设？是否有违规操作，请体彩中心明察 记录　朱×		
中心领导批示	请业务部复查回复 ×××		
部门处理意见	彭先生所反映的新增投注站为26××8，经中心实地调查，确实距离不足150米，两点相距为140米，原因在于26××8站点申请地址与装修地址不相符。中心限26××8站点在30日内搬回原申请地址销售，否则作停机处理。已回复彭先生，并无异议 业务部：××× 日期：		
处理结果核查	业务部已将此情况通报投诉人，投诉人无异议 ×× 日期：		

（3）处理投注站投诉的方法。

①彩票中心管理与服务投诉的处理方法。这类投诉较少，往往与条件所限有关，罕见责任问题。经过我们持之以恒的努力，广大业主与销售员对彩票中心的管理和服务满意度很高，我们应再接再厉不断改进我们的工作。

②投注站设备故障投诉的处理方法。首先，要对设备不断进行更新改造；其次，加强专管员队伍建设，对设备进行及时的维护、维修工作，涉及网络通信和电力供应等问题的还要与相关部门进行及时沟通；最后，如果涉及彩民利益，还得对彩民进行解释和安抚，以避免出现更加严重的冲突。

③对其他彩票投注站竞争问题投诉的处理方法。首先在有关建站测距的文件上，对测距方法有明确而精确的规定条文；其次对彩票投注站的经营业务进行合理布置和设计，减少投注站间的横向摩擦。

第5章
彩票营销渠道销售管理

我国彩票是在改革开放中创立的，在其运行与管理中带有明显的时代烙印。发行彩票的目的是为中国的社会福利和公益事业募捐资金，增强经济基础。在运行上，更多的精力集中在彩票的销售方面，各级发行部门对下级彩票机构的绩效考核几乎都集中在彩票的销售额上，从上至下对销售业绩的重点考核，使彩票发行机构过于注重对销售业绩的追逐，从而疏于其他方面的管理，例如销售管理团队建设、彩票文化建设、销售管理机构设置、销售管理全面绩效考核、促销效果考核和员工激励薪酬设计等。

全国的彩票发行和组织销售工作是由福利彩票中心和体育彩票中心来负责，其主要职责如下。

（1）制定全国彩票发行销售的发展规划、管理制度、工作规范和技术标准等；

（2）建立全国彩票的发行销售系统、市场调控机制、激励约束机制和监督管理机制；

（3）组织彩票品种的研发，申请开设、停止彩票品种或者变更彩票品种审批事项，经批准后组织实施；

（4）负责组织管理全国彩票销售系统数据、资金归集结算、设备和技术服务、销售渠道和场所规划、印制和物流、开奖兑奖、彩票销毁；

（5）负责组织管理全国彩票的形象建设、彩票代销、营销宣传、业务培训、人才队伍建设等工作。

5.1 彩票营销渠道销售管理现状

5.1.1 国内彩票市场销售现状

2017 年，我国彩票市场全年销量超过 4268 亿元，同比 2016 年增长 8%。自 1987 年国务院正式批准全国发行彩票以来，30 多年累计销售 3.23 万亿元。其中，2017 年中国福利彩票机构销售 2169.77 亿元，同比增加 104.85 亿元，增长 5.1%，尽管从增长幅度来看，福彩呈现出增幅缓慢的势态。但是在 2017 年，福利彩票还是以 70 多亿元的销量领先体育彩票，在市场份额上两者相差微弱（见图 5 - 1）。福利彩票增长幅度最大的是西部地区省份，而体育彩票增长最大的是中部地区省份。

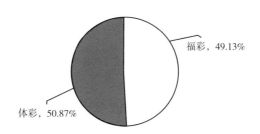

图 5 - 1 福彩体彩市场份额

（1）从彩票销售票种来看，体育彩票除竞猜型彩票外，其他彩票玩法设计与福利彩票大同小异，近几年体育彩票借助奥运会、足球世界杯及欧洲杯等大型赛事，借国家暂停了互联网购彩的"东风"，竞猜型彩票开始发力，贡献了体彩几乎销量的 1/2（见图 5 - 2），与此同时，乐透型主力大乐透修改玩法，推高了彩票奖池，长期大幅超出福利彩票双色球的奖池数额并进行大肆宣传，分流了部分彩民，导致最近几年福利彩票销售额与体育彩票的差距逐渐缩小，增长幅度落后于体育彩票（见图 5 - 3）。

（2）从彩票销售渠道的角度来看，由于近几年福利彩票推行专业化经营，导致其渠道数量不及体育彩票的渠道数量，且有较大的差距，再加上在社会

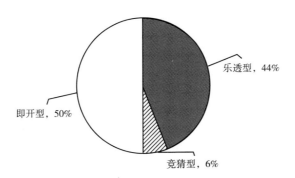

图 5 − 2　体育彩票 2017 年各型彩票占比

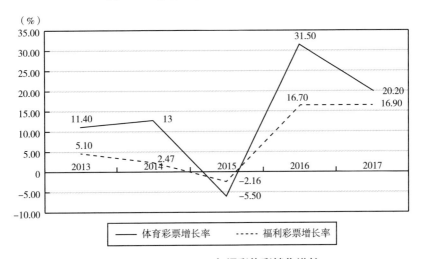

图 5 − 3　2013 ~ 2017 年福彩体彩销售增长

化渠道开拓方面进展缓慢，有些省份停止了电话投注，使体育彩票在销售渠道上具有一定的灵活性优势。

（3）从彩票促销与广告宣传上来看，双方都既保持有传统的做法，也都在积极探索新型的广告宣传及促销活动，例如微信营销等，双方在这方面的差异并不十分明显。

（4）在彩票销售管理体制上双方差异不大，管理上行政化，运营上市场化。

5.1.2　彩票销售管理之管理人员调查分析

本书通过座谈会方式对某市福利彩票中心销售管理人员进行前期调查，

并形成调查问卷发放到中心全体在职人员（40 人），即共发放问卷 40 份，回收 40 份，有效问卷 39 份，问卷有效率为 97.5%。受访者中，市彩票中心其他岗位人员占比最大，占比 38.4%，然后为部门负责人和中心电脑票部门人员，分别占 17.9% 和 15.4%，而即开票部门人员和中心领导占比一样，均为 10.3%，视频票部门人员的比例最低，只有 7.7%，不足一成。调查分析结论如下。

（1）直接从事彩票销售管理工作的人员过半数。从调查结果可知，市彩票中心直接从事福彩销售管理工作的人员（中心领导、视频部、即开票部、电脑票部和这三个部门的负责人）占比为 51.3%，过半数。

（2）认同彩票投注站和彩民是中心客户的受访者占主流。调查结果显示，认为彩票投注站和彩民是市彩票中心客户的受访者均超过 70%，占主导地位。

事实上，中心销售渠道上的合作方（包括片区服务管理站）也是中心的客户。

（3）对市彩票中心销售人员认知存在偏差。调查结果显示，97.44% 的受访者认为站点的销售人员是中心的销售人员，而认为中心全体人员均为销售人员的占比 43.59%，而只有 28.21% 的人认为三个直接负责彩票销售工作的三个部门（即开票部、电脑部和视频票部）人员是销售人员。事实上，正确的理解应该是：市福彩中心的全体人员均为直接和间接从事福利彩票销售工作的人员，尤其是直接负责销售的三个部门（即开票部、电脑部和视频票部）人员。说明受访者对中心销售人员的认知存在偏差。

（4）对彩票销售管理的内容认知高。调查结果显示，受访者基本认同市中心的彩票销售管理包括福彩销售站点管理（100%）、彩票销售人员管理（94.87%）、彩票销售目标管理（92.31%）、彩票销售信息管理（89.74%）、彩票销售行为管理（87.18%）和彩票销售客户关系管理（76.92%）。可见彩票销售客户关系管理相对认知低一些，说明有关客户关系管理方面的知识和实操有提升的空间。

（5）销售管理目标明确，但对客户的考核指标欠科学合理。让受访者对目前彩票销售管理状况的五个方面从"完全反对、比较反对、既不同意也不反对、比较同意、完全同意"进行五级评分，对应的分值分别为"1、2、3、

4、5", 结果显示：评价最高的为"销售管理目标明确", 评分均值为 4.105,
然后为"会按要求制定短期的现有业务改善措施", 评分均值为 4.053；评价
最低的为"对客户的考核指标科学合理", 评分均值为 3.289, 其次则为"有
明确的客户考核指标（如客户满意度、老彩民保有率、新彩民获得率等）",
评分均值为 3.368。

（6）对中心彩票销售管理现状总体评价接近"比较好"水平。调查结果
显示, 受访者对中心彩票销售管理现状总体评价接近"比较好"水平, 其中,
有 63.2% 认为比较好, 有 13.2% 认为很好, 有 2.6% 认为不太好, 且普通员
工的评价最高, 部门负责人的评价最低, 中心领导的评价介于两者之间。

（7）认为投注站和自动售卖机是彩票销售最适用的渠道。调查结果显示,
受访者认为投注站（97.44%）、彩票亭（94.87%）和自动售卖机
（66.67%）是彩票销售最适用的三个渠道, 然后是手机和便利店（均为
51.28%）, 接着是杂货店/超市（46.15%）、加油站（41.03%）、电脑和报
亭（33.33%）, 最低的是药店和酒吧/餐厅最低（均为 17.95%）。

（8）站点售卖积极性不高是即开票销售中最突出的问题。调查显示,
61.54% 的受访者认为即开票销售面临的问题是"站点售卖积极性不高", 而
近 56.41% 受访者认为是"销售渠道单一", 然后为"玩法吸引力不大"
（48.72%）、"缺乏有效的信息管理"（43.59%）、"销售管理方法落后"
（33.33%）、"思想保守, 缺乏创新"（30.77%）、"销售管理体系不完善"
（25.64%）和"物流站考核指标欠合理"（20.51%）。

交叉分析发现, 彩票中心管理层更多偏重"销售渠道单一""销售管理体
系不完善""缺乏有效的信息管理"问题, 均为 75%；部门负责人认为是
"站点售卖积极性不高"（85.7%）；即开票部门人员偏向"玩法吸引力不大"
和"站点售卖积极性不高", 均为 75%；电脑票部门人员都认为是"站点售卖
积极性不高"（100%）, 然后是"销售渠道单一"（83.3%）；视频票部门人员
则偏向认为是"思想保守, 缺乏创新""玩法吸引力不大""缺乏有效的信息管
理", 均为 66.7%；而其他岗位人员则多数认为是"销售渠道单一"（66.7%）。

值得一提的是, 即开票部人员不认为即开票销售存在"思想保守, 缺乏
创新""销售渠道单一""销售管理体系不完善""物流站考核指标欠合理"

问题，均为0%。视频票部的人员不认为即开票销售存在"销售管理方法落后"和"物流站考核指标欠合理"问题，均为0%。

（9）精细化管理难落实是电脑票销售管理中最突出的问题。调查显示，66.67%的受访者认为电脑票销售面临的问题是"精细化管理难落实"，然后是"缺少新的玩法"（43.59%）、"站点技术管理手段欠缺"（43.59%）和"缺乏有效的信息管理"（41.03%），此外，"销售人员素质不高"（38.46%）、"对站点管理监督不到位"（35.9%）、"缺乏市中心员工的激励机制"（33.33%）和"站点关系管理不完善"（30.77%）均占比三成多，"电脑票销售管理不完善"（23.08%）的比例最低。

交叉分析显示，对于市福利彩票中心电脑票销售管理中的主要问题，中心领导更多偏重"站点技术管理手段欠缺""精细化管理难落实""缺乏有效的信息管理"，均占比75%；受访的部门负责人都认为是"精细化管理难落实"（100%），然后是"销售人员素质不高"（71.4%）；即开票部门人员偏向"缺乏市中心员工的激励机制"（75%）；全部受访的电脑票部门人员都认为是"精细化管理难落实"（100%）；视频票部门人员则偏向认为是"缺乏市中心员工的激励机制"（66.7%）；而其他岗位人员则多数认为是"缺少新的玩法"和"精细化管理难落实"，均为53.3%。

值得一提的是，电脑票部人员和即开票部人员不认为电脑票销售存在"对站点管理监督不到位"和"电脑票销售管理不完善"问题，均为0%，同时，即开票部人员也不认为存在"站点关系管理不完善"和"销售人员素质不高"问题，均为0。

（10）彩民健康购彩引导环节薄弱是视频票销售管理中最突出的问题。调查显示，51.28%的受访者认为视频票销售面临的问题是"彩民健康购彩引导环节薄弱"，然后为"国家政策的约束"（43.59%）、"自营后缺乏市场激励措施"（35.9%）、"销售体系管理不完善"（30.77%）。而"自营后的安全运营问题突出"（28.21%）、"自营后销售人员短缺"（28.21%）、"市中心员工不足"（25.64%）、"精细化管理难落实"（23.08%）均占两成多。

交叉分析后发现，对于市福利彩票中心视频票销售管理中的主要问题，中心管理层都认为是"国家政策的约束"（100%），然后是"自营后缺乏市场激励措施"(75%);部门负责人认为是"自营后的安全运营问题突出"
(71.4%),然后是"国家政策的约束"(57.1%);即开票部门人员偏向"彩
民健康购彩引导环节薄弱""自营后缺乏市场激励措施",均为50%;电脑票
部门人员认为是"彩民健康购彩引导环节薄弱"(83.3%),然后是"自营后
的安全运营问题突出"(66.7%);视频票部门人员则更偏向认为是"自营后
销售人员短缺""彩民健康购彩引导环节薄弱""国家政策的约束"的问题,
均为66.7%;而其他岗位人员则认为是"自营后销售人员短缺""彩民健康
购彩引导环节薄弱""精细化管理难落实"的问题,均为40%。

值得一提的是,中心管理层不认为视频票销售存在"市中心员工不足"
"自营后销售人员短缺""精细化管理难落实"问题,均为0。即开票部人员
不认为存在"自营后销售人员短缺""销售体系管理不完善""自营后的安全
运营问题突出""精细化管理难落实"问题,均为0。视频票部不认为存在
"精细化管理难落实"(0)问题。

5.1.3 彩票销售管理之投注站和社会网点调查分析

本书针对某市福利彩票投注站和社会网点进行了调研,调研区域主要集
中在某市8个主城区,调研方式主要为现场问卷调研、电话调研等方式,调
研共发放问卷137份,回收137份,有效问卷126份(其中含社会网点问卷
17份),问卷有效率91.97%。本次针对投注站和社会网点的调研主要集中在
三个方面:一是投注站和社会网点的基本情况;二是投注站和社会网点对市
彩票中心销售管理的整体评价及改进建议;三是投注站和社会网点针对销售
管理所涵盖的具体内容(包括促销活动、广告宣传活动、公关活动、售后管
理、销售培训、销售奖励、信息收集反馈和销售管理人员等八大方面对市彩
票管理方面进行评价,细分则涵括27个维度)对市福彩中心的具体评价。具
体调查结论如下。

(1)对某市彩票投注站销售管理的总体评价。调研样本中76.99%调研
站点对某市彩票投注站销售管理的总体评价为正面的,"比较好"和"很好"
的分别占40.48%和36.51%,评价为负面的占比为2.38%,而评价一般占

20.67%，说明大多数投注站认同某市彩票彩票投注站销售管理。

（2）市彩票中心销售管理方面做得比较好的地方。调研数据显示，投注站对市彩票中心销售管理方面做得比较好的评价大体可以分为三个层次，第一层次为"有目标"和"服务质量高"，占比分别为58.73%和50.79%；第二层次为"专业性强""激励到位""广告宣传水平高"，分别占42.06%、38.89%、34.92%；第三层次则是"管理规范""有总结""管理人员专职化"，分别为28.57%、27.7%、26.98%，还近4.76%的受访投注站认为这些方面都不符。这些数据说明投注站对市彩票中心销售管理方面做得比较好的地方的评价并不高，改进的空间比较大。

（3）彩票销售管理需加强的环节建议。所调研的投注站的建议主要集中在以下四个方面。

①彩票玩法方面，较多投注站认为奖酬少，应该提高中奖率、多返点，即开票种少，应该提供更多的票种，户外亭销售的即开票应与投注站销售的即开票票种分开，有利市场发展。

②营销活动方面，多数投注站认为应该多搞促销活动，尤其是要加强国庆和春节的节假日促销活动，双色球加奖活动少，应该提高其加奖频率，活动海报和物料不足，应多点物料支持；宣传力度需加强。

③针对投注站销售人员的管理，一些投注站建议为彩票销售人员购买社保，提高福利待遇。

④针对市彩票中心管理方面，希望操作流程简单，进一步提高工作效率（例如，及时提供公益时报、配齐春夏工服、信息及时反馈、要有耐心等）

有投注站提议应该加强对问题彩民的管控，提高站点控制问题彩民的技能方法。

（4）对某市彩票管理方面的评价。本次调研主要从促销活动、广告宣传活动、公关活动、售后管理、销售培训、销售奖励、信息收集反馈和销售管理人员八大方面某州市彩票管理方面进行评价，细分则包括27个维度。27个维度的调查数据都显著有效，其中售后服务的评价均值最高，为4.28，评价介于比较好与很好之间，然后为销售管理人员的专职性和专业性，评价均值分别为4.167和4.127，都略高于比较好的评价。评价相对最低的为收集信息的处理与反馈能力，只有 3.738，然后是收集信息专业性和奖励频率，反映出彩票管理在这些方面有待进一步提升。

5.1.4 彩票销售管理之彩民调查分析

本次对某市某类彩票彩民进行调查，主要在某市的 7 个区进行调研，共发放问卷 241 份，回收 241 份，有效问卷 227 份，问卷有效率 91.19%。彩民对某市某类在宣传推广和销售现场管理方面的评价和建议具体如下。

（1）投注站服务的评价。对投注站的服务评价包括销售员服务、现场管理、硬件、彩民关系、互动沟通的情况等。总体来看，彩民的评价是中等偏上，各项指标均最低分为 3.72 分，在所有的 19 项指标中，彩民对"投注站销售人员的服务质量"的评价最高，评价均值为 4.044；然后为"投注站与彩民的关系"，评价均值为 4.022。

这说明彩民对投注站的总体服务管理评价比较好。当然，即使最高的评价指标跟理想情况还存在较大差距，说明未来还有提升空间。

（2）宣传活动开展的评价。评价指标包括新玩法上市宣传、新玩法促销宣传、平时的彩票促销活动、中奖宣传、福彩公益宣传、福彩公信力宣传等。彩民对这些指标的评价比较均衡，从最低 3.60 到最高 3.85，且总体评价为中等稍微偏上。说明某市福彩在宣传活动开展方面有较大的提升空间。

（3）某市福彩与彩民的互动沟通评价。彩民对某市福彩与彩民网络沟通与互动的总体情况评价为 3.57 分，在所有的 19 项指标中为最低。对某市福彩官方微信的作用评价为 3.60，也比较低。这说明尤其在与彩民的网络互动与沟通方面，存在明显不足。

（4）某市福彩销售网点分布及管理评价。彩民对某市福彩销售网点分布和购彩便利性的评价在 19 项指标中相对较好，为 3.95 分；对除投注站外其他购彩渠道的方便性评价稍低，为 3.70 分；对某市福彩销售管理规范性的评价为 3.84 分。总体而言，评价为中等稍微偏上，在社会网点等方面存在改进空间。

（5）对某市福彩的总体印象评价。其中，彩民对某福彩的总体品牌形象评价 3.94 分；对某福彩的总体评价接近 4.00 分。说明总体而言，彩民对某福彩的总体印象还是比较好的；如果能有针对性地改进，应该会有更好的表现。这为未来工作的开展奠定了较好的基础。

5.1.5 彩票营销渠道销售管理现状综合分析

5.1.5.1 销售管理团队精干、团结

经过多年的发展，各级彩票中心打造出了一支精干的销售管理队伍，开展了干部竞岗和选拔任用工作，以某市福利彩票为例，对外公开招聘了急需的财务人员、技术人员，选拔竞聘了中层干部，对电脑票部、即开票部、中福在线票部三个部门的部长和副部长的岗位进行了轮换，为了不断提高队伍的业务能力和综合素质，某市福利彩票发行中心每年都组织多次业务素质方面的培训，先后制定了《临聘人员管理办法》《"岗位之星"及"青年岗位能手"评选方案》等制度，这些措施优化了人力资源配置，加强了销售管理队伍建设。形成了中心领导率先垂范，中层管理干部踏实肯干，其他员工积极响应的良好氛围。

5.1.5.2 管理制度健全，销售管理流程规范，合法合规

管理制度健全是实现彩票事业安全运行和持续健康发展的重要保障。以某市福利彩票为例，某市福彩发行中心将管理制度视为福利彩票管理的有力措施和手段。除了严格遵守并执行国务院、民政部、财政部、省民政厅、省财政厅及广东省福利彩票发行中心等有关部门的相关规章制度外，又逐步建立、完善、改进了本市的福彩发行管理制度。通过建立健全福利彩票销售管理制度体系，制定或修订《政府采购招标代理中介机构选定管理办法》《新闻宣传工作管理暂行办法》《某市福彩投注站年度表彰奖励办法》《某市福彩网站管理办法》等规章制度，规范销售管理流程，并对经费开支审批的权限和办理流程作了修订和明确，切实做到用制度管人、管权、管事、管财、管物，进一步提升了内部控制和管理水平。通过采取现场摇号方式向社会公开征召新增投注站，严格执行距离条件。严格执行省中心规定的距离条件，保证新

设站点、新搬迁站点间距在 500 米以上，布局更加合理规范。此外，增配"快乐十分"机也严格按照站点销量、面积、距离等标准进行审核排序，实行全程公开招办，做到"公开、公平、公正"。率先在全省制定《中福在线销售厅投注终端机调剂工作方案》，调配使用投注终端，实现资源良性流转和优化配置，最大限度地发挥效能。严格落实政府采购，全部落实政府采购要求。特别是物流配送站公开招标项目，从用户需求的提出、招标代理的选定、招标文件的起草修改等每一个环节都异常谨慎，做到依法依规依程序，顺利完成招标工作，提高了销售网点后勤保障水平，确保了销售管理工作顺利开展。积极落实民政部"阳光福彩"建设的要求，指导各区民政局在公开公平和充分竞争的环境下择优选择管理员。

5.1.5.3 销售渠道体系健全，布局较为合理

目前我国彩票销售渠道体系健全，主要以传统销售电脑型投注站为主，超市、户外销售亭等社会网点为辅，例如，某市福利彩票建设成了一个由约 1600 家电脑投注站、10 家中福在线视频票厅、10 家物流配送管理站及众多户外彩票亭的较为完善的彩票销售渠道体系，为某市福利彩票的进一步发展奠定了良好的基础。某体育彩票则建立高达 2200 家电脑投注站和众多户外彩票亭构成的销售渠道。在销售网点的建设上，某市福利彩票比较注重网点的外观形象、硬件配置和服务"软件"（包括彩票销售员经营素质、服务态度、购彩氛围）建设，专营化比例高，主要集中在城区人流多的繁华地段，布局较为合理，在投注站中实行了末位淘汰制度，每月按时公示投注站末位排名情况，每季度公示末位淘汰站点名单。加大对投注站违规行为的查处力度，强化投注站转型升级，新建了多个省级、市级示范投注站。在渠道探索方面，某市福彩努力探索跨界合作渠道销售模式，加强与不同领域的跨界合作，充分挖掘福利彩票市场潜力。

5.1.5.4 广告宣传重点突出、与时俱进

各级彩票发行中心一直以来非常重视彩票广告宣传工作。其中既有常态化开展各项营销宣传活动，又有紧跟时代发展的趋势，积极采用新型的广告

宣传渠道。以某市福利彩票为例，在常态广告宣传工作上，以"双色球""快乐十分"游戏及"刮刮乐"等为重点，定期组织开展奖上奖、抽奖、让利等营销宣传活动，进一步增加福彩的销售额及扩大其影响力。充分利用平面媒体、电视广播、网络为主，结合新兴媒体渠道如手机、移动终端、户外广告等。针对不同客户条件，扩大福利彩票信息在媒体受众中的传播范围。重视和发展与媒体的关系，充分发挥报纸、电视、广播等传统主流媒体正能量宣传作用，借助《广州日报》《南方日报》《羊城晚报》等主流纸媒及某电视台、珠江夜游轮船、公交车身等媒介开展促销活动宣传、中大奖宣传和公益宣传，撰写新闻通稿及各票种中奖软文，充分发挥大奖效应，多次被省市级各大报纸及网络媒体登载或转载，有效促进销量提升，扩大了福彩影响力。在创新型广告宣传上，充分利用新型的社交传播方式，积极开辟福彩营销宣传新渠道，近几年开始，微博、微信及 App 的发展普及，使新兴媒体更加平民化、自由化。彩票业也同样开始进行微信、微博等媒体的宣传，并且随后增加了 App 客户端的建设。某市福彩中心与时俱进，建立了自己的微信平台，通过这一平台广泛宣传，建立自己的客户群，积极利用微信开启社交应用新时代，也开启福利彩票营销宣传新模式。

5.1.5.5 促销方式主动、多样、灵活，效果显著

每年根据市场形势不间断开展各项促销活动，以某市福利彩票为例，其中既有配合中彩中心和省福彩中心组织的各项促销活动，例如，全力配合中彩中心、省福彩中心进行"双色球 9 亿元大派奖""快乐十分 3000 万元、4000 万元大派奖""福彩刮刮乐、答题抢红包""中福在线大促销、1000 万元、2000 万元大馈赠""投福彩双色球、赢多重幸运奖""一刮千金头奖翻倍"等促销活动，也有根据某彩票市场的现状自行组织的促销活动，促销方式主动、多样、灵活，既有实物促销，也有返点促销、节假日促销及特色促销，力保销量增长。以 2016 年为例，电脑票方面：注重培育品牌营销模式，以"双色球"及"快乐十分"两个游戏为重点，开展了"'快乐十分'现金奖上奖""'快乐十分'迎新欢乐送"等促销活动，促销期内销量比上年同期增长 7.80%，连续开展 8 期"购买双色球、汽车开回家"促销活动，促销期

内销量比促销前提高 10.98%，取得了良好效果；即开票方面：投入近 600 万元先后开展了"好运领红包""刮刮乐现金奖上奖""福彩刮刮乐、幸运抽汽车""福彩刮刮乐、冬季送好礼"等多项促销活动，带旺了广州彩票市场；视频票方面：开展了"中福在线 PK 赛、液晶电视抱回家""炎炎夏日，中福有礼""百万大促销，惊喜新体验"等多项促销活动，全省首个为每个销售厅配备 55 寸高清液晶立式广告显示屏，滚动播放活动信息，持续发挥促销效应。

5.1.5.6 培训内容丰富，培训工作较为系统完善

培训是彩票销量重要的影响因素，除了加奖促销、大奖效应、广告宣传及公关之外，培训是最具根本性、长远性的影响因素。一直以来各级彩票中心非常重视业务培训，培训较为系统完善，其中既有面向彩票机构中高层工作人员的行业管理业务培训和面向彩票机构基层管理人员的业务技能培训，又有面向彩票销售网点工作人员的营销与服务技能培训。培训内容涉及彩票知识介绍；新上市彩票各种玩法的技巧；投注站经营、服务、宣传方面的策略；刮刮乐销售技能等方法；机构从业人员在管理、营销及团队方面理论与实践等。一些市级彩票中心（如某市福利彩票发行中心）还聘请专家学者、投注站负责人、一线销售人员及长期关心福彩事业的资深记者和彩民代表组成福彩营销智慧团，打造自己高素质的培训师队伍，使培训工作既有理论高度，又能接地气。

5.1.6 存在的问题

5.1.6.1 销售管理受国家、省级中心政策的影响大

我国彩票的管理体制是行政化管理、市场化运营，相关的《彩票法》还未出台，目前只有《彩票管理条例》，而彩票市场上还未制定专业的法律法规，造成我国彩票发行管理机构在管理体制和经营管理上没有可循的法律依据。以某市福利彩票为例，目前，某市福利彩票发行管理机构是按政府行政管理级别设置的三类事业单位性质，隶属于某民政局。在现行体制下，民政

部既是彩票的发行和经营主体，又负责制定本部门的彩票管理和财务制度，兼有经营和管理的双重职能，是机关、事业、企业"三位一体"体制。某福利彩票发行管理机构在这种体制下，并非真正意义上的市场经济主体，身上带着很强的行政特色，无法做到自主经营、自负盈亏，彩票从业的人员大多都未进行过系统的销售管理专业学习和培训，人员的专业知识相对薄弱，缺乏企业员工应该有的忧患意识和创新精神，缺乏企业必要的约束和激励机制，在产品设计、投注设备的购置及投放数量上完全没有自主权，在各种全国、全省的促销活动上必须配合中彩中心、省福彩中心的统筹安排，销售管理受国家、省级中心政策的影响大，自主决策的空间极为有限，很难完全按照本地市场规则运作，极大地制约了某市福利彩票的销售管理。

5.1.6.2 管理体制和市场运行机制不适应

2009 年颁布实施的《彩票管理条例》明确规定福利彩票机构由中央一级发行机构和省级销售机构组成，从法律层面确立的是两级管理格局，市一级的彩票发行中心成为纯粹的执行层，以某市福利彩票为例，市一级以下没有对应的执行层级，导致某市福彩中心 40 人的销售管理团队面对 1600 余家投注站、10 家中福在线、10 家物流配送服务站以及众多社会网点，工作任务繁重琐碎，即开票的销售中既有直接面对投注站的销售，又有经过各区民政局经过招投标负责本区的户外彩票亭的销售，市福彩中心对各区户外彩票亭的销售管理力度有限，10 家物流配送服务站负责 1600 余家投注站的即开票及各种物料的配送及网点的巡查，按即开票的销量返点计提收入，导致各物流配送站只关注即开票的销售，无法真正做到网点的巡查，信息反馈不及时，管理不能及时到位，市场运行机制不顺畅，无法真正按照市场化运行机制统筹规划某市彩票销售管理工作。

管理体制和市场运行机制不适应的另一个体现是市场化的运营尚未与市场化的激励薪酬体系相配套，配套的体系才能有效地激励销售管理团队成员发挥出自身的主动积极性和工作潜在能力，而目前市福彩中心是事业性单位，在人事制度和分配制度等方面不能按照市场规律办事，从而导致约束与激励机制双双不到位，难以调动工作人员的工作积极性。薪酬设计与公务员基本类似，工作业绩与薪酬之间的关系并不十分明显，彩票销售管理与市场行为相配套的激励约束机制还有待建立。某市福利彩票销售管理员工既是公共服务职能的执行者，也是市场活动的参与者，因此，需要将市场化指标应用到其工作绩效考评中来，可充分调动福利彩票销售管理人员的积极性、主动性和创造性。

5.1.6.3 销售管理精细化程度需进一步提高

精细化管理是一种管理理念和管理技术，它通过规则的系统化和细化，运用程序化、标准化、数据化和信息化的手段，保证组织管理各单元精确、高效、协同和持续运行。"精"就是切中要点，抓住运营管理中的关键环节；"细"就是管理标准的具体量化、考核、督促和执行。精细化管理的核心在于：实行刚性的制度，规范人的行为，强化责任的落实，以形成优良的执行文化。各级彩票中心销售管理精细化程度需进一步提高，主要体现在以下四点。

（1）销售管理计划较为单一，定量化数据少，系统性有待提高。销售管理计划是一个系统性非常强的年度计划，涉及销售目标、销售团队建设、销售渠道建设、销售费用预算、广告宣传计划、促销计划和培训计划等诸多方面，各级彩票中心每年都制定有销售计划，销售目标非常明确，即完成上级（省彩票中心、市体育局或民政局）下达的销售总量目标，根据这一销售总量目标进行层层分解，与之相对应的销售团队建设、销售渠道建设、销售费用预算、广告宣传计划、公关计划以及促销计划等显得较为粗浅或者是空白，定性化描述较多，定量化数据少，系统性有待提高。

（2）销售队伍建设精细化有待提高。加强销售人才队伍建设，塑造专业化销售管理团队是做好彩票销售的重要保障，需要对彩票的销售管理队伍进行详细的规划，包括扩充人才队伍规模、优化岗位配置和人才结构、员工薪酬规划、绩效考核与激励措施等，例如，有些市级彩票中心的宣传推广部人数明显偏少，力量较为薄弱，与满足彩民日益增长的美好生活需要格格不入。只有精细化的建设规划，方能建设一支规模适当、结构合理、梯次衔接、爱岗敬业的职业化人才队伍。而目前并无过多的资料显示出各级彩票中心在这方面有过多的考虑，其销售队伍建设精细化程度有待提高。

（3）销售总结精细化程度有待提高。由于销售计划的粗浅性，导致了各彩票中心各个销售管理职能部门的总结流于形式，数据挖掘分析不充分，对竞争对手的分析几乎缺失，定性化描述多，无法为下一个年度的销售计划提供决策依据。各级彩票中心每年组织了大量的广告、宣传、公关及促销活动，这些活动有计划、有组织、有结果、效果好，但缺乏必要的总结分析，尤其是与以往的广告、宣传、公关及促销活动相比，优缺点是什么？与竞争对手体彩的广告、宣传、公关及促销活动相比，孰优孰劣？每一元钱的促销费用大致能换来多大的销量等，这些都需要进行精细化的分析方能得出有益的结论，为员工绩效考核提供数据，为下一次的广告、宣传、公关及促销活动提供决策依据。同样地，培训管理精细化程度也有待提高，在培训对象、培训目标、培训预算、培训效果、培训师资等方面每年做到年前有计划，年终有总结。

（4）销售信息化平台建设需进一步加强。如何在国家彩票中心、省级彩票中心的现有条件基础上，依靠自有力量进一步加强销售信息平台建设是当前各市级彩票中心亟待解决的重要问题。彩票行业是一门十分脆弱的行业，社会的关注度很高，所以无论出现什么样的小问题都必须及时解决，而各个投注站分布又比较分散，在市场日常运营过程中经常会出现异常的现象，例如，站点擅自移机、挪点和更换经营者的发现与处理，异常销售的投注站，投注站与彩民矛盾纠纷的处理，投注站物料配送的需求等，如果没有一个强有力的销售信息平台，市彩票中心常常疲于应付，时感力不从心，更没有时间与精力关注本区域彩票市场的宏观战略层面的内容。

5.2 彩票营销渠道销售管理对策

5.2.1 改革现有销售管理体制

投注站是彩票销售最重要的渠道，各级彩票中心依法对全市的各个投注站实行经营具体管理和监督，负责对投注站的设立申请进行审批。各级中心因为把彩票投注机押给了投注站管理人员，使彩票中心和投注站之间的关系成为简单的契约关系，各投注站是彩票中心的具体经营单位，直接接触彩民，是中心的二级彩民，对彩票市场的经营情况最为了解，是彩票的间接终端、情报来源。但这种传统关系在现阶段的实际运作中出现了一些消极因素，例如决策执行不力、市场反馈不及时等诸多不协调的现象，需要采取措施改革现有的管理体制。但我们也应该看到彩票作为政府特殊的垄断行业，有许多不能逾越的框架，各级彩票中心在既定的体制下，创新不易，改革更难。无论哪种改革其目的是要弱化彩票中心的行政职能，简化行政管理流程，以市场为导向，加强技术部门，特别是营销部门的建设，这是实现彩票市场良性持续发展的组织保障。

鉴于此，有以下两个解决方案可供选择。

方案一：改革现有销售管理体制，成立渠道管理部门负责站点日常管理，只将物流配送外包

目前站点的日常管理和物料配送通过招标方式外包给企业，作为片区服务站（物流站），片区服务站（物流站）的收入通过其管辖下片区站点即开票销量提取一定的百分比。换言之，市福彩中心采用的是通过片区服务站（物流站）对站点进行间接的日常管理方式。

自 2015 年以来，通过连续多年对站点进行抽样走访调查，发现这种市级彩票中心间接对站点进行日常管理的方式，加上近几年即开票销量下降带来片区服务站收入减少，使得站点的日常管理和服务不到位，聘请的工作人员素质偏低。以 2016 年某市福利彩票为例，某市福彩中心签约的片区服务公司共有 12 家，共计 61 人负责物流配送和片区站点服务管理工作，高中/中专/中技学历过半，占比 50.8%，然后是大专学历，占比 32.8%。以至于对体彩业务也非常熟悉的站主指出，体彩对站点的管理和服务比福彩要好。

在精准服务要求越来越高、人民追求美好生活愿望日益高涨的今天，很有必要改革现有的销售管理体制，在市福彩中心成立渠道管理部门负责站点日常管理，只将物流配送外包。具体包括：（1）成立渠道管理部。渠道管理部的职能主要有两个：一是组建站点管理员队伍，负责站点日常管理工作。按每人管理 50 个左右站点计算，需 30~35 名站点管理员。这些站点管理员均为大专及以上文化程度，通过合理的用工方式招聘。二是开拓新的渠道，适应彩票行业发展的要求。（2）将物流配送集中外包。充分发挥社会物流企业资源，将彩票物料的配送由市福彩中心集中外包配送。以广东体彩为例，从 2017 年开始，其即开票实现集中配送，物流配送费用占总销量百分比从 1.5% 下降到 0.78%，配送时间由 10～15 天缩短为 3 日，且物流、资金流、数据流可视追踪，促进了大数据的应用。

方案一的优点：在市福彩中心现有的组织架构上增加一个部门，理顺了站点日常管理和物料配送的关系，强化了市福彩中心对销售渠道的管理力度，可以有效地解决精细化管理不到位的问题，提高销售管理效率，对渠道的控制力最强，适应新时代发展要求。

方案一的缺点：方案一打破了现有的片区服务站（物流站）体系，增加了渠道管理员的招聘和管理等工作。

方案二：完善现有销售管理体制

现有的销售管理体制中，片区服务站（物流站）是重点。可从以下三个角度考虑完善。（1）建立科学合理的考核指标体系。一方面，为充分调动片区服务站（物流站）的积极性，对其收入的考核指标须进行认真核算和分析，探讨是按即开票（或其他彩种）销量提成还是按其他方式计提更为科学合理；另一方面，为解决日常管理不到位的问题，需要完善片区服务站（物流站）的职责考核指标。（2）建立统一的站点日常管理平台。由市彩票中心建立全市统一的站点日常管理平台，所有片区服务站（物流站）人员到站点巡查均须按规定进入平台，输入相关信息。（3）加强对片区服务站（物流站）人员的培训工作。

方案二的优点：因为是对现有的销售管理体制的微调，所有改革难度小、易于操作、风险较低、成本小。

方案二的缺点：实施精细化管理难度高，科学合理的考核指标体系建立有较大的难度，调动片区服务站（物流站）的积极性具有较大的不确定性。

5.2.2　建立科学合理的销售绩效考核制度和薪酬激励机制

销售绩效考核制度是指对销售工作绩效的质量和数量进行评价，并根据员工完成工作任务的态度以及完成任务的程度给予奖惩的一整套科学、合理、全面的考核制度。绩效考核一般包括月度、季度和年度考核，是作为工资调整、职务晋升、淘汰、制订销售管理人员培训与发展计划的依据。科学合理的销售绩效考核制度是以销售目标管理为核心，通过目标管理来改革分配办法，把工资、津贴、中心内部福利项目等外在激励性因素和绩效挂钩。特别是要深化彩票销售管理人员的外在激励模式改革，取消按照销量固定提取酬劳的方法，建立健全以销量为核心的奖励制度，采用低工资、高提成的方法，运用年度目标、半年目标、月销售任务分别进行考核，实行梯级酬劳，对开拓进取、贡献突出的销售管理人员给予足够的额外奖励。通过灵活有效的激励机制，保证彩票销售管理人员的主动性和积极性，增强彩票销售管理人员的归属感和职业认同感。

当前我国已经有一些地市开始着手销售绩效考核与薪酬激励挂钩的工作。例如，揭阳市民政局拟定了《揭阳市福利彩票发行中心激励机制》，该计划作如下规定：市福彩中心福利彩票销售能完成或超额完成市民政局下达的销售任务的给予奖励，完成年度销售任务且不出事故的，从本年度收支结余减去对投注站和县（市、区）的奖励的余额提取 30% 奖励；超额完成销售任务 200 万元以下的，从超额部分提取 1% 作为奖励；超额完成销售任务 200 万元以上（含 200 万元），400 万元以下的，从超额部分提取 2% 作为奖励；超额完成销售任务 400 万元以上（含 400 万元），600 万元以下的，从超额部分提取 3% 作为奖励；超额完成销售任务 500 万元以上（含 500 万元），从超额部分提取 4% 作为奖励。

5.2.3 建立系统化、精细化的福利彩票销售目标管理体系

彩票目标管理的根本意义在于通过对彩票市场竞争状况的分析研究，挖掘所有可能的机会点，并通过目标分解，把机会和潜在的机会转化为现实销量和效益。彩票目标管理的目标很明确，就是要实现预期的彩票销量的完成。彩票销售目标管理体系一般包括的内容如图 5-4 所示。

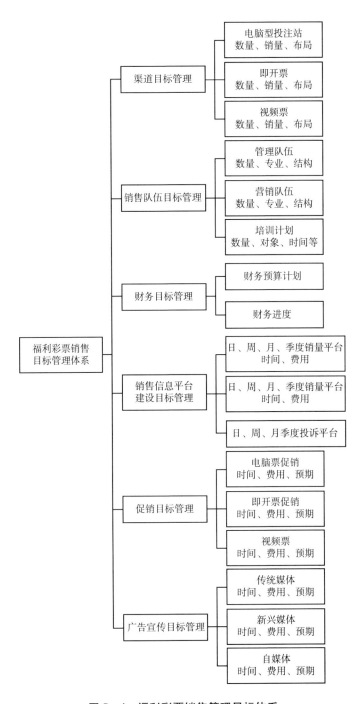

图 5 - 4　福利彩票销售管理目标体系

5.2.4 在广告宣传、公关、促销等方面创新消除玩法吸引力下降的影响

随着彩票各种票种玩法的普及与推广，彩民对其玩法的熟悉程度与日俱增，吸引力也随之下降，理想的做法是推出新的彩票和新的玩法，满足彩民对彩票与日俱增的娱乐性需求。然而作为市一级的各彩票发行机构，对于彩票产品设计基本上没有自主权，当老的彩票产品玩法吸引力下降时，唯一可做的是通过广告宣传、公关、促销等方面的创新来增加彩票的趣味性与娱乐性，借此消除玩法吸引力下降对彩票销售带来的不利影响。

在广告宣传方面，要将宣传活动与营销相结合。相关部门应组织与促销活动结合紧密的公益活动，进一步提高公益彩票形象。围绕"营销搭台、产品唱戏、宣传助力"的工作思路，突出宣传的针对性，加强活动规则、游戏特点、大奖新闻、中奖体验、购彩乐趣、促销热点等方面的宣传，达到活跃市场、吸引彩民、促进销量的目的。广告宣传需要对彩民的购彩行为进行分析，从彩民心理需求和购彩欲望出发，扩大福彩宣传，扩大品牌影响力。在各个层面挖掘、总结、树立各方面的先进典型。宣传广告媒体要全面立体化。将广告宣传重点放在加强电视宣传和户外广告的投放力度上，在电视主流媒体上加强公益活动、公益金使用和品牌广告的宣传，开辟网络、微信等新兴宣传媒体进行宣传，使宣传工作处处可见，宣传内容处处都有、宣传时间长期不断。同时加强本地宣传广告的投入，组织开展富有特色的宣传，使彩票真正形成报纸有文字、电视有图像、电台有声音、网络有信息的全面立体化宣传格局。要加强彩票的正面宣传，尤其要突出彩票的公益性质，向社会大众透明公益金的收支情况，明确公益金的用途，进行公益资助活动时邀请新闻媒体赴现场宣传报道，以提高社会公信力，获得媒体和公众的认可。

在促销活动开展方面：一是要精细化促销。促销活动不能"眉毛胡子一把抓"，要分票种、分玩法，针对不同的彩民群体开展精细化的差异促销活动。二是要特色化促销。需以市场为导向，对区域市场进行细分，结合当地

文化，把握时间节点，开展一地一策的特色个性化促销活动，形成阶段性、区域性的重点突破。三是常态化促销。促销活动应常态化，市级机构一方面根据中彩中心和福彩中心的促销工作方案，抓住机遇开展配套促销活动，形成连续的整体促销态势。另外，不能"等、靠、要"，应对本地区的重点市场、薄弱县（市）主动出击，积极开展自主促销活动，制造市场热点，吸引彩民。

除投注站站点销售外，进一步研究可能的彩票消费场景，例如一些公司年会、大型活动等，都可能促进即开票的销售。

增加联合营销的可能性。可以考虑与某本土的一些大型活动或者品牌营销活动联合，提升品牌影响力，增强营销效果。

鼓励和促进投注站的个性化营销活动创新，八仙过海，各显其能。

5.2.5 渠道增机扩点与站点帮扶并重，积极创新拓展渠道

彩票销量基本来自线下实体渠道，渠道建设是彩票销售管理的核心工作，例如，在某彩票市场上，销售彩票网点有3700余家，其中，体育彩票系统网点有2000余家，福利彩票系统约有1700家，福利彩票系统的网点基本为专营店，体育彩票系统的网点大部分为专营店，有400余家兼营店，从单店销售额上看，2017年市体彩店均销售额为216.87万元，市福彩店均销售额为241.12万元，福利彩票网点质量明显高于市体彩，这也说明自2013年以来省福利彩票专营化政策和某市福彩中心采取的站点帮扶策略的成功。但由于市体彩网点数高于市福彩，2017年市体彩总销量超过市福彩1.3亿元，2016年的调研数据也显示渠道数量与销售额呈强相关性，这说明在现阶段，渠道规模依然是重要的抢占市场、提升彩票销量的重要手段。因此，渠道增机扩点与站点帮扶并重两手都要抓，不可偏废。

要以更强的力度大力扩充网点数量，逐步缩小与市体彩系统网点数量的差距，将扩充销售网点作为促进销量增长的重要手段，高位推进。通过进社区、进乡镇等方式，采取广告征召、上门推荐，加强与铁路、邮政、烟草各种业态合作创新等形式，大力扩充网点。同时防止无销量网点的产生。并坚持做好销售员的培训和跟踪服务工作，加大对新设网点的优惠政策和投入，

保证发展一个成功一个。

要大力提高网点销量。加强"智力帮扶、政策帮扶、情感帮扶、资金帮扶"四大帮扶，关注高销量和低销量站点，促进中销量站点向前发展。一方面，着力帮扶低销量网点。以某市福利彩票为例，市福彩中心通过深化于2014年提出的党员联系帮扶投注站工作，落实《党员干部联系帮扶投注站工作方案》，继续筛选具有提升销量潜力的站点作为帮扶对象，并结合"两学一做"继续开展领导干部零距离服务投注站、党员挂牌上岗、党员示范岗以及党员志愿服务投注站等多项活动，从形象建设、服务设施配置以及销售员的业务技能、服务意识等方面进行全方位的帮扶，全面改善福彩投注站形象，增强核心竞争力，促进销量提升。帮助销售员转变经营理念、增强自主营销意识。另一方面，着力打造标杆网点，明确精品网点发展目标。

要以更高的要求大力规范网点建设。按照规范化建设的要求，做好网点规范建设工作。一是继续推进形象示范网点建设。积极引导和鼓励有实力的销售员建设示范店、旗舰店。二是继续建设高标准形象示范站。制定高标准上视频票方案，对面积达30平方米以上且符合形象站建设标准的新设站点，一步到位配置"快乐十分"或"十二选五"机，力促销量提升。每年对各区站点建设成效进行排名评比。

在巩固发展现有销售渠道的同时，大力加强新渠道的开发建设，创新销售模式，不断培育新增长点。要大力加强微信平台建设，微信具有使用用户多、操作简便、传播精准等诸多优势，微信营销也是当前最热门的营销方式。虽然各彩票中心已经开通了官方微信，但其中最主要的销售功能还没有开发。

快速依托彩票旗舰店推进综合体验中心建设。例如，福利彩票店的中福在线"福彩综合体验中心"是汇集福彩旗下众多游戏玩法销售的综合性旗舰店，是集公益宣传、游戏体验、彩民沙龙等功能于一体的休闲娱乐场所。

积极推广自助投注。积极宣传推广现有的银行定投业务，逐步扩大银行定投合作范围，丰富投注内容。同时，大力加快自助投注终端的推广进度，进一步探索"自助加快开"智慧彩票销售模式的试点。

积极拓展车站、快餐店、超市、便利店、手机店、报刊亭、宾馆等已形成网络和规模的销售终端销售彩票，尽可能覆盖更多的地方，充分挖掘彩民的购买力和培养更多的彩民。

调研显示，不同的区域中，彩民的特点、喜欢的彩票玩法、对彩票的认同度都不尽相同，要针对每个区做更进一步的聚焦分析，找到每个区的优势、弱势，以及销售管理和营销活动的着力点。要促进投注站通过提升服务意识、加强微信与彩民的互动沟通等，提升彩民对投注站的满意度。

积极准备应对互联网彩票销售渠道的放开。虽然国家有关部门暂时停止了互联网彩票的销售，但随着网络信息技术的发展，现代网络销售将是未来彩票销售的发展方向，仅仅依靠国家机构控制管理是不可行的，因而有必要未雨绸缪，积极关注国家政策层面的变化，规划应对预案，做到有的放矢。

5.2.6 分阶段推进销售信息化平台建设

彩票的快速发展对系统提出了更高的要求。需要尽快加强进行先进的销售人力资源系统、渠道运营管理系统、财务结算系统、办公自动化系统以及营销活动支持系统的规划和建设等。技术是促进彩票业规模化发展的重要前提条件，更是彩票事业发展现代化管理水平、发展状况的现实反映。但是基于现有的彩票管理体制的限制和各市彩票发行中心的现状，销售信息化平台建设无法一蹴而就，只能分阶段推进。分阶段进行销售信息化平台建设的思路如图 5 - 5 所示。

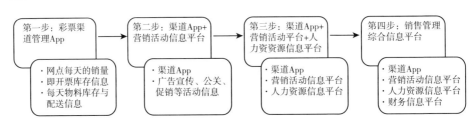

图 5 - 5　彩票销售信息化平台建设分阶段思路

5.2.7 强化与彩民的沟通与联系

（1）通过整合营销提高福彩与彩民的互动沟通，特别是发挥官方微信公众号和社交媒体的作用。

①在与彩民的互动沟通方面，应该多种渠道并重，除了传统的纸媒和电视等媒体外，根据彩民的需求，更要注意加强通过网络、社交媒体等渠道与彩民的沟通。

②同时，投注站是彩民购彩最基本的场所，除了完成其基本的销售职能外，还要发挥其在福彩与彩民沟通中的载体作用。这要求福彩的宣传推广不仅要到投注站，而且要考虑沟通内容、形式的吸引力，注重沟通效果的反馈和调整。

（2）加强彩民关系管理与彩民群体培养。经过多年的发展彩票业已经具有较好的彩民基础，老彩民占比较高，周购彩频率也不低，购彩行为分析也说明总体上彩票拥有一个较为稳定的、相对理性的彩民群体。但在彩民培养和彩民关系管理上还有较大的提升空间。

①很大比例的彩民表示是出于习惯而购彩，这在一定程度上说明彩民缺乏新的触发点，从购彩中获得的新的认知和感受缺乏。彩票业应通过创新的促销活动激发老彩民的购彩热情，让老彩民乐于去尝试新的玩法，并从中体验更多的乐趣。

②发展和培养新彩民。超过六成的彩民购彩年限在 6 年以上，老彩民占比较高。这也意味着在新彩民开发方面有较大空间。新彩民一方面意味着没有购买过彩票的任何人口统计特征的群体；另一方面更意味着要积极吸引年轻人对彩票的关注和尝试，发展和强化年轻人市场。随着国家彩票事业的发展和福彩销售管理的改革，未来一个新的增长点应该在于年轻彩民的发展和培养。

③如何培养新的彩民群体，一方面需要创新的营销活动来带动；另一方面，也需要不断拓展新的销售渠道和方式，增加对用户接触点和消费场景的研究分析，提升彩票对新彩民群体的吸引力和影响力。

5.2.8 对彩票投注站进行销售影响因素进行量化分析

彩票行业的快速发展为我国公益事业做出了突出的贡献。这些成果的取得离不开全国近 30 万家彩票投注站的努力。在经济面临新常态的今天，我们看到互联网给传统商业社会的运行模式带来的极大冲击，尤其是以天猫、淘宝、京东、亚马逊等电子商务企业发展壮大为标志，互联网在提高零售业销售额方面起到了潜移默化的助推作用。在基于互联网的购物渠道发展方兴未艾之际，以智能手机、平板电脑为移动终端的移动互联网大潮又滚滚而来，给传统商业社会又带来变革机遇和挑战。因此，一方面，彩票发行管理机构需重新思考彩票销售投注站的建设和管理，提高彩票投注销售额；另一方面，社会经济的发展加快了人们的生活节奏，彩民迫切需要通过更为便捷、灵活的渠道来完成彩票的购买和兑奖。如何进一步帮助这些投注站做好经营并继续提高销售额，显得尤为重要。

5.2.8.1 彩票投注站销售额影响因素

经过文献检索发现，研究彩票投注站销售额的文献并不多见，程悦欣（2013）提出了从店面装修及宣传等方面增加现有投注站的销售潜力：整洁、明亮、醒目、有声、有影[①]；其他文献则主要集中在如何建设规范化的投注站（古晓强，2013）[②]，如何建立星级标准的投注站（姜雪芹，2011）[③]，如何对投注站进行管理，包括投注站风险管理（曾军、刘昌强，2005[④]；吕佳霖，2014[⑤]；采之，2014[⑥]）等。对于如何提供店面销售额，其他一些行业的文献提出了以下观点，著名咨询公司尼尔森的报告（2006）显示，本土与外资零售巨头比较单店销售额差了近一半，其原因是外资企业重视品牌和广告宣传进行竞争，而本土企业重视价格竞争；刘晓杰（2013）从基于移动端的宝洁天猫旗舰店销售额研究中得出结论，只有提高移动终端的广告宣传及促销力

---

① 程悦欣．"十字秘笈"提升投注站销售潜力［N］．中国社会报，2013 – 4 – 22．
② 古晓强．彩民期待什么样的投注站［N］．中国社会报，2013 – 11 – 25．
③ 姜雪芹．河北福彩网征星级投注站评定标准［N］．中国社会报，2013 – 11 – 25．
④ 曾军，刘昌强．"福彩"投注站责任人未付款出票兑奖如何处理［J］．人民警察，2005（10）：35．
⑤ 吕佳霖．关于彩票投注站赊款售票行为的几点思考［N］．中国社会报，2014 – 5 – 12．
⑥ 采之．投注站易成盗抢目标加强防范不容忽视［N］．中国社会报，2014 – 4 – 17．

度方能提高宝洁天猫旗舰店的销售额[①]；邓磊（2012）从眼镜行业的角度出发探讨了利用镜片知识提高眼镜店的销售额的可行性，认为给顾客讲解品牌产品给他们带来的好处，眼镜店销售额就会不断上升[②]。

综合上述的观点和对实际市场中彩票投注站业主的访谈，我们得出了影响彩票投注站销售额的主要影响因素，这些因素可以分为两个部分。外部因素：政策、网络、竞争者、宣传、促销、彩民的购买行为的变迁等；内在因素：业主及销售员的自身素质、学历、从业经历年限、投注站面积大小、租金、人流量大小、营业时间等。这里我们仅分析内在因素。

我们选取了南方某省会城市的 400 家彩票投注站的数据进行了投注站影响因素的研究，其中彩票销售额的数据截至 2016 年 10 月。

5.2.8.2　彩票投注站销售额影响因素研究假设

H1：投注站业主的学历高低与投注站销售额无相关性。

H2：投注站业主的从业年限的高低与投注站销售额有显著正相关性。

H3：投注站面积的大小与投注站销售额有显著正相关性。

H4：投注站租金的高低与投注站销售额有显著正相关性。

H5：投注站业主的经营方式与投注站销售额有显著正相关性。

H6：投注站的营业时间长短与投注站销售额有显著正相关性。

H7：投注站业主的经营时间长短与投注站销售额有显著正相关性。

H8：投注站附近人流量的大小与投注站销售额有显著正相关性。

5.2.8.3　彩票投注站销售额影响因素的定量化分析

（1）信效度分析。经过 SPSS19.0 统计软件对数据进行检测，Cronbach's Alpha 系数即克朗巴哈 α 值为 0.702，符合统计要求，接下来进行效度分析，主要用因子分析法，可以提取 3 个公因子，有效解释率为 63.24%，达到了分析要求。

---

① 刘晓杰. 基于移动端的宝洁天猫旗舰店销售额提升策略研究 [D]. 北方工业大学，2015.
② 邓磊. 利用镜片知识提高眼镜店的销售额 [J]. 中国眼镜科技，2010 (9)：66－67.

（2）相关性分析。经过 SPSS19.0 统计软件对变量进行相关性分析，结果如表 5-1 所示。

表 5-1　　　　　　　　　业主学历与投注站销售额相关性分析

		1 销售额	2 学历
1 销售额	Pearson 相关性	1	-0.100*
	显著性（双侧）		0.038
	N	429	428
2 学历	Pearson 相关性	-0.100*	1
	显著性（双侧）	0.038	
	N	428	428

注：*表示在 0.05 水平（双侧）上显著相关。

由表 5-1 可知，业主学历与投注站销售额相关性为负相关，说明投注站业主的学历高低与投注站销售额负相关性，假设 H1 成立。

由表 5-2 可知，业主学历与投注站销售额相关性系数为 0.367，在 0.01 水平上显著相关，投注站业主的从业年限的高低与投注站销售额有显著正相关性，假设 H2 成立。

表 5-2　　　　　　投注站业主的从业年限的高低与投注站销售额相关性分析

		1 销售额	3 从业年限
1 销售额	Pearson 相关性	1	0.367**
	显著性（双侧）		0.000
	N	429	429
3 从业年限	Pearson 相关性	0.367**	1
	显著性（双侧）	0.000	
	N	429	429

注：**表示在 0.01 水平（双侧）上显著相关。

根据同样的分析原理可以得出，投注站面积的大小与投注站销售额相关性系数为 -2.229，在 0.01 水平上有显著负相关性，假设 H3 不成立。

投注站租金的高低与投注站销售额相关性系数为 0.429，在 0.01 水平上有显著正相关性，假设 H4 成立。

投注站业主的经营方式与投注站销售额相关性系数为 -0.056，没有显著正相关性，假设 H5 不成立。

投注站的营业时间长短与投注站销售额相关性系数为 0.047，没有显著正相关性，假设 H6 不成立。

投注站业主的经营时间长短与投注站销售额相关性系数为 0.387，在 0.01 水平上有显著正相关性，假设 H7 成立。

投注站附近人流量的大小与投注站销售额相关性系数为 -0.246，在 0.01 水平上有显著负相关性，假设 H8 不成立。

（3）研究结论。在不考虑其他因素的情况下，彩票投注站的销售额与地段（以租金高低来表示）、业主亲自投入的时间多少有直接的关系，因此，彩票投注站地点选择和业主是否专心营业彩票投注站是提升彩票投注站销售额的需要关注的两个要素。

5.2.8.4 彩票投注站销售额增加对策

（1）对投注站业主经营彩票的时间进行激励考核。

要增加投注站业主亲自经营彩票的时间，并在培训、考察及经济激励等方面制定合理的制度。通过培训吸引业主关注随着劳动密集型产业的转型，原有的一线工人为主要彩民群体，开始逐步向中产阶级转化。例如，2016 年"双 11"期间东莞的消费数据达到 14 个多亿元，其中 49% 是 26～35 岁的年轻人，说明这个群体强劲的消费能力。而目前和未来的彩民，应与这个群体有很大重合。这些新的彩民群体的市场需求与过去不同，对站点环境、配置必然会提出更高的要求，这样才能满足其需要，提高其光顾和购买意愿。同时新的游戏玩法的增加，必须要求有新的营销环境与之相匹配。这也对投注站的升级和标准化建设提出了要求。因此，通过培训让投注站业主意识到新常态下彩票行业面临的新形势，从而自觉加大对彩票投注站时间与精力上的投入。

（2）对彩票投注站选址的再思考。

通过对样本数据的分析，我们发现彩票投注的选择对销售额的提高具有显著的正相关性，考虑到租金成本的提高但彩票佣金并无相应的提高，因此，可以考虑站点由城市一线区域搬到城市的二、三线区域，这样也可以留出资金对投注站进行转型升级。投注站要求必须有停车位。因为人们逐渐由摩托车时代进入汽车时代，尤其是中高端彩民，驾车出行是普遍情况。要求站点达到 40 平方米的面积要求。科学测算，假定有 10～15 人在场，如何配置合理，保证给彩民充分的交流空间，因为年青一代彩民、待开发的中高端彩民，对购彩环境有新的要求。要让投注站成为彩民愿意长时间停留的地方。投注站成为一个新的空间，让人们可以购彩、交流、互动。逐步实现智能化操作。例如，实现刷卡、微信、支付宝一体化，更方便彩民购彩，促进信息化管理。当然这需要省中心的支持。此外，还要逐步开发中高端彩民市场。建设大户室，提高中高端彩民的服务能力。

第6章
彩票营销渠道促销与公关活动管理

6.1 促销与公关内涵及其分类

6.1.1 促销内涵及其分类

促销（sales promotion）是指企业短期内向消费者传递有关本企业产品或服务的各种信息，直接影响消费者对企业产品或服务的价值感知和购买行为，从而促使消费者作出即时购买行为的一种营销活动。常用的促销手段有广告、人员推销、网络营销、营销推广和公共关系等，企业会根据实际情况及市场、产品等因素选择一种或多种促销手段的组合以举行促销活动。

根据促销活动后期实现促销目标的时间差异可把促销效果划分为短期效果和长期效果。促销的短期效果主要是指通过促销活动带来的消费者购买量的增加、市场占有率的提升、购买间隔的缩短以及收益的增加等，促销的短期效果曾是西方研究促销的核心问题，其中大部分效果已得到证实。

促销的长期效果则主要是指通过促销活动来提高重购率、减少顾客流失率，以及提升忠诚度等。有关促销长期效果的研究相对较少，所得出的结论也不尽一致，例如罗斯查尔德（Rothchild）和威廉姆（William C，1981）研究发现消费者购买促销品牌并呈满意态度，促销活动结束之后对该品牌的购买率也很高；但巴瓦和罗伯特（Bawa and Robert W，1987）则认为促销虽可以带来短期的销量上升，但在促销结束之后，消费者就会恢复其原来的购买形态，促销并没有明显的长期效果；保韦尔斯等（Pauwels et al.，2002）也认为促销会降低品牌的感知价值，进而导致促销结束之后购买率的下降。

根据促销目标导向的不同还可以将促销效果划分为销售效果和沟通效果。

销售效果主要是指促销对收益率、销售额、市场占有率等销售业绩的影响，类似于上述的短期效果。而沟通效果则主要是指促销活动对消费者的产品关注度、产品知识的传递、交易价值的认知、态度及购买意向的形成等心理过程的影响效应，其目标导向是相对长期的。一直以来，广告被认为是实现沟通效果最主要的途径，而促销活动的主要目的是直接促进销售而不是强化同消费者的沟通，所以迄今为止关于促销的大部分研究都集中于分析促销活动的销售效果而较少有研究关注其沟通效果。

由于强化沟通是促销活动的主要长期目标，而销量的提升则是促销活动短期目标要实现的，因此，对促销活动效果的长、短期效果的划分与沟通、销售效果的划分在本质上差别并不大。相对于长短期促销效果的划分，将促销效果划分为销售和沟通效果更能清晰地体现出企业促销活动的目标导向，这类划分得到较多学者的认同和应用，例如金立印（2008）以此分别考察不同类型的促销方式对这两种效果的影响效应[①]。除此之外，也有学者认为应从其他方面对促销效果进行探讨，例如侯健（2012）认为可以从促销的事前、事中和事后三个方面对促销进行评估和分析[②]；余燕（2012）则认为要从消费者对本次促销活动的反应、供应商配合、促销人员工作业绩、与竞争对手的比较情况等多个方面对促销活动进行综合评估[③]。

6.1.2　公关内涵及其分类

公关（公共关系）是社会组织同构成其生存环境、影响其生存与发展的

---

① 金立印. 促销活动效果比较研究——诱因类型、获得时机和条件限制 [J]. 管理评论，2008（8）：34 - 42.

② 侯健. 促销的评估与管理 [J]. 信息与电脑，2012（1）：26.

③ 余燕. 非常规促销活动的效果评估 [J]. 东方企业文化，2012（11）：26 - 27.

那部分公众的一种社会关系，是一个组织为了达到一种特定目标，在组织内外部员工之间、组织之间建立起一种良好关系的科学。

公关类型一般包括：交际型公共关系，在人际交往中开展公共关系工作，其方式是进行团体交往和个人交往，应用最多；宣传型公共关系，运用大众传播媒介和内部沟通方法，开展宣传工作，树立良好组织形象；战术性公共关系活动类型；社会型公共关系，组织利用举办各种社会性、公益性、赞助性的活动来塑造良好组织形象；服务型公共关系，以提供优质服务为主要手段，目的是以实际行动来获取社会的了解和好评，建立自己良好的形象；危机型公共关系，在媒体环境和行业环境的影响下，企业危机不可避免，危机型公共关系旨在帮助企业破解危机公关的难题；征询型公共关系，以采集社会信息为主码，以了解社会舆论为手段，为组织的经营管理决策提供咨询；建设型公共关系，特指组织为组织发展所作出的努力；维系型公共关系，社会组织在稳定发展之际用来巩固良好形象；进攻型公共关系，社会组织采取主动出击的方式来树立和维护良好形象；防御型公共关系，社会组织为防止自身的公共关系失调而采取的一种公共关系活动方式；营销型公共关系，以公关工具为主要工具的营销，是以公关为工具、为导向的传播。

6.2　彩票营销渠道促销与公关活动现状

（1）促销公关活动频繁，促销公关成本投入较大。无论是从国家彩票中心层面，还是各个省市彩票中心来看，在销量任务和竞争对手的促销压力之下，各个层面的彩票机构每年都有举行各种促销公关活动，这些促销公关活动涵盖了广告、人员推销、营业推广和公共关系等各个方面，我国 2016 年的彩票销售额是 4266.69 亿元，按保守的 0.5% 来计算，促销公关金额高达 213 亿元以上，促销公关的投入金额较大。

（2）促销公关活动组织层次多，加奖促销效果明显。彩票的促销公关层次多主要体现在两个方面：一是促销组织主体多，涵盖了国家、省、市三级的促销；二是包括了广告、人员推销、营业推广和公共关系等各个方面，促销公关的组织层次多。从目前的促销公关效果来看，国家或者是省级的加奖促销效果较其他促销公关方式的短期效果更为明显。

当然，促销公关的多层次性也带来了加强促销的统筹性和协调性研究的迫切需要，以确保促销公关效果的最大化。

（3）粗放式促销较多，精准式促销公关较少。从了解的各级彩票中心运作实践和相关文献资料来看，目前彩票粗放式促销公关较多，促销公关方式的随意性较大，精准式促销公关较少，缺乏事前、事中和事后的科学测算、比较和分析。

（4）缺乏行之有效的促销公关效果评价工具。尽管每年我国都会举行各种类型规模不一的彩票促销公关活动，大至国家层面的全国范围的促销公关活动，小至某市针对某一彩种玩法举行的小范围促销公关活动。但由于没有一个科学的、有针对性的工具对这些促销公关活动进行有效的评估，以致众多促销公关活动的效果无从考量。

因此，很有必要立足促销公关效果的研究基础，结合体育彩票促销公关活动特点，借鉴其他行业的促销公关效果或营销绩效评价体系，来构建有效的彩票促销公关活动评价指标体系，以确保彩票促销公关活动的可持续性和有效性。

6.3　彩票营销渠道促销公关效果评估

我国彩票业缺乏促销公关活动效果评价方面的研究，较为贴近的研究算是林勃（2010）对西安市"顶呱刮"系列即开型体育彩票营销的微观影响因素进行的系统总结和分析，指出影响即开型体育彩票营销的政府行为、销售、彩民和管理四个方面要素，虽然不是对彩票促销活动效果或营销绩效的系统评价，但其寻找体彩营销的成因，对评估彩票营销或促销活动的效果亦具一定借鉴意义。

6.3.1 现有促销公关效果评估文献综述

关于促销效果的现有研究中，本书认为，在大体数量上，销售效果方面的研究要比沟通效果方面的多些，这与销售效果能直接明了地反映出促销公关活动的效果有一定关系；而在研究深度方面，沟通效果方面的研究则要比销售效果的多，以下对各方面的研究成果进行概述。

6.3.1.1 促销的销售效果研究

促销的销售效果主要从购买量、重购率、购买意愿和品牌转换等方面展开。

（1）销售量和重购率。Blattberg 等（1981）发现促销对短期购买量的增加具有积极的推动作用，促销活动期间的交易量显著提升[1]；瓜达尼和列特（Guadagni and Little，1983）发现促销活动期间促销产品较非促销产品的市场占有率有较大增幅[2]；尼斯林（Neslin，1985）等通过实证研究发现，促销不仅能增加短期购买量，还能有效缩短购买周期，起到促使消费者加速购买的作用[3]。然而，斯科特（Scott，1976）对促销与重购率的关系则谈到，大部分的研究认为促销对重购率并没有显著影响，促销活动结束后，促销品牌的重购率降低、销售量明显减少[4]。

（2）购买意愿。也有许多学者以消费者的购买意愿为研究变量，通过购买意愿变相测量促销品牌的销售量。张黎、范亭亭和王文博（2007）研究分析了相对于原价的百分比降价幅度和绝对减让幅度两种降价展示形式对消费

---

[1] Blattberg, Robert, Gary D. Eppen, and J. Lieberman. A Theoretical and Empirical Evaluation of Price Deals for Consumer Non-durables. Journal of Marketing, 1981, 45（Winter）：116 – 129.

[2] Guadagin, Peter M., and John D. C. Little. A Logit Model of Brand Choice Calibrated on Scanner Data. Marketing Science, 1983, 3（Summer）：203 – 238.

[3] Neslin, Scott A., Caroline Henderson, and John Quech. Consumer Promotion and the Acceleration of Product Purchases. Marketing Science, 1985, 4（Spring）：147 – 165.

[4] Scott, C. Effects of Trial and Incentives on Repeat Purchase Behavior. Journal of Marketing Research, 1976, 13（August）：263 – 269.

者感知的降价幅度和购买意愿的影响①。郝辽钢、高充彦和贾建民（2008）则通过两个实验，基于金额和百分比的两种价格折扣呈现方式对消费者购买意愿的影响及其边界条件进行研究，结果发现，由于消费者处理基于金额的价格折扣信息要比基于百分比的价格折扣信息容易，因此，基于金额的价格折扣信息能使消费者产生更强的购买意愿，但对于容易计算的价格折扣或者低价促销品，两种折扣形式对消费者购买意愿的影响差异将消失②。

（3）品牌转换。江明华等（2003）研究发现价格促销的折扣量对品牌权益产生影响：价格促销的折扣量与感知质量、品牌忠诚负相关；与品牌转化正相关③。郝辽钢（2008）研究了不同类型促销工具对消费者行为产生影响的差异性，通过实证研究得出针对消费者品牌转换行为最有效的促销工具是价格折扣和样品赠送；针对消费者购买加速行为最有效的促销工具是价格折扣与购物赠礼等④。

6.3.1.2　促销的沟通效果研究

大多数研究从促销态度、品牌忠诚、消费者的价格敏感度方面对促销的沟通效果进行研究。

（1）促销态度。梁少华（2008）实证研究分析了消费者在偶尔深度折扣（一年一次50%降价幅度）和频繁浅幅度折扣（一年四次9折）这两种价格促销状态下的态度的差异，结果发现，不同忠诚度的消费者对偶尔的深度折扣方面的态度更加积极一些；还比较了消费者打折和优惠券两种价格促销方式的态度，结果是消费者对这两种促销方式下的评价皆较为积极，而对打折

---

①　张黎，范亭亭，王文博. 降价表述方式与消费者感知的降价幅度和购买意愿 [J]. 南开管理评论，2007（3）：19 – 27.

②　郝辽钢，高充彦，贾建民. 价格折扣呈现方式对促销效果影响的实证研究 [J]. 管理世界，2008（10）：106 – 126.

③　江明华，董伟民. 价格促销的折扣量影响品牌资产的实证研究 [J]. 北京大学学报（哲学社会科学版），2003（9）：48 – 55.

④　金立印. 促销活动效果比较研究——诱因类型、获得时机和条件限制 [J]. 管理评论，2008（8）：34 – 42.

的评价则相对更加积极一些①。

（2）品牌忠诚。品牌忠诚指的是消费者深深偏爱并眷念某一品牌，长期购买该品牌产品，并自觉地关注和维护该品牌的声誉和市场地位。品牌忠诚可以赢得消费者忠诚，增强企业的产品或服务与竞争对手的抗衡力。

陈焱堤（2008）通过实证研究发现，在价格促销诱发的冲动性购买行为中，价格促销程度与品牌忠诚度负相关②。关利华（2011）引述 Yoo 等的研究结果，称频繁的价格促销会导致消费者关于品牌产品低质量的推断，降低消费者关于该品牌的忠诚度；同时消费者将自己购买该品牌的行为主要归因于促销，而不是归因于自己对该品牌产品的感知质量③。

（3）价格敏感度。消费者对价格的敏感性是指消费者对商品价格变动反应的程度。有人认为，消费者的敏感性与商品种类有关，对于那些与消费者日常生活息息相关的商品价格，消费者的敏感性较高。

胡松、赵平和裴晓东（2007）的一项研究表明，在进行价格促销时，消费者对产品的价格敏感性与产品的属性及价格高低有关。例如，在耐用品消费中，消费者对低端品牌的较贵重的笔记本电脑、手机等的价格敏感性比高端品牌要高，这就意味着在短期的价格竞争中低端品牌会获得更多市场份额④。韩睿和田志龙（2005）以我国市场上最常用的三种促销类型（买赠、返券、打折）为对象，通过实证研究发现这三种促销类型对我国消费者的交易价值感和消费行为意向的影响差异⑤。

6.3.1.3　促销效果评价体系

营销绩效比促销效果评价体系涉及的范围要广，包含的内容也更为丰富，

①　梁少华，杨建华. 不同品牌忠诚度的女装消费者对价格促销的态度研究 ［J］. 市场研究，2008（3）：30 – 35.

②　陈焱堤. 价格促销对品牌忠诚的影响研究——基于冲动性购买行为的实证研究 ［D］. 重庆大学，2008.

③　关利华. 服装价格折扣形式对促销效果影响研究 ［D］. 浙江理工大学，2008

④　胡松，赵平，裴晓东. 价格促销对消费者品牌选择的影响研究 ［J］. 中国管理科学，2007（4）：134 – 140.

⑤　韩睿，田志龙. 促销类型对消费者感知及行为意向影响的研究 ［J］. 管理科学，2005（4）：85 – 91.

而两者也存在许多共同之处，值得双方互为借鉴。刘满凤（2004）认为市场营销绩效评价大致有四种测评结构，包括简单财务结果测评、非财务结果测评、投入测评以及多维测评。首先，简单财务结果测量是构成其他测量指标的基础，主要包含三个最基本的财务指标为利润、销售额和现金流量；其次，非财务结果测评包含的指标有市场份额、服务质量、顾客满意、顾客忠诚、品牌净资产；再次，投入测评包括的内容有营销审计、营销执行、市场导向；最后，多维测评包括的内容有营销效率测评、营销效果测评、多变量分析测评①。

没有立足某行业的营销绩效评价体系往往会显得空泛而笼统，其实效性也会大打折扣，迄今为止，针对促销活动效果的研究文献不少，但偏向某一行业的细化研究则不多，只有旅游、电力等建立了针对其自身行业的促销或营销绩效评价体系。

张大鹏（2009）根据旅游促销特点，遵循整体性、重点性、层次性、独立性的原则，采用专家打分法进行筛选和修正，构建了包含经济效果（含单位游客促销费用、单位收入促销费用、旅游促销费用边际效率和旅游市场相对占有率指标）、社会效果（含旅游地知名度、旅游地形象认知度、旅游地品牌吸引力、媒体关注度、旅游企业参与热情度和市民响应度指标）和心理效果（含旅游促销好感度、旅游促销真实度和旅游促销新奇度指标）三个方面的政府旅游促销效果评价指标体系②。查双梅和周海芸（2012）则遵循科学性原则，以实用性与可比性原则，以及定性指标与定量指标相结合原则，从经济效益、企业内部营销意识和客户服务满意度三个方面了解电力营销效果评价指标体系③。王明东（2011）以啤酒行业为研究背景，以 JSB 啤酒公司的实际数据为研究对象，在以顾客为导向的现代营销理论的基础之上，构建了啤酒行业营销绩效评价体系，主要包括财务结果、市场竞争效果、消费者认识、渠道成员评价和企业投入五个方面，其中，市场竞争效果包含市场占有

---

① 刘满凤. 国外市场营销绩效评价研究综述 [J]. 商业经济文荟，2004（5）：33 – 37.

② 张大鹏. 政府旅游促销效果评价指标体系探析 [J]. 西南石油大学学报（社会科学版），2009（7）：82 – 87，132.

③ 查双梅，周海芸. 电力营销效果评价指标体系分析 [J]. 科技创新与应用，2012（12）：161.

率、市场份额和销售额增长率三项指标，消费者认知则包含顾客满意度、顾客保持率和品牌认可度等指标①。

6.3.2 模糊综合评价法综述

6.3.2.1 模糊综合评价法

模糊综合评价法是一种基于模糊数学的综合评标方法。该综合评价法根据模糊数学的隶属度理论把定性评价转化为定量评价，即用模糊数学对受到多种因素制约的事物或对象作出一个总体的评价。它具有结果清晰、系统性强的特点，能较好地解决模糊的、难以量化的问题，适合各种非确定性问题的解决。

基于模糊综合评价法的特点，本书选用该方法对彩票促销活动效果评价进行研究。

6.3.2.2 模糊测度模型的建立与算法设计

为了对彩票促销活动效果进行量化描述，在界定了相关的概念后，从受众效果、品牌效果和市场效果等三个评价维度建立彩票促销活动效果的测度模型，针对问题的模糊不确定性，运用模糊多元决策模型来进行测度，从而量化地描述彩票促销活动效果。然而，当因素过多或者因素间的影响又分层次时，在 Zadeh 的 "∧-∨" 算子下，会出现 "泯灭" 现象，难以得到有意义的结果，为了不让有价值的信息白白丧失，我们采用多层次模糊测度模型。该模型实际上起到了层次的细分代替因素（或权重）细分的作用。对彩票促销活动效果的测度问题，往往需要考虑众多因素，因素之间还有不同的类别和层次，这时需要建立多层次模型。

---

① 王明东. 营销绩效评价体系构建及实证研究——以啤酒行业为例 ［D］. 吉林大学, 2011.

6.4 彩票促销活动效果的评价指标体系设计与应用

6.4.1 彩票促销活动的评价指标的构成要素

彩票促销活动的利益相关者主要涉及以下三个方面，分别是受众（主要是彩民）、彩票机构和竞争者，这些不同的利益相关者具有不同的主体特征。

6.4.1.1 受众——受众效果

一般意义上说，彩票促销活动的受众包括彩民和非彩民，而彩民是主要的促销受众。从心理学的角度来看，受众对于促销活动有一个认知、情感和行为的过程，因此，在对受众进行促销效果评估的过程中，受众作为一级测量指标，受众的认知、情感和行为作为二级测量指标，促销活动的知晓度、满意度、新奇度和参与度可以作为三级测量指标。

6.4.1.2 彩票机构——品牌效果

彩票机构是促销发起者，销售增加额和品牌知名度、美誉度增加是其促销的最终目标，而销售额的增加与竞争对手密切相关，因此，本书将彩票机构的品牌作为一级测量指标，视促销的对象而定是机构品牌还是产品品牌，品牌的认知、情感行为作为二级测量指标，品牌的知晓度、美誉度、满意度、参与度和品牌的购买意向、购买行为作为三级测量指标。

6.4.1.3 竞争者——市场效果

彩票的主要竞争是福利彩票与体育彩票之间的竞争，两者竞争的主要领域是市场份额、销售额和促销的效率，因此，本书将市场效果作为衡量促销活动对竞争者和彩票机构影响的一级测量指标，市场竞争能力和市场发展能力作为二级测量指标，促销效率、促销金额、市场增长率和市场占有率作为三级测量指标。

6.4.2 彩票促销活动的评价指标体系的层次设计——以体育彩票为例

根据表 6-1，运用德尔菲法，进行了二轮指标体系筛选，第三轮聘请 12 名来自广东、福建、上海的专家学者和广东省体育彩票中心的专家进行"头脑风暴"，得到体育彩票促销活动评价指标体系的层次设计及其含义，如表 6-1 所示。

表 6-1   体育彩票促销活动效果三级评价指标

一级指标	二级指标	三级指标	解释
受众效果	受众认知	促销活动知晓度	知晓促销活动受众人数/被调查受众人数
	受众情感	促销活动满意度	对促销活动满意的受众人数/知晓活动受众人数
		促销活动新奇度	对促销活动感到新奇的受众人数/知晓活动受众人数
	受众行为	促销活动参与度	参与促销活动受众人数/知晓活动受众人数
品牌效果	品牌认知	品牌知晓度	知道促销品牌的人数/被调查人数
	品牌情感	品牌美誉度	对促销品牌赞美的人数/知道促销品牌的人数
		品牌满意度	对促销品牌满意的人数/知道促销品牌的人数
		品牌忠诚度	受众对促销品牌的忠诚度
	品牌意向	品牌购买意向	受众愿意购买促销品牌意向的比例
		品牌购买行为	受众对促销品牌维持和增加购买的比例
市场效果	市场竞争能力	促销销售额	促销有效期间促销彩种的总销售额
		市场占有率	促销销售额/同期彩票总销售额
	市场发展能力	市场增长率	(促销销售额－基期销售额)/基期销售额
		促销效率	(促销销售额－基期销售额)/促销成本

即彩票促销活动评价指标体系的由三级共 25 个指标构成，其中，一级指标 3 个，二级指标 8 个，三级指标 14 个。

6.4.2.1　体育彩票促销活动的评价指标体系各指标权重的确定

在完成了体育彩票促销活动评价指标体系的层次设计后，为了确定各级指标权重，本书又设计了两份调查问卷，调查对象为专家、省体彩中心人员及地市体彩中心人员，区别在于权重确定的方法有所不同，前者是打分法；后者是排序法，通过两种不同方法得到的权重会有所不同，有利于修改和调整。

本次调查对象为广东省及其 21 个地市体彩中心人员和广东的学者，共回收调查问卷 208 份，其中，有效问卷 202 份，问卷有效率为 97.11%。得到权重如表 6-2 所示。

从表 6-2 可知，调查对象认为体育彩票促销活动效果评价的三大构成要素中，权重最大的是"品牌效果"，然后是"市场效果"和"受众效果"，但相差不太大。而"受众效果"中最重要的是"受众认知""市场效果"中"市场竞争能力"比"市场发展能力"更为重要，"品牌效果"中最重要的是"品牌认知"。

表 6-2　　　　　　　　　体育彩票促销活动效果评价指标权重

一级指标（U_1）	权重（W_1）	二级指标（U_{ij}）	权重（W_{ij}）	三级指标（U_{ijh}）	权重（W_{ijh}）
受众效果 （U_1）	0.313	受众认知（U_{11}）	0.407	促销活动知晓度 U_{111}	1.000
		受众情感（U_{12}）	0.273	促销活动满意度 U_{121}	0.557
				促销活动新奇度 U_{122}	0.443
		受众行为（U_{13}）	0.320	促销活动参与度 U_{131}	1.000
品牌效果 （U_2）	0.360	品牌认知（U_{21}）	0.385	品牌知晓度 U_{211}	1.000
		品牌情感（U_{22}）	0.288	品牌美誉度 U_{221}	0.364
				品牌满意度 U_{222}	0.278
				品牌忠诚度 U_{223}	0.358
		品牌意向（U_{23}）	0.327	品牌购买意向 U_{231}	0.536
				品牌购买行为 U_{232}	0.466
市场效果 （U_3）	0.327	市场竞争力 （U_{31}）	0.511	促销销售额 U_{311}	0.479
				市场占有率 U_{312}	0.521
		市场发展能力 （U_{32}）	0.489	市场增长率 U_{321}	0.539
				促销效率 U_{322}	0.461

6.4.2.2 体育彩票促销活动宣传效果调查问卷的设计

在完成了体育彩票促销活动宣传效果调查问卷的设计后，针对每次体育彩票促销活动，可用这两份问卷进行调查（只需要对其中加粗和下划线的部分进行针对性调整即可），调查的结果可用统计软件计算出来，作为综合评价的组成部分。

体育彩票促销活动宣传效果调查问卷的特点是通过本问卷，既可以得到综合评价需要的信息，又可以对影响体育彩票促销活动宣传效果的因素进行分析，例如调查对象的特征（基本特征和购彩特征）、促销活动本身的运作（如活动形式、传播渠道等）等，使得通过本问卷得到的信息可以帮助体育彩票管理者和营销者进行综合判断，得到令人满意的效果。

6.4.2.3 体育彩票促销活动效果综合评价的设计

（1）综合评价表的设计。将取得的调查结果运用到综合评价（见表6-3）中的统计结果列，可以作为专家评价体育彩票促销活动效果如何的判断依据。

表6-3　　　　　　　　　体育彩票促销活动效果综合评价

评价指标	统计结果		评价标准				
	促销前	促销后	优秀	良好	一般	较差	很差
促销活动知晓度 U_{111}	—						
促销活动满意度 U_{121}	—						
促销活动新奇度 U_{122}	—						
促销活动参与度 U_{131}	—						
品牌知晓度 U_{211}							
品牌美誉度 U_{221}							
品牌满意度 U_{222}							
品牌忠诚度 U_{223}							
品牌购买意向 U_{231}							
品牌购买行为 U_{232}							
促销销售额 U_{311}							
市场占有率 U_{312}							
市场增长率 U_{321}							
促销效率 U_{322}							

将专家打分评价标准分为五个等级，分别是优秀、良好、一般、较差和很差。且五个等级得分之和为1。

（2）运用模糊测评模型计算体育彩票促销活动效果的得分。即将表6－2的权重结果和表6－3的综合评价表按照模糊测评模型进行计算，分别得到体育彩票促销活动效果的综合测度分值和受众效果、品牌效果和市场效果的分值。且在得到体育彩票促销活动效果的分值之后，根据表6－4（综合测度等级分值），对体育彩票促销活动效果进行分析，并作出评价结论。

表6－4   综合测度等级分值

测度标准	优秀	良好	一般	较差	很差
分值	90～100（中值取95）	80～89（中值取85）	70～79（中值取75）	60～69（中值取65）	60以下（中值取30）

至此，体育彩票促销活动效果评价指标体系的建立基本完成了，以下要进行的是通过实例来佐证体育彩票促销活动效果评价指标体系的可靠性、有效性和可操作性。

6.4.3 体育彩票促销活动效果的评价指标体系的应用

6.4.3.1 应用实例简介

广东省体育彩票中心于2012年11月16日～2012年12月25日开展了"中体彩顶呱刮，加送变速自行车"促销活动。其目的是"为了回馈广大彩民对体彩事业的大力支持，提升体彩顶呱刮品牌形象，扩大彩民群体，进而提高即开票整体销量"，活动范围和对象为广东省内年满18岁的彩民。活动内容为活动期间参与者在全省任意一家投注站或社会网点购买"顶呱刮"热销经典票种（包括宝石之王、点石面金Ⅱ、点石成金、绿翡翠、十倍幸运、甜蜜蜜、麻辣6这七种），且单张彩票中奖金额达到1000元及以上者，加送变速折叠自行车一辆。

此促销活动无论是内容还是时间均与本书的研究十分吻合。在广东省体育彩票中心领导的大力支持下，本书以此促销活动为例，对已经建立的体育彩票促销活动效果评价指标体系进行了实证研究。

6.4.3.2 应用步骤

第一步：促销活动前"顶呱刮"品牌认知和品牌情感信息数据的确定。

如前所述，本书采用第一期研究成果中促销后"顶呱刮"品牌认知和品牌情感信息数据调查调查结果，并通过本次促销活动前对被调查者的访谈结果进行修正作为本次促销前（2014 年 9 月）"顶呱刮"品牌认知和品牌情感信息数据调查数据，并将其填写到促销前的统计结果之中。

第二步：促销活动前市场竞争能力数据的确定。

由二手统计资料可掌握市场竞争能力（促销活动前 50 日广东省"顶呱刮"销售额和市场份额），并将其填写到表 6 - 2 促销前的统计结果之中。

这里需要说明的是，由于"刮体彩顶呱刮，送智能电饭煲"促销活动的启动时间为 2014 年 10 月 20 日，所以本书将促销有效时间确定为 2014 年 10 月 20 日 ~2014 年 12 月 10 日，共计 50 日，这样一来，促销活动前的基期就确定为 2014 年 9 月 1 日 ~2014 年 10 月 19 日，共计 50 日。

第三步：促销活动后问卷调查。

本书采用促销活动后调查问卷对广东省 5 个地市（某市、佛山、阳江、韶关和中山）500 多名受众进行问卷调查，问卷回收截至 2014 年 12 月 20 日，本次调查回收问卷 493 份，其中，有效问卷 372 份，回收有效率 75.46%。

通过促销活动后的问卷调查，可得到本次顶呱刮促销活动的受众效果和品牌效果（见表 6 - 5）。

表 6 - 5　　　　　　　　促销后调查问卷对应评价指标

促销后调查问卷题目	对应评价指标
第 1 题	品牌知晓度
第 2 题	品牌忠诚度
第 4 题	促销活动知晓度
第 6 题	促销活动参与度
第 7 题	促销活动满意度

续表

促销后调查问卷题目	对应评价指标
第8题	促销活动新奇度
第9题	品牌美誉度
第10题	品牌购买意向
第11题	品牌购买行为
第12题	品牌满意度

第四步：促销活动后市场效果能力数据的确定。

通过二手统计资料计算可知本次"顶呱刮"促销活动后的市场效果（促销之日算起50日），包括促销活动后广东省"顶呱刮"销售额、市场份额、市场增长率和促销效率。并将其填写到促销后的统计结果之中。

本书通过广东省福利彩票发行中心和广东省体育彩票中心取得了2014年1月至2015年1月15日的彩票销售额和本次促销活动成本等数据资料，从而顺利完成了市场效果的计算分析。

第五步：填写评价表，运用模糊测评模型计算促销活动效果的得分。

将第一步~第四步取得的调研结果填入评价表中，提交给18名来自国家体彩中心、广东和福建的体育彩票专家和研究人员打分，然后运用模糊测评模型计算"顶呱刮"促销活动效果得分，结果如表6-6所示。

表6-6　　　　　　　综合评分

总得分	一级指标	权重	得分	二级指标	权重	得分	三级指标	权重	得分
88.01	受众效果	0.3323	88.41	受众认知	0.3500	89.7	促销活动知晓度	1.0000	89.7
				受众情感	0.2857	81.5	促销活动满意度	0.6029	81.5
							促销活动新奇度	0.3971	81.5
				受众行为	0.3643	92.6	促销活动参与度	1.0000	92.6
	品牌效果	0.2739	87.67	品牌认知	0.3543	94.4	品牌知晓度	1.0000	94.4
				品牌情感	0.3014	87.17	品牌美誉度	0.2935	85.5
							品牌满意度	0.3705	87.3
							品牌忠诚度	0.3360	88.5
				品牌意向	0.3443	87.33	品牌购买意向	0.4786	86.7
							品牌购买行为	0.5214	87.9

续表

总得分	一级指标	权重	得分	二级指标	权重	得分	三级指标	权重	得分
88.01	市场效果	0.3938	87.91	市场竞争能力	0.5186	88.87	促销销售额	0.5221	91.4
							市场占有率	0.4779	86.1
				市场发展能力	0.4814	86.88	市场增长率	0.5750	87.9
							促销效率	0.4250	85.5

第六步：对促销活动效果分析并作出结论。

在得到"顶呱刮"促销活动效果的分值之后，根据表6-4（综合测度等级分值），对"顶呱刮"促销活动效果进行分析，并作出评价结论。

（1）促销活动效果介于"良好"和"优秀"之间。广东体育彩票中心的"刮体彩顶呱刮，送智能电饭煲"效果得分为88.01分，总评价介于"良好"和"优秀"之间（高于"良好"中值85分）。

（2）达到促销目的。"受众行为"和"品牌认知"得分均在90分以上，达到优秀标准，"市场占有率""市场增长率""品牌购买行为""品牌购买意向""促销活动参与度"等指标得分均超过80分，达到"良好"等级，说明促销活动达到了"扩大彩民群体，进而提高即开票整体销量"的目的。"受众情感"指标得分最低，说明促销活动在新奇度方面仍需要改进，进而提高受众的满意度。

第七步：撰写总结报告。

根据第六步的结论，结合即开票调查问卷中涉及的其他相关情况，如被调查者的特征（基本特征和购彩特征）、促销活动本身的运作（活动形式、传播渠道等）等进行深度分析研究，形成既能反映出促销效果又能找出影响效果因素，并针对这些影响因素提出相应的对策的总结报告。

6.5 彩票促销活动效果实证分析——以"顶呱刮"为例

6.5.1 "顶呱刮"促销活动信度、效度与一致性检验

（1）调查问卷数据转换。为方便使用SPSS19.0软件对促销活动效果调查

数据进行信效度分析，现对促销后调查问卷数据的有关题项数据进行相关转换（促销前有关数据采用第一期实证研究中促销后的调查数据），转换方式如下。

第1、4、6、10题的A与B分别转换为1与0；第2题的A～D依次分别转换为3～0；第7、8、9的A～E依次分别转换为5～1；第11题的A～C分别转换为1、－1、0。第12题的"顶呱刮玩法、购买便利性和服务态度"三项转换为"品牌满意度"变量。

（2）顶呱刮促销活动效果调查数据的信度。本次"刮体彩顶呱刮，送智能电饭煲"促销活动后调查数据和上一次"中体彩顶呱刮，加送变速自行车"促销活动后效果调查数据的信度分析结果如表6－7所示。

表6－7　　　　"顶呱刮"促销活动前后调查数据的信度分析结果

项　　目	Cronbach's Alpha
上次顶呱刮促销活动调查问卷数据	0.760
本次顶呱刮促销活动后调查问卷数据	0.801

可见，上次和本次促销活动效果调查数据的 Cronbach α 值大于 0.7，表示数据质量可靠性高。

（3）两次"顶呱刮"促销活动后效果调查数据的效度。两次"顶呱刮"促销活动后效果调查数据的效度分析结果如表6－8所示。

表6－8　　　　两次"顶呱刮"促销后效果调查数据的效度分析结果

项　　目		上次促销活动后效果调查问卷数据	本次促销活动后效果调查问卷数据
取样足够度的 Kaiser-Meyer-Olkin 度量		0.736	0.835
Bartlett 的球形度检验	近似卡方	517.108	595.014
	df	36	21
	Sig.	0.000	0.000
解释的总方差（%）		63.421	60.454

由表 6 - 8 可知，两次促销活动后的解释总方差都在 0.6 以上，说明数据效度高，问卷调查具有一定解释正确性。

（4）即开型体育彩票促销活动效果评价指标一致性检验。由于"即开型体育彩票促销活动效果评价指标"的一些三级指标未能在促销后的问卷调查中得到反映，如市场竞争能力及市场发展能力的三级指标，不能严格反映指标的一致性，但由对可分析题项进行因子分析的结果（见表 6 - 9）把因子载荷高于 0.5 的归为同一因子的因子分析数据结果可以看出一些指标的一致性。对以上转换后的数据（剔除品牌知晓度、促销活动知晓度和促销活动参与度三个变量）进行因子分析，结果如表 6 - 9 所示。

表 6 - 9 旋转成分矩阵[a]

项　　目	成分	
	1	2
促销活动满意度	0.827	
促销活动新奇度	0.859	
品牌美誉度	0.812	
品牌满意度	0.593	

注：1. 提取方法：主成分。旋转法：具有 Kaiser 标准化的正交旋转法。
2. a 表示旋转在 3 次迭代后收敛。

6.5.2　本次促销活动与上次促销活动对比分析

6.5.2.1　被调查者年龄对比分析

本次促销活动和上次促销活动的被调查者均以 26 ~ 35 岁的居多数，各占 33.3% 和 33.6%，然后为 36 ~ 45 岁，两个年龄段占比均超过 50%，各为 56.5% 和 62.4%，平均年龄各为 36.48 岁和 37.68 岁，相差不远，如表 6 - 10 所示。

表 6 - 10 年龄统计

年龄		上次促销活动			本次促销活动		
		频率	百分比（%）	平均年龄	频率	百分比（%）	平均年龄
有效	25 岁及以下	100	22.5	36.48 岁	60	16.1	37.68 岁
	26 ~ 35 岁	148	33.3		125	33.6	
	36 ~ 45 岁	103	23.2		107	28.8	
	46 ~ 55 岁	44	9.9		47	12.6	
	55 岁以上	50	11.2		33	8.9	
	合计	445	100.0		372	100.0	

6.5.2.2 性别对比分析

本次促销活动和上次促销活动问卷调查的男女比例相当，都以男性被调查者占大多数，如表 6 - 11 所示。

表 6 - 11 性别统计

性别		上次促销活动		本次促销活动	
		频率	百分比（%）	频率	百分比（%）
有效		3	0.7	—	—
	男	293	65.8	249	67.0
	女	149	33.5	127	33.0
	合计	445	100.0	372	100.0

6.5.2.3 婚姻状况对比分析

本次促销活动和上次促销活动的被调查者均以已婚占绝大多数。但本次促销活动的已婚者增加了 6%，如表 6 - 12 所示。

表 6 - 12 婚姻状况统计

婚姻状况		上次促销活动		本次促销活动	
		频率	百分比（%）	频率	百分比（%）
有效	未婚	134	30.14	89	24.0
	已婚	311	69.86	283	76.0
	合计	445	100.0	372	100.0

6.5.2.4 "顶呱刮"知晓度（品牌知晓度）对比分析

本次促销活动和上次促销活动问卷调查的被调查者对"顶呱刮"表示知道的比例有一定差异，如上次促销活动后表示知道的占 83.1%，而本次促销活动后表示知道的占 97.6%，反映出促销活动过后，"顶呱刮"即开票的品牌知晓度提高了 14.5%，如表 6 – 13 所示。

表 6 – 13 　　　　　　　　　　　"顶呱刮"品牌知晓度

知晓度		上次促销活动		本次促销活动	
		频率	百分比	频率	百分比
有效	A. 知道	370	83.1	363	97.6
	B. 不知道	74	16.6	9	2.4
	合计	445	100.0	372	100.0

6.5.2.5 促销活动知晓度对比分析

分析发现，知道本次"刮体彩顶呱刮，送智能电饭煲"促销活动的被调查者占 89%，如表 6 – 14 所示。

表 6 – 14 　　　　　　　　　"顶呱刮"促销活动知晓度对比

知晓度		上次促销活动		本次促销活动	
		频率	百分比（%）	频率	百分比（%）
有效	空白	92	20.67	29	7.8
	A. 知道	286	64.27	331	89.0
	B. 不知道	67	15.06	12	3.2
	合计	445	100.0	372	100.0

但本书在调查访谈中发现此数据存在一定偏差，经专家研讨修正，本次促销活动知晓度调整为 80.2%。

6.5.2.6 得知促销活动信息的渠道对比分析

由分析结果可知，在知道"顶呱刮"品牌的被调查者中，大多数人是通过彩票网点知道本次"顶呱刮"促销活动的，占 89.43%，而其他渠道了解的相对较少，通过宣传单张了解的占两成多，而通过报纸、网络和户外媒体了解的则只占一成多。

而上次促销活动信息传播途径虽然也以彩票网点为主，但比例（70%）明显少于本次促销活动，同时宣传单张渠道只占11.08%，明显少于本次促销活动（25.38%）、网络和报纸也存在类似情况，如表6-15所示。

表6-15　　　获取"顶呱刮"即开票促销活动信息的渠道对比

获取促销活动信息的渠道		上次促销活动		本次促销活动	
		频数	百分比（%）	频率	百分比（%）
有效	彩票网点	259	70.00	296	89.43
	报纸	46	12.43	65	19.64
	电视	19	5.14	32	9.67
	网络	30	8.11	45	13.60
	电台	5	1.35	13	3.93
	派发的宣传单张	41	11.08	84	25.38
	亲戚朋友和同事	26	7.03	23	6.95
	户外媒体	20	5.41	38	11.48
	其他渠道	0	0	0	0

同时，由于本题项是多选题，从表6-15可以看出，在各种获取促销活动信息的渠道占比中，本次刮促销活动均大于上次促销活动，显示出彩民日趋从更多的渠道获取本次促销活动信息。

6.5.2.7　促销活动参与度对比分析

从第一期研究成果可知，上次促销活动的参与度为85.3%，本次促销活动的参与度（97.02%）明显高于上一次，如表6-16所示。而没参加的一般表示"不太关注"或"兴趣不大"。

表6-16　　　"顶呱刮"即开票促销活动参与度对比

促销活动参与度		本次促销活动	
		频数	百分比（%）
有效	参加	321	97.02
	不参加	10	2.98
	合计	331	100

此次访谈发现，知道本次促销活动的彩民大部分是"顶呱刮"的彩民，由于本次促销活动涵盖了最畅销的 5 元和 10 元票，所以促销活动参与度会比上次有较大的提高。

6.5.2.8 促销活动满意度对比分析

从第一期研究成果可知，上一次促销活动满意度为 58.7%，本次促销活动的满意度（69.49%）明显高于上次促销活动，如表 6 – 17 所示。

表 6 – 17   "顶呱刮"即开票促销活动满意度对比

促销活动满意度		本次促销活动	
		频数	百分比（%）
有效	空白	9	2.72
	很满意	117	35.35
	比较满意	113	34.14
	一般	86	25.98
	不太满意	5	1.51
	很不满意	1	0.3
	合计	331	100.0

对调查数值进行转换，分别有 A ～ E 转换为 5 ～ 1，然后进行单样本 T 检验，结果如表 6 – 18 所示。

由表 6 – 18 可知，数据在 P = 0.000 水平上显著有效，均值为 4.06，说明被调查者对促销活动表示比较满意。

表 6 – 18   促销活动满意度 T 检验

项目	检验值 = 0					
	t	df	Sig.（双侧）	均值差值	差分的95%置信区间	
					下限	上限
活动满意度	86.798	327	0.000	4.06098	3.9689	4.1530

6.5.2.9 促销活动新奇度对比分析

从第一期研究成果可知上一次促销活动新奇度为 50.7%，本次促销活动的新奇度（69.19%）明显高于上一次，如表6-19所示。

表6-19 "顶呱刮"即开票促销活动新奇度对比

促销活动新奇度		本次促销活动	
		频率	百分比（%）
有效	空白	10	3.02
	很新奇	78	23.56
	比较新奇	112	33.84
	一般	117	35.35
	不太新奇	14	4.23
	很不新奇	0	0
	合计	331	100.0

对调查数值进行转换，分别有 A~E 转换为 5~1，然后进行单样本 T 检验，结果如表6-20所示。

表6-20 促销活动新奇度 T 检验

项目	检验值 = 0					
	t	df	Sig.（双侧）	均值差值	差分的95%置信区间	
					下限	上限
活动新奇度	79.605	326	0.000	3.79817	3.7043	3.8920

由表6-21可知，数据在 P = 0.000 水平上显著有效，均值为3.79，说明被调查者对促销活动新奇度的评价介于一般和比较新奇之间，但偏向比较新奇。

6.5.2.10 品牌满意度的对比分析

本次促销活动对"顶呱刮"品牌满意度评价包含"顶呱刮的玩法、购买便利、服务态度"三个方面，因而对本次促销活动问卷第12题三项评价相加求平均值而建立品牌满意度变量。

从前期研究可知，本次促销活动前的"顶呱刮"品牌满意度为58.7%，本次促销活动后玩法、购买便利性和服务态度的满意度分别为 67.07%、85.2% 和 87.01%（见表 6 - 21），其中，服务态度的满意度最高。

表 6 - 21   品牌满意度分析

品牌满意度		玩法		购买便利性		服务态度	
		频率	百分比（%）	频率	百分比（%）	频率	百分比（%）
有效	空白	15	4.53	13	3.92	14	4.23
	很满意	116	35.05	164	49.55	187	56.50
	比较满意	106	32.02	118	35.65	101	30.51
	一般	86	25.98	84	25.38	26	7.85
	不太满意	5	1.51	1	0.30	3	0.91
	很不满意	3	0.91	1	0.30	0	0
	合计	331	100	331	100	331	100

经计算，本次促销活动品牌满意度为 79.76%。

对"顶呱刮"的玩法、购买便利性和服务态度满意度进行 T 检验，结果如表 6 - 22 所示。

表 6 - 22   "顶呱刮" 满意度评价

项目	检验值 = 0					
	t	df	Sig.（双侧）	均值差值	差分的 95% 置信区间	
					下限	上限
玩法	80.994	321	0.000	4.022	3.92	4.12
购买便利性	107.937	323	0.000	4.373	4.29	4.45
服务态度	115.260	322	0.000	4.471	4.39	4.55

由表 6 - 22 可知，数据均在 $P = 0.000$ 水平上显著有效，其中，服务态度满意度的均值最高，为 4.471，说明被调查者对"顶呱刮"的玩法、购买便利性和服务态度都持比较满意态度，而对服务态度最满意。

6.5.2.11 品牌美誉度（印象变化）对比分析

从前期研究成果可知，促销活动前的"顶呱刮"品牌美誉度为 61.9%，

明显低于本次促销活动的"顶呱刮"品牌美誉度（70.09%），如表 6 – 23
所示。

表 6 – 23　　　　　　　　　　品牌美誉度分析

促销活动新奇度		促销后	
		频率	百分比（%）
有效	空白	16	4.83
	好了很多	106	32.02
	好了一些	126	38.07
	没变化	78	23.57
	差了一些	5	1.51
	差了很多	0	0
	合计	331	100.0

同时，依次对本次促销活动调查问卷的第 9 题中选项 A ~ E 分别转换为
5 ~ 1，并进行单样本 T 检验分析，结果如表 6 – 24 所示。

表 6 – 24　　　　　　　品牌美誉度（印象变化）T 检验

项目	检验值 = 0					
	t	df	Sig.（双侧）	均值差值	差分的 95% 置信区间	
					下限	上限
顶呱刮品牌印象	89.923	320	0.000	4.05607	3.9673	4.1448

可见，数据在 P = 0.000 水平上显著有效，均值为 4.056，说明通过本次
促销活动被调查者对"顶呱刮"的印象有所转好。

6.5.2.12　购买频率（品牌忠诚度）对比分析

从前期研究可知，促销活动前的"顶呱刮"品牌忠诚度为 79.2%，从
表 6 – 25 可以看出，本次促销活动的"顶呱刮"品牌忠诚度（82.64%）略高
于促销活动前的"顶呱刮"品牌忠诚度。

表 6 - 25   "顶呱刮"品牌忠诚度统计

项　目		促销后	
		人数	百分比（%）
有效	空白	3	0.83
	A 经常购买	188	51.79
	B 偶然购买	112	30.85
	C 很少购买	48	13.22
	D 从不购买	12	3.31
	合计	363	100.0

把该题项的答案 A ~ D 依次分别转换为 3 ~ 0 然后进行 T 检验，结果如表 6 - 26 所示。

表 6 - 26   品牌忠诚度 T 检验

项目	检验值 = 0					
	t	df	Sig.（双侧）	均值差值	差分的95%置信区间	
					下限	上限
上次促销活动	46.467	371	0.000	2.14785	2.0570	2.2387
本次促销活动	53.160	359	0.000	2.32222	2.2363	2.4081

可见，上次促销活动和本次促销活动调查问卷数据显著有效，被调查者对"顶呱刮"的品牌忠诚度产生了一定的变化，上次促销活动后顶呱刮品牌忠诚度均值为 2.15，而本次促销活动后的"顶呱刮"品牌忠诚度均值为 2.32，虽然都处于"偶尔购买"的水平，但也说明了两点：一是本次促销活动后"顶呱刮"品牌忠诚度有所提高；二是品牌忠诚度是需要经过长时间培养的，并非单靠一两次的促销活动就能显著提升人们对"顶呱刮"的忠诚度。

6.5.2.13　品牌购买意向对比分析

从表 6 - 27 中可以看出，本次促销活动后被调查者表示"会"继续购买"顶呱刮"的占大多数，达 75.8%，而表示"不一定"的占少部分，仅为 11.8%，没有被调查者表示"不会"继续购买。

表 6 - 27   品牌购买意向统计

项 目		频数	百分比（%）
有效	空白	46	12.4
	会	282	75.8
	不一定	44	11.8
	不会	0	0
	合计	372	100.0

从前期研究成果可知，上次促销活动品牌购买意向为 81.1%，明显高于本次促销活动品牌购买意向，究其原因差异主要体现在本次调查问卷修改了第一期研究成果中促销后的调查问卷相关问题的答案，增加了一个选项"不一定"，故部分举棋不定的被调查者会偏向于"不一定"选项，且本次调查的结果中没有人选择"不会"，而上一次促销活动品牌购买意向调查时，有 8.9% 选择"不会"继续购买。

6.5.2.14   品牌购买行为对比分析

从表 6 - 28 中可以看出，本次促销活动后，被调查者表示会增加购彩金额和维持购彩金额的比例相当，都占四成多，共计 82.8%，而表示会减少购买金额的则只占 2.7%。

从前期研究成果可知，上次促销活动品牌购买行为 74.1%，明显低于本次促销活动品牌购买行为。

表 6 - 28   品牌购买行为统计

项 目		频数	百分比（%）
有效	空白	54	14.5
	增加	157	42.2
	减少	10	2.7
	维持	151	40.6
	合计	372	100.0

6.5.2.15   促销活动市场效果对比分析

由于两次"顶呱刮"促销活动的时间长短不一致（上次为 2.5 个月，即

75 日，本次为 50 日），其销售额的绝对数不具备可比性，所以两次"顶呱刮"促销活动的市场效果对比数据如表 6 – 29 所示。

表 6 – 29　　　　　两次"顶呱刮"促销活动的市场效果对比数据统计

项　　目	上次促销活动	本次促销活动	差异值
市场占有率（%） （促销销售额/同期彩票总销售额）	6.0	2.32	– 3.68
市场增长率（%） （促销销售额 – 基期销售额）/基期销售额	22.8	74.75	51.95
促销效率 （促销销售额 – 基期销售额）/促销成本	17.4	13.57	– 3.83

可见，本次促销活动后"顶呱刮"销售额的市场增长率明显高于上次，说明本次促销活动对"顶呱刮"销售额的提高作用比上次显著。本次促销活动后"顶呱刮"的市场占有率虽然比促销前有提高（从 1.98% 提高到 2.32%），但"顶呱刮"的市场占有率比上次促销活动后的市场占有率（6%）有较大幅度的下降，这与 2014 年竞彩和大乐透等玩法的销售额大幅度提升有密切的关系。

同时，本次促销活动的效率低于上次促销活动，也就是说本次促销活动每投入 1 元成本带来的"顶呱刮"销售额的增加没有上次促销活动高。

6.5.3　结论

通过研究，对即开型体育彩票促销活动效果评价指标体系进行了实证，且结论如下。

（1）体育彩票促销效果评价体系可应用于即开型体育彩票促销活动效果评价中。在继续第一期研究成果中实证结论的基础上，再次论证了体育彩票促销效果评价体系可应用于即开型体育彩票促销活动效果评价中。

（2）本次促销活动效果调查数据是可靠且有效的。实证表明，一方面，本次促销活动后效果调查数据的 Cronbach α 值为 0.801，大于 0.7，表示数据质量可靠性高；另一方面，KMO 值为 0.835，解释总方差为 60.454%，在

60%以上，说明数据效度高，问卷调查具有一定解释正确性。且通过因子分析说明受众效果和品牌效果三级指标的一致性也符合要求。

（3）上次促销活动效果调查数据有其实际应用价值。上次促销活动效果调查数据的实际应用价值主要体现在两个方面：一是品牌效果修正。即如果在本次促销活动开展前进行访谈调查，那么，运用访谈调查结果可以修正上次促销活动后品牌效果调查数据，并将其作为本次促销活动前的品牌效果调查数据使用。二是对比分析。即将上次与本次促销活动效果调查数据进行对比分析，从而发现有价值的信息，为今后顶呱刮的促销活动提供依据。

但两次促销活动效果评价的间隔时间最好在一年以内，否则，会增加本次促销活动前品牌效果数据的修改难度，或者只有通过第一期研究成果中提到的促销活动前调查问卷进行促销前问卷调查，才能得到本次促销活动前品牌效果的相关数据。

6.6 彩票渠道公关活动效果的评价指标体系设计与应用

本书运用德尔菲法，进行了三轮指标体系筛选，得到体育彩票公关活动评价指标体系的层次设计及其含义，如表6-30所示。

表6-30　　　　　　　体育彩票公关活动效果评价指标

一级指标	二级指标	三级指标	指标解释	评估方法
媒体传播效果	平面媒体宣传效果	媒体覆盖面	宣传报道媒体覆盖的范围	由组织者收集上报资料，专家进行评审各级指标效果，采用相对比较法
		宣传报道数量	宣传报道的稿件数量	
		宣传持续的时间	宣传报道持续的时间	
	电视媒体宣传效果	媒体覆盖面	宣传报道媒体覆盖的范围	
		宣传报道数量	宣传报道的播放次数	
		宣传持续的时间	宣传报道持续的时间	
	网络媒体宣传效果	网站点击量	宣传报道首挂网站点击人数	
		网络转载数量	网络宣传转载的媒体数量	
		网络转载质量	网络转载媒体的影响力大小	

续表

一级指标	二级指标	三级指标	指标解释	评估方法
公众影响效果	社会公众影响效果	社会公众知晓度	=社会公众对公关活动知晓人数/社会公众调查样本人数	1. 由专家组织抽样调研，根据调研数据确定 2. 业内人员是指彩票从业人员
		社会公众满意度	=社会公众对公关活动满意人数/社会公众对公关活动知晓人数	
	公关活动对象影响效果	公关活动对象满意度	=公关活动对象对公关活动满意人数/公关活动对象对公关活动知晓人数	
		公关活动对象新奇度	=公关活动对象对公关活动感到新奇人数/公关活动对象对公关活动知晓人数	
		公关活动对象参与度	=公关活动对象参加公关活动人数/公关活动对象对公关活动知晓人数	
	公关活动媒体影响效果	媒体满意度	=媒体对公关活动满意人数/媒体对公关活动知晓人数	
		媒体新奇度	=媒体对公关活动感到新奇人数/媒体对公关活动知晓人数	
	公关活动业内影响效果	业内人员满意度	=业内人员对公关活动满意人数/业内人员对公关活动知晓人数	
		业内人员新奇度	=业内人员对公关活动感到新奇人数/业内人员对公关活动知晓人数	

体育彩票公关活动评价指标体系由2个一级指标、8个2级指标、21个三级指标组成。其中，媒体传播效果由组织者收集上报资料给专家，专家采用相对比较法评审各级指标效果，而公众影响效果则由专家组织抽样调研，根据调研数据确定。

同时，本书将公众划分为社会公众、公关活动对象公众、媒体公众和业内人员公众四大类。其中，公关活动对象公众是指某体育彩票公关活动专门指定的公众群体（如体彩进社区是社区公众、助学是学生公众、快乐操场是学校师生等），业内人员公众包括体彩中心人员和彩票网点人员等，媒体公众则是与体育彩票公关活动相关联的各类媒体人员，而社会公众则是指除了上述三类公众之外的体育彩票公关活动涉及的所有公众。

6.6.1 体育彩票公关活动效果的评价指标体系权重确定

在国家体彩中心公关处的支持下，本书将权重调查问卷发放到全国 8 个省直辖市体彩中心专家、国家体彩中心专家、相关媒体记者及专家学者，共发放调查问卷 30 份，回收有效问卷 23 份，有效回收率为 76.7%，具有较好的代表性。

权重调查确定的体育彩票公关活动效果评价体系各指标权重如表 6 – 31 所示。

表 6 – 31　　　　　　　体育彩票公关活动效果评价体系指标权重

一级指标	权重	二级指标	权重	三级指标	权重
媒体宣传效果	0.502	平面媒体宣传效果	0.304	媒体覆盖面	0.417
				宣传报道数量	0.296
				宣传持续的时间	0.287
		电视媒体宣传效果	0.246	媒体覆盖面	0.413
				宣传报道数量	0.287
				宣传持续的时间	0.30
		广播媒体宣传效果	0.133	媒体覆盖面	0.343
				宣传报道数量	0.322
				宣传持续的时间	0.335
		网络媒体宣传效果	0.317	网站点击量	0.385
				网络转载数量	0.295
				网络转载质量	0.32
公众影响效果	0.498	社会公众影响效果	0.289	社会公众认知度	0.504
				社会公众满意度	0.496
		公关活动对象影响效果	0.272	公关活动对象满意度	0.417
				公关活动对象新奇度	0.267
				公关活动对象参与度	0.316
		公关活动媒体影响效果	0.237	媒体满意度	0.548
				媒体新奇度	0.452
		公关活动业内影响效果	0.202	业内人员满意度	0.583
				业内人员新奇度	0.417

从表 6-31 可见,一级指标中,媒体宣传效果在评价中比受众影响效果更为重要。

二级指标中,网络媒体宣传效果在媒体宣传效果评价中最为重要,社会公众影响效果在公众影响效果评价中最为重要。

三级指标中,媒体覆盖面在传统媒体(平面媒体、电视媒体和广播媒体)宣传效果评价中均为最重要,网站点击量则在网络媒体宣传效果评价中最为重要。同时,社会公众认知度略比社会公众满意度重要,而公关活动对象的满意度在公关活动对象影响效果评价中最为重要,媒体满意度比媒体新奇度重要,业内人员满意度也比业内人员新奇度重要。

6.6.2 体育彩票公关活动效果调查问卷的设计

6.6.2.1 体育彩票公关活动效果公众调查问卷的设计

1. 问卷内容的设计。由于公众调查问卷是面对四大类公众展开的,必须让被调查者感觉问卷难度不高,容易填答,又能满足评价要求,所以问卷中设计了 6 道题目,其中第 2~6 道题目简单明了,第 1 题设计为多选题,答案中用了两个分类标准:一是彩民与否;二是公关活动效果评价指标,以便可以既取得被调查者是否是彩民的信息,了解公关活动对非彩民的影响力,又能取得计算公关活动效果评价指标需要的信息。

但这样一来,统计分析工作的难度就相对提高了。本书建议在问卷第 1 题中,按表 6-32 进行统计分析。

表 6-32　　　　　　公关活动效果调查问卷第 1 题统计分类

统计分类	对应评价指标	备注
非彩民	所有不选 A 的被调查者	需要剔除选 C 和 D 的业内人员
社会公众	单选 A 或 F 的被调查者	
媒体公众	单选或多选中有 B 的被调查者	若同时选 BE,则可选其中之一归类
公关活动对象	单选或多选中有 E 的被调查者	若同时选 BE,则可选其中之一归类
业内人员	单选 C、D 或多选 AC、AD 的被调查者	若多选中带 B 或 E,则归入 B 或 E 类中

2. 公众调查问卷的通用性。本问卷适用于体育彩票各种公关活动，只需要将加粗的内容进行局部调整即可。如评价"中国红进社区"公关专题活动，只需要将"体育彩票"调整为"中国红进社区"，且第一题目中的"E"选项"公关活动对象"调整为"活动所在社区居民"即可。

每当需要评价的体育彩票公关活动举行之后，即可用此两份问卷进行调查（只需要对其中加粗和下划线的部分进行针对性调整即可），调查的结果可用统计软件计算出来，作为综合评价的组成部分。

6.6.2.2 体育彩票公关活动效果组织者调查问卷的设计

通过组织者调查问卷，将获取媒体宣传效果评价指标中所有需要的信息。这些信息均是硬性数据资料，每个省市的组织者只需要填答 1 份。

本问卷适用于体育彩票各种公关活动，只需要将加粗的内容进行局部调整即可。如评价"中国红进社区"公关专题活动，只需要将"体育彩票"调整为"中国红进社区"即可。

6.6.3 体育彩票公关活动效果综合评价的设计

6.6.3.1 综合评价表的设计

将表 6 - 32 取得的调查结果运用到综合评价表（见表 6 - 33）中的统计结果列，可以作为专家评价体育彩票公关活动效果如何的判断依据。

表 6 - 33　　　　　　　　　体育彩票公关活动效果综合评价

评价指标	统计结果	评价标准				
		优秀	良好	一般	较差	很差
平面媒体覆盖面 （宣传报道媒体覆盖的范围）						
平面媒体宣传报道数量 （宣传报道的稿件数量）						
平面媒体宣传持续的时间 （宣传报道持续的时间）						

续表

评价指标	统计结果	评价标准				
		优秀	良好	一般	较差	很差
电视媒体覆盖面 （宣传报道媒体覆盖的范围）						
电视媒体宣传报道数量 （宣传报道的稿件数量）						
电视媒体宣传持续的时间 （宣传报道持续的时间）						
广播媒体覆盖面 （宣传报道媒体覆盖的范围）						
广播媒体宣传报道数量 （宣传报道的稿件数量）						
广播媒体宣传持续的时间 （宣传报道持续的时间）						
网站点击量 （宣传报道首挂和转载网站点击量）						
网络转载数量 （网络宣传转载的媒体数量）						
网络转载质量 （网络转载媒体的影响力大小）						
社会公众知晓度 （社会公众对公关活动知晓人数/社会公众调查样本人数）						
社会公众满意度 （社会公众对公关活动满意人数/社会公众对公关活动知晓人数）						
公关活动对象满意度 （公关活动对象对公关活动满意人数/公关活动对象对公关活动知晓人数）						
公关活动对象新奇度 （公关活动对象对公关活动感到新奇人数/公关活动对象对公关活动知晓人数）						
公关活动对象参与度 （公关活动对象参加公关活动人数/公关活动对象对公关活动知晓人数）						

续表

评价指标	统计结果	评价标准				
		优秀	良好	一般	较差	很差
媒体满意度 （媒体对公关活动满意人数/媒体对公关活动知晓人数）						
媒体新奇度 （媒体对公关活动感到新奇人数/媒体对公关活动知晓人数）						
业内人员满意度 （业内人员对公关活动满意人数/业内人员对公关活动知晓人数）						
业内人员新奇度 （业内人员对公关活动感到新奇人数/业内人员对公关活动知晓人数）						

本书将专家打分评价标准分为五个等级，分别是优秀、良好、一般、较差和很差。且五个等级得分之和为1。

6.6.3.2 运用模糊测评模型计算体育彩票公关活动效果的得分

将权重结果和综合评价表按照模糊测评模型进行计算，分别得到体育彩票公关活动效果的综合测度分值和各级指标的分值（见表6-34）。且在得到体育彩票公关活动效果的分值之后，根据表6-35（综合测度等级分值表），对体育彩票公关活动效果进行分析，并作出评价结论。

表6-34　　　　　　　　体育彩票公关活动效果综合评分

总得分	一级指标	权重	得分	二级指标	权重	得分	三级指标	权重	得分
	媒体宣传效果	0.502		平面媒体宣传效果	0.304		媒体覆盖面	0.417	
							宣传报道数量	0.296	
							宣传持续的时间	0.287	
				电视媒体宣传效果	0.246		媒体覆盖面	0.413	
							宣传报道数量	0.287	

续表

总得分	一级指标	权重	得分	二级指标	权重	得分	三级指标	权重	得分
	媒体宣传效果	0.502		电视媒体宣传效果	0.246		宣传持续的时间	0.30	
				广播媒体宣传效果	0.133		媒体覆盖面	0.343	
							宣传报道数量	0.322	
							宣传持续的时间	0.335	
				网络媒体宣传效果	0.317		网站点击量	0.385	
							网络转载数量	0.295	
							网络转载质量	0.32	
	公众影响效果	0.498		社会公众影响效果	0.289		社会公众认知度	0.504	
							社会公众满意度	0.496	
				公关活动对象影响效果	0.272		公关活动对象满意度	0.417	
							公关活动对象新奇度	0.267	
							公关活动对象参与度	0.316	
				公关活动媒体影响效果	0.237		媒体满意度	0.548	
							媒体新奇度	0.452	
				公关活动业内影响效果	0.202		业内人员满意度	0.583	
							业内人员新奇度	0.417	

表 6 - 35 综合测度等级分值

测度标准	优秀	良好	一般	较差	很差
分值	90～100（中值取95）	80～89（中值取85）	70～79（中值取75）	60～69（中值取65）	60以下（中值取30）

至此，体育彩票公关活动效果评价指标体系的建立基本完成。

6.6.4　体育彩票公关活动效果评价步骤

体育彩票公关活动效果评价步骤如下。

第一步：完成体育彩票公关活动效果评价调查方案。

当确定对一项体育彩票公关活动效果进行评价时，先要完成体育彩票公关活动效果评价的调查方案。此调查方案主要包括调查目的、调查内容、调查时间与地点、调查方法（如调查问卷、调查样本的确定方法等）、调查费用、调查人员安排和应急预案等内容。

其中，根据已经设计好的调查问卷对样本进行调查，而调查样本则要考虑公众影响效果指标的构成。由于公众影响效果指标中涉及的公众分为社会公众、公关活动对象、媒体和业内人员，因此，在确定调查对象时，可考虑按照这四类公众影响程度（权重）进行样本数的确定，即社会公众30%、公关活动对象30%、媒体和业内人员各20%，且以举办公关活动的省或市为单位，每个公关专题活动调查的公众总人数不少于500人，具体可根据实际情况在此基础上进行合理调整。

第二步：进行体育彩票公关活动后公众问卷调查。

在体育彩票公关活动举行后的10天内，运用公众调查问卷进行体育彩票公关活动公众影响效果的调查。

通过公众调查问卷，可得到公关活动的公众影响效果中的各个三级指标信息，统计分析如表6－36所示。

表6－36　　　　　　　　公关活动后调查问卷对应评价指标

公关活动后调查问卷题目	对应评价指标
第1、2题	社会公众知晓度
第1、3题	公关活动对象参与度
第1、4题	社会公众满意度、公关活动对象满意度、媒体满意度、业内人员满意度
第1、5题	公关活动对象新奇度、媒体新奇度、业内人员新奇度

第三步：进行公关活动后组织者的问卷调查。

在体育彩票公关活动举行后的 10 日内，运用组织者调查问卷进行体育彩票公关活动媒体影响效果的调查。

对组织者的问卷调查内容基本上是硬性指标，可由组织者填写一份即可。

调查结束后，可得到媒体影响效果评价指标中的各个三级指标的信息。

第四步：填写评价表，运用模糊测评模型计算公关活动效果的得分。

将第一步～第三步取得的调研结果填入体育彩票公关活动效果综合评价表中，提交给专家团队打分，然后运用模糊测评模型计算体育彩票公关活动效果得分，并将得分填写到表中。

第五步：对公关活动效果进行分析并作出结论。

在得到公关活动效果的分值之后，根据综合测度等级分值表，对公关活动效果进行分析，并作出评价结论。

第六步：撰写总结报告。

根据第五步的结论，结合调查问卷中涉及的其他相关情况，如被调查者的特征等进行深度分析研究，形成总结报告。

下面将通过实例来佐证体育彩票公关活动效果评价体系的有效性和可操作性。

6.6.5 福建省"中国红进社区"公关专题活动实证研究

6.6.5.1 福建省"中国红进社区"公关专题活动个案简介

为配合即开票"中国红"在福建省的上市，福建省体育彩票中心于 2014 年 12 月 1 日至 2014 年 12 月 25 日先后在厦门、莆田、宁德等市开展了"中国红进社区"的公关专题活动，其目的是通过"中国红进社区"公关专题活动来提升体彩顶呱刮品牌形象。

"中国红进社区"的公关专题活动是福建省体育彩票发行中心"体彩进社区"系列公关专题活动中的一个子活动，一般在 19：00～21：00 举行，通过一台集歌舞杂技表演、体彩知识有奖问答、游戏于一体的晚会，在临时搭建的舞台上让社区居民度过了一个愉快的晚上，丰富了市民的文娱生活，扩大了市民对体彩的认知度，而且还广泛深入地宣传了体育彩票的公益性质，有效推动了体育彩票的发行工作。

同时，组织者在活动现场组织 5～10 个体彩网点、5～10 个帐篷（具体视活动场地大小而定）进行"中国红"户外销售，每场现场观众人数达到200～300 人，现场气氛热烈，每场体彩销售额在 12000 元左右。

"中国红进社区"的公关专题活动无论是内容还是时间均与本书的研究十分吻合。在福建省体育彩票中心领导的大力支持下，本书以此公关专题活动为例，以莆田和宁德的"中国红进社区"公关专题活动为研究对象，对已经建立的体育彩票公关活动效果评价指标体系进行了实证研究。

6.6.5.2 实证步骤

根据体育彩票公关活动效果评价步骤的要求，共分六步进行实证。

第一步：完成体育彩票公关活动效果评价调查方案。

根据"中国红进社区"公关专题活动的特点，设计调查方案。其中，公众调查问卷样本的分配比例为社会公众 40%、公关活动对象 30%、媒体 5% 和业内人员 25%，调查的公众总人数不少于 500 人。

第二步：进行体育彩票公关活动后公众问卷调查。

在"中国红进社区"公关专题活动举行后的 10 日内，运用公众调查问卷完成"中国红进社区"公关专题活动公众影响效果的调查。本次调查共回收问卷 520 份，有效问卷 476 份，回收有效率为 91.54%。

第三步：进行公关活动后组织者的问卷调查。

在 2014 年 12 月 30 日，运用组织者调查问卷完成了"中国红进社区"公关专题活动媒体影响效果的调查。被调查者为组织者福建省体育彩票中心。

第四步：填写评价表，运用模糊测评模型计算公关活动效果的得分。

将第一步～第三步取得的调研结果填入体育彩票公关活动效果综合评价表 6-34 中，得到"中国红进社区"公关专题活动效果评价表 6-37，并提交给专家团队（来自国家体彩中心、广东、福建等省共 28 位专家）打分。

表 6 – 37　　　　　　　"中国红进社区"公关活动效果综合评价

评价指标	统计结果	评价标准				
		优秀	良好	一般	较差	很差
平面媒体覆盖面 （宣传报道媒体覆盖的范围）	福建省	1	0.8	0.6	0.4	0.2
平面媒体宣传报道数量 （宣传报道的稿件数量）	2 篇	1	0.8	0.6	0.4	0.2
平面媒体宣传持续的时间 （宣传报道持续的时间）	1 个月	1	0.8	0.6	0.4	0.2
电视媒体覆盖面 （宣传报道媒体覆盖的范围）	全区或县	1	0.8	0.6	0.4	0.2
电视媒体宣传报道数量 （宣传报道的稿件数量）	1 篇	1	0.8	0.6	0.4	0.2
电视媒体宣传持续的时间 （宣传报道持续的时间）	1 个月	1	0.8	0.6	0.4	0.2
广播媒体覆盖面 （宣传报道媒体覆盖的范围）	全区或县	1	0.8	0.6	0.4	0.2
广播媒体宣传报道数量 （宣传报道的稿件数量）	1 篇	1	0.8	0.6	0.4	0.2
广播媒体宣传持续的时间 （宣传报道持续的时间）	1 个月	1	0.8	0.6	0.4	0.2
网站点击量 （宣传报道首挂和转载网站点击量）	1300 次	1	0.8	0.6	0.4	0.2
网络转载数量 （网络宣传转载的媒体数量）	0 次	1	0.8	0.6	0.4	0.2
网络转载质量 （网络转载媒体的影响力大小）	—	1	0.8	0.6	0.4	0.2
社会公众知晓度 （社会公众对公关活动知晓人数/社会公众调查样本人数）	64%	1	0.8	0.6	0.4	0.2
社会公众满意度 （社会公众对公关活动满意人数/社会公众对公关活动知晓人数）	75%	1	0.8	0.6	0.4	0.2
公关活动对象满意度 （公关活动对象对公关活动满意人数/公关活动对象对公关活动知晓人数）	89%	1	0.8	0.6	0.4	0.2

续表

评价指标	统计结果	评价标准				
		优秀	良好	一般	较差	很差
公关活动对象新奇度 （公关活动对象对公关活动感到新奇人数/公关活动对象对公关活动知晓人数）	76%	1	0.8	0.6	0.4	0.2
公关活动对象参与度 （公关活动对象参加公关活动人数/公关活动对象对公关活动知晓人数）	71%	1	0.8	0.6	0.4	0.2
媒体满意度 （媒体对公关活动满意人数/媒体对公关活动知晓人数）	96%	1	0.8	0.6	0.4	0.2
媒体新奇度 （媒体对公关活动感到新奇人数/媒体对公关活动知晓人数）	77%	1	0.8	0.6	0.4	0.2
业内人员满意度 （业内人员对公关活动满意人数/业内人员对公关活动知晓人数）	83%	1	0.8	0.6	0.4	0.2
业内人员新奇度 （业内人员对公关活动感到新奇人数/业内人员对公关活动知晓人数）	69%	1	0.8	0.6	0.4	0.2

然后运用模糊测评模型计算"中国红进社区"公关专题活动效果得分，并将得分填写到表 6 - 34 中，得到表 6 - 38。

表 6 - 38 　　　"中国红进社区"公关专题活动效果综合评分

总得分	一级指标	权重	得分	二级指标	权重	得分	三级指标	权重	得分
80.72	媒体宣传效果	0.502	75.14	平方媒体宣传效果	0.304	86.52	媒体覆盖面	0.417	89.2
							宣传报道数量	0.296	81.6
							宣传持续的时间	0.287	87.7
				电视媒体宣传效果	0.246	86.75	媒体覆盖面	0.413	88.2
							宣传报道数量	0.287	81.7
							宣传持续的时间	0.30	89.6
				广播媒体宣传效果	0.133	86.46	媒体覆盖面	0.343	89.9
							宣传报道数量	0.322	78.8
							宣传持续的时间	0.335	90.3

续表

总得分	一级指标	权重	得分	二级指标	权重	得分	三级指标	权重	得分
80.72	媒体宣传效果	0.502	75.14	网络媒体宣传效果	0.317	50.45	网站点击量	0.385	76.15
							网络转载数量	0.295	39.1
							网络转载质量	0.32	30
	公众影响效果	0.498	86.34	社会公众影响效果	0.289	82.63	社会公众认知度	0.504	79.6
							社会公众满意度	0.496	85.7
				公关活动对象影响效果	0.272	87.19	公关活动对象满意度	0.417	90.2
							公关活动对象新奇度	0.267	84.6
							公关活动对象参与度	0.316	85.4
				公关活动媒体影响效果	0.237	88.91	媒体满意度	0.548	91.8
							媒体新奇度	0.452	85.4
				公关活动业内影响效果	0.202	87.50	业内人员满意度	0.583	91
							业内人员新奇度	0.417	82.6

第五步：对公关活动效果进行分析并作出结论。

根据综合测度等级分值表分析表6-38，可知，"中国红进社区"公关专题活动效果达到良好水平。其中，媒体宣传效果为一般，其主要原因在于网络媒体宣传效果很差（50.45分），但公众影响效果良好，尤其是业内人员满意度、媒体满意度、公关活动对象满意度均达到"优秀"水平。

第六步：撰写总结报告。

根据第五步的结论，形成报告。

6.6.5.3 "中国红进社区"公关专题活动调查数据信度、效度与一致性检验

1. 调查问卷数据转换。为方便使用 SPSS19.0 软件对调查数据进行信效度分析，现对公众调查问卷数据的有关题项数据进行相关转换，转换方式如下所示。

第2、5题的 A 与 B 分别转换为 1 与 0；第3、4题的 A ~ E 依次分别转换

为 5 ~ 1。

2. "中国红进社区"公关专题活动调查数据的信度。对公众调查问卷上述转换后的数据进行信度分析，结果如表 6 - 39 所示。

表 6 - 39　　　"中国红进社区"公关专题活动调查数据的信度分析结果

项　目	Cronbach's Alpha
"中国红进社区"公关专题活动调查问卷数据	0. 636

可见，"中国红进社区"公关专题活动调查数据的 Cronbach α 值为 0. 636，大于 0. 6，表示数据质量可靠性比较高。

3. "中国红进社区"公关专题活动调查数据的效度。对上述转换后的数据进行效度分析，由于第 2 题项活动认知度的变异程度极小，因而剔除该项进行效度分析，如表 6 - 40 所示。

表 6 - 40　　　"中国红进社区"公关专题活动调查数据的效度分析结果

项　目		"中国红进社区"公关专题活动调查数据
取样足够度的 Kaiser-Meyer-Olkin 度量		0. 538
Bartlett 的球形度检验	近似卡方	272. 627
	df	3
	Sig.	0
解释的总方差		58. 56%

可见，"中国红进社区"公关专题活动的解释总方差 0. 5856，接近 0. 6，说明本次调查数据效度尚可，具有一定解释正确性。

4. "中国红进社区"公关专题活动效果评价指标一致性检验。由于"体育彩票公关活动效果评价指标"的三级指标信息是由两份问卷分别完成的，且组织者调查问卷是硬性数据，不能严格反映指标的一致性，但由对公众调查问卷中可分析题项进行因子分析的结果（见表 6 - 41）把因子载荷高于 0. 5 的归为同一因子的因子分析数据结果可以看出一些指标的一致性。

公关活动对象满意度和公关活动对象新奇度的因子载荷都在 0. 87 以上，具有高度一致性，而公关活动对象参与度的因子载荷接近 0. 5，与公关活动满意度和公关活动新奇度具有一定一致性，同属一个因子。

表 6 - 41   旋转成分矩阵[a]

	成分
	1
公关活动对象满意度	0.887
公关活动对象新奇度	0.874
公关活动对象参与度	0.453

注：1. 提取方法：主成分。旋转法：具有 Kaiser 标准化的正交旋转法。

2. a 表示旋转在 3 次迭代后收敛。

6.6.5.4 "中国红进社区"公关专题活动调查数据分析

1. 公众基本特征分析。

（1）被调查者年龄构成分析。分析发现，本次调查的受访者平均年龄为 34.88 岁，年龄最大的为 75 岁，最小的为 18 岁，且以 26～35 岁年龄段的居多数，占 45.6%，其次为 36～45 岁年龄段的占 21.8%，55 岁以上的占少部分，如表 6 - 42 所示。

表 6 - 42   年龄统计

		频数	百分比（%）	平均年龄
	空白	2	0.4	
有效	25 岁及以下	72	15.1	
	26～35 岁	217	45.6	
	36～45 岁	104	21.9	34.88 岁
	46～55 岁	72	15.1	
	55 岁以上	9	1.9	
	合计	476	100.0	

（2）性别构成分析。本次被调查者男女比例为 1.80，以男性被调查者占大多数（64.92%），如表 6 - 43 所示。

表6-43   性别统计

		频数	百分比（%）
有效	空白	1	0.21
	男	309	64.92
	女	166	34.87
	合计	476	100.0

（3）公众类别构成分析。表6-44按公关活动效果评价指标及彩民与否两个标准对被调查者构成进行了统计。发现媒体公众占比为5.88%，业内公众为24.79%，基本上与调查方案的要求（5%和25%）接近，但社会公众（51.89%）和社区公众（17.44%）与调查方案的要求（分别为40%和30%）有较大距离。这种情况说明媒体和业内人员调查的比例基本上是可控的，但社会公众和社区公众则存在不确定性。本次调查中，社会公众占比较多与公关活动所在地是临近商业区也有较大关系，但不影响调查的有效性。

表6-44   公众分类统计

		频率	百分比（%）
有效	社会公众	247	51.89
	社区公众	83	17.44
	媒体公众	28	5.88
	业内公众	118	24.79
	合计	476	100.0
有效	彩民	371	77.94
	非彩民	105	22.06
	合计	476	100

同时，被调查者中，彩民占主导地位，达到77.94%，而非彩民则为22.06%。说明本次公关专题活动参与者主要是彩民，但也吸引了不少非彩民参加。

2. "中国红进社区"公关专题活动社会公众知晓度分析。

根据回收的调查问卷，计算得到"中国红进社区"公关专题活动社会公众知晓度超过90%，与研究成员活动后的现场调查数据有较大出入，研究成员在活动举行后的两天内在社区附近和彩票网点附近对67人进行了调查，其中，没听说过本次活动的为24人，占比36%，知道本次活动的为64%。究其原因主要是相当一部分调查问卷是在活动现场做的，造成社会公众知晓度产生偏差，鉴于此，本书对此进行了修正，即采用在活动后做的调查计算出来的社会公众知晓度数据为依据，调整此指标的评价数据。

这也说明，即开型体育彩票公关活动效果的调查中有关社会公众和社区公众的调查最好以活动后的调查为主，否则会与实际情况产生较大偏差。

3. "中国红进社区"公关专题活动社会公众满意度分析。

根据回收的调查问卷，并经修正，得到"中国红进社区"公关专题活动社会公众满意度为74.78%，说明知道本次公关专题活动的社会公众的满意度较高。

4. "中国红进社区"公关专题活动对象影响效果分析。

如前所述，"中国红进社区"公关专题活动对象专指社区公众，社区公众影响效果由社区公众参与度、社区公众满意度和社区公众新奇度三者的效果构成。

根据回收的调查问卷计算，得到社区公众参与度为71.08%，同时，83位社区公众中，知晓"中国红进社区"公关专题活动的有66位，社区公众满意度和社区公众新奇度如表6-45所示。

表 6-45　　　　　　　　社区公众满意度和新奇度统计

	项目	非常满意		比较满意		一般		不太满意		非常不满意		合计	
		频数	%	频数	%	频数	%	频数	%	频数	%	频数	%
有效	公关活动对象满意度	36	54.6	23	34.8	6	9.1	1	1.5	0	0	66	100
	项目	非常新奇		比较新奇		一般		不太新奇		非常不新奇		合计	
		频数	%	频数	%	频数	%	频数	%	频数	%	频数	%
	公关活动对象新奇度	31	47.0	19	28.8	15	22.7	1	1.5	0	0	66	100

可见，社区公众满意度为89.4%，社区公众新奇度为75.8%。

5. "中国红进社区"公关专题活动媒体影响效果分析。

28 位媒体公众中，有 26 位知道"中国红进社区"公关专题活动，媒体影响效果如表 6 – 46 所示。

表 6 – 46　　　　　　　　媒体满意度和新奇度统计

	项目	非常满意		比较满意		一般		不太满意		非常不满意		合计	
		频数	%	频数	%	频数	%	频数	%	频数	%	频数	%
有效	媒体满意度	13	50.0	12	46.1	1	3.9	0	0	0	0	26	100
	项目	非常新奇		比较新奇		一般		不太新奇		非常不新奇		合计	
		频数	%	频数	%	频数	%	频数	%	频数	%	频数	%
	媒体新奇度	5	19.2	15	57.7	5	19.2	1	3.9	0	0	26	100

可见，媒体对"中国红进社区"公关专题活动的满意度为 96.1%，新奇度为 76.7%，且有 1 人表示不太新奇。

6. "中国红进社区"公关专题活动业内影响效果分析。

118 位业内公众均知道"中国红进社区"公关专题活动，业内影响效果如表 6 – 47 所示。

表 6 – 47　　　　　　　　媒体满意度和新奇度统计

	项目	非常满意		比较满意		一般		不太满意		非常不满意		合计	
		频数	%	频数	%	频数	%	频数	%	频数	%	频数	%
有效	业内人员满意度	55	46.6	43	36.4	20	17	0	0	0	0	118	100
	项目	非常新奇		比较新奇		一般		不太新奇		非常不新奇		合计	
		频数	%	频数	%	频数	%	频数	%	频数	%	频数	%
	业内人员新奇度	43	36.4	39	33.1	36	30.5	0	0	0	0	118	100

可见，业内人员对"中国红进社区"公关专题活动的满意度为 83%，新奇度为 69.5%。

7. "中国红进社区"公关专题活动媒体宣传效果分析。

从组织者调查问卷取得的数据如表 6 – 48 所示。

表 6 – 48　　　　　"中国红进社区"公关专题活动媒体宣传效果

评价指标	统计结果
平面媒体覆盖面（宣传报道媒体覆盖的范围）	福建省
平面媒体宣传报道数量（宣传报道的稿件数量）	2 篇
平面媒体宣传持续的时间（宣传报道持续的时间）	1 个月
电视媒体覆盖面（宣传报道媒体覆盖的范围）	全区或县
电视媒体宣传报道数量（宣传报道的稿件数量）	1 篇
电视媒体宣传持续的时间（宣传报道持续的时间）	1 个月
广播媒体覆盖面（宣传报道媒体覆盖的范围）	全区或县
广播媒体宣传报道数量（宣传报道的稿件数量）	1 篇
广播媒体宣传持续的时间（宣传报道持续的时间）	1 个月
网站点击量（宣传报道首挂和转载网站点击量）	1300 次
网络转载数量（网络宣传转载的媒体数量）	0 次
网络转载质量（网络转载媒体的影响力大小）	—

可见，本次"中国红进社区"公关专题活动的宣传效果评价指标中，组织者选择的传统媒体（平面媒体、电视媒体和广播媒体）覆盖面不错，但报道的数量不多，无网络媒体转载。

第7章
彩票营销渠道资金使用绩效管理

经过多年的努力，我国彩票年销售额超过 4200 亿元，每年所筹集的公益金逐年递增，彩票营销渠道所花费的费用（包括人力资源费用、行政管理费用和业务支出费用）也较为可观，随着彩票管理机制的不断深化改革，各地市中心所掌握的渠道费用也越来越多，因此，非常有必要对各地市的渠道资金使用情况进行一个全面系统和长期的评价和考核，以提高这些资金使用的经济效益和社会效益，同时也有利于各地市更好地开展相关渠道业务活动，提高渠道业务活动的质量，这对提高我国彩票渠道资金使用的效率和效果，都将发挥重要的作用。

7.1 文献综述

目前学术界对彩票资金的研究主要集中在以下三个方面。（1）彩票资金的管理问题。孙可君、牟成岗（2013）认为，上级彩票管理机构仅把实现销售收入作为硬指标加以考核，没有把资金支出和资产保值增值作为管理指标进行考核[1]。由于此种考核的单一性，导致下一级的彩票销售机构只顾采取措施抓销售，忽视了财务管理和资金积累，导致发行费用超支、违规支出和出

---

[1] 孙可君，牟成岗. 福利彩票资金管理存在的问题及对策 [J]. 中国审计，2003 (4)：44 – 45.

借资金、管理失控等问题的发生。朱彤、周耀东、许力攀（2005）分析了我国彩票资金的管理问题，他们认为用于社会公益事业发展的公益金如何提取、分配和使用，是公益金管理中的关键[①]。张向达（2008）以彩票公益金为研究对象，分析我国彩票公益金分配和使用方向，对比国际上彩票公益金用途利投资领域，来验证我国彩票公益金的正义性[②]。李刚（2008）研究发现，2001~2006 年，彩票公益金开始越来越多地被中央统一安排用于补充社会保障基金的不足，这一做法在某种程度上损害了体育彩票的公益性。如果彩票公益金使用合理，真正实现"取之于谁，用之于谁"，无疑将大大提高彩票的公益性[③]。翟金扣（2008）对加强彩票内部资金管理进行了探讨，体彩需要从加强财务机构、提高会计人员素质、完善内部控制制度等方面加强管理[④]。（2）彩票资金的使用效率问题。王晓玫（2008）指出，随着彩票的统一发行和彩票市场规模的扩大要提高彩票资金使用效率显得尤为重要。彩票资金的使用效率主要体现在两个层面：一是用对地方，即把有限的彩票资金用在最适当的地方；二是正确使用，即在彩票资金投向正确的前提下，保证资金在使用过程中不出现浪费[⑤]。（3）彩票资金使用的福利公平问题。这类研究主要针对彩票公益金的使用情况进行了研究。王默（2010）采用向量自回归模型，对 28 个省份从 1991~2004 年的公益金贡献率、基本生活水平、转移支付率三个因素之间的关系进行考察[⑥]；章新蓉、刘小芳（2011）通过利用重庆、成都、河南安阳、山东青岛和东营地区的彩民和销售网点的相关调查数据建立 Tobit 模型，表明不同收入组下彩民对彩票的信任度及对彩票公益金的关注度会对其购彩支出有较为明显的影响，对彩票公益金的使用情况关注度的影

① 朱彤，周耀东，许力攀. 我国彩票市场结构与政府监管体制研究［M］. 北京：中国商业出版社，2005.

② 张向达. 彩票公益金价值的正义性分析——兼论教育彩票的必要性［J］. 财政研究，2008（4）：47–50.

③ 李刚. 对当前我国体育彩票业社会福利效应的评价［J］. 体育科学，2008（10）：32–40.

④ 翟金扣. 关于加强彩票内部资金管理的探讨［J］. 魅力中国，2008（5）：59–60.

⑤ 闫成芳. 福利公平性视角下中国彩票资金问题研究［D］. 上海师范大学，2014.

⑥ 王默. 福利彩票公益金筹集效率及福利效果分析［D］. 山东大学，2010.

响效果显著①。

综上所述，国内学术界也开始逐步关注彩票资金使用的相关研究，但是仍然有待优化。首先，由于一些话题较为敏感，在对中国彩票资金问题进行研究时，先前的国内学者侧重于彩票资金的单方面研究，尤其是对彩票公益金的研究最多，对彩票发行费用的使用缺乏整体研究；其次，由于彩票相关研究数据获得途径有限，一些研究数据选取不够充足，故得出的结论有待完善。

7.2 研究思路

研究思路如下。

（1）确定彩票资金使用绩效评价体系三级评价指标。

（2）确定各级指标权重。

（3）进行实证研究。

（4）形成综合评价结果。

（5）根据综合评价结果进行分析，指出存在的问题，并提出相应的对策和建议。

（6）完成研究，形成研究报告。

具体研究思路如图 7-1 所示。

---

① 章新蓉，刘小芳．福利公平视角下彩票公益金问题研究［J］．企业经济，2011（10）：158-160.

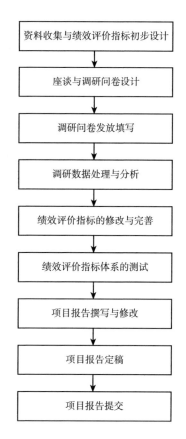

图 7-1　彩票资金使用绩效评价研究思路

7.3　彩票资金使用绩效评价体系设计

7.3.1　彩票资金使用绩效评价体系的构成要素

彩票资金使用绩效评价体系主要涉及以下三个方面：经济绩效、社会绩效和市场绩效，这些不同方面具有不同的主体特征。

（1）经济绩效。彩票资金使用经济绩效考核，其根本目的是找出彩票营销渠道中彩票资金使用的不足之处，提高彩票资金使用的经济效益。在资金使用过程中应围绕注重实效、加强应用、完善体系的原则，根据评价对象的不同特点选择设置考核指标和标准，建立适合的绩效考核指标库。构建符合彩票资金使用经济绩效考核指标体系，切实提高资金管理效率、资金使用的经济效益。经济绩效的指标主要有：人员经费使用经济绩效；一般商品和服务经费使用；业务经费使用经济绩效；资产设备使用经济绩效和单位经费贡献绩效等。

（2）社会绩效。彩票发行是一项公益事业，不能单纯地从经济效益的角度出发来衡量彩票资金使用绩效，更要将彩票所做的社会贡献纳入体育彩票资金使用绩效中，因此，彩票发行过程中的就业贡献率、代扣代缴中奖税率贡献率以及公益金安排占财政收入比等都要从社会绩效的角度来考核。

（3）市场与服务绩效。虽然彩票发行是一项公益事业，彩票发行单位是国家事业单位，但由于各种各样的地下私彩的存在，实际上彩票的发行面临着激烈的市场竞争，尤其是来自体育彩票与福利彩票的竞争，因此，市场增长率、市场占有率及网点服务绩效等也需要纳入彩票资金使用绩效评价中。

7.3.2　某省体育彩票资金使用绩效评价体系的层次设计

通过运用德尔菲法，在研究中进行了二轮指标体系筛选，第三轮请 12 位来自彩票发行中心和大学的各级管理者、专家学者进行座谈和头脑风暴法，得到彩票资金使用绩效评价体系的层次设计及其含义，如表 7 - 1 所示。

表 7 - 1　　　　　　　　彩票资金使用绩效评价指标体系

一级指标	二级指标	三级指标	计算方法	参照值（本栏数字需要省体彩中心计算出来，以便专家打分）	专家评价标准
经济绩效	人员经费使用经济绩效	本级人员成本费用率	本级人员经费÷本级同期总经费	全省人员经费÷全省同期总经费	与全省相比，中性数为1，数字越小越好
		本级人员成本贡献率	本级同期体育彩票销售额÷本级人员经费	全省同期体育彩票总销售额÷全省人员经费	与全省相比，中性数为1，数字越小越好

续表

一级指标	二级指标	三级指标	计算方法	参照值（本栏数字需要省体彩中心计算出来，以便专家打分）	专家评价标准
经济绩效	一般商品和服务经费使用	本级一般商品和服务成本费用率	本级一般商品和服务经费÷本级同期总经费	全省一般商品和服务经费÷全省同期总经费	与全省相比，中性数为1，数字越小越好
		本级一般商品和服务成本贡献率	本级同期体育彩票销售额÷本级一般商品和服务经费	全省同期体育彩票总销售额÷全省一般商品和服务经费	与全省相比，中性数为1，数字越小越好
	业务经费使用经济绩效	本级业务成本费用率	本级业务经费÷本级同期总经费	全省业务经费÷全省同期总经费	与全省相比，中性数为1，数字越小越好
		本级业务成本贡献率	本级同期体育彩票销售额÷本级业务经费	全省同期体育彩票销售额÷全省业务经费	与全省相比，中性数为1，数字越小越好
	资产设备使用经济绩效	本级房屋建筑物成本费用率	本级房屋建筑物成本÷本级同期总经费	全省房屋建筑物成本÷全省同期总经费	与全省相比，中性数为1，数字越小越好
		办公设备成本贡献率	本级同期体育彩票销售额÷本级办公设备成本	全省同期体育彩票总销售额÷全省办公设备成本	与全省相比，中性数为1，数字越小越好
		专用设备成本贡献率	本级同期体育彩票销售额÷本级专用设备成本	全省同期体育彩票销售额÷全省专用设备成本	与全省相比，中性数为1，数字越小越好
		专用设备利用率	本级专用设备上线数量÷本级全部专用设备数量	全省专用设备上线数量÷全省全部专用设备数量	与全省相比，中性数为1，数字越大越好
	单位经费贡献绩效	单位经费贡献率	本级总销售额÷本级总经费	全省总销售额÷全省总经费	与全省相比，中性数为1，数字越大越好
社会绩效	社会贡献绩效	代扣代缴中奖税率贡献率	本级代扣代缴中奖税金÷本级税收入总量	全省代扣代缴税金÷全省年度税收收入总量	与全省相比，中性数为1，数字越大越好
		就业贡献率	本级彩票就业人员总数÷本级人口总数	全省彩票就业人员总数÷全省人口总数	与全省相比，中性数为1，数字越大越好

续表

一级指标	二级指标	三级指标	计算方法	参照值 （本栏数字需要省体彩中心计算出来，以便专家打分）	专家评价标准
社会绩效	社会贡献绩效	GDP 贡献率	本级销量÷本级GDP	全省销量÷全省GDP	与全省相比，中性数为1，数字越大越好
		财政收入贡献率	本级筹集公益金总额÷本级财政收入总额	全省筹集公益金总额÷本级财政收入总额	与全省相比，中性数为1，数字越大越好
市场与服务绩效	市场服务绩效	人均购彩额	本级体彩销量÷本区域人口总数	全省体彩销量÷全省人口总数	与全省相比，中性数为1，数字越大越好
		市场增长率	（本级报告期销量－本级基期销量）÷本级基期销量	（全省报告期销量－本级基期销量）÷全省基期销量	与全省相比，数字越大越好
		市场占有率	本级年度体彩销量÷本级年度本区域彩票销售总量	本级年度体彩销量÷本级年度本区域彩票销售总量	与全省相比，数字越大越好
	网点服务绩效	顾客满意度	本级网点调查满意数量÷本级网点总数量	全省网点调查满意数量÷全省网点总数量	与全省相比，中性数为1，数字越大越好

即体育彩票资金使用绩效评价指标体系的由三级共 20 个指标构成，其中，一级指标 3 个，二级指标 8 个，三级指标 9 个。

7.3.3 体育彩票经费使用综合绩效评价指标体系各指标权重的确定

在完成了彩票营销渠道经费使用综合绩效评价指标体系的层次设计后，为了确定各级指标权重，设计了一份调查问卷，调查问卷的受访者为专家和各彩票发行中心人员以及地市体彩中心人员和广东的大学学者，共回收调查问卷 41 份，其中，有效问卷 38 份，问卷有效率为 92.68% 。得到权重如表 7 - 2 所示。

表 7 - 2　体育彩票经费使用综合绩效评价指标体系各指标权重

一级指标（U_i）	权重（W_i）	二级指标（U_{ij}）	权重（W_{ij}）	三级指标（U_{ijk}）	权重（W_{ijk}）
经济绩效（U_1）	0.34	人员经费使用经济绩效（U_{11}）	0.20	本级人员成本费用率（U_{111}）	0.49
				本级人员成本贡献率（U_{112}）	0.51
		一般商品和服务经费使用绩效（U_{12}）	0.17	本级一般商品和服务成本费用率（U_{121}）	0.49
				本级一般商品和服务成本贡献率（U_{122}）	0.51
		业务经费使用经济绩效（U_{13}）	0.30	本级业务成本费用率（U_{131}）	0.49
				本级业务成本贡献率（U_{132}）	0.51
		资产设备使用经济绩效（U_{14}）	0.165	本级房屋建筑物成本费用率（U_{141}）	0.24
				办公设备成本贡献率（U_{142}）	0.21
				专用设备成本贡献率（U_{143}）	0.275
				专用设备利用率（U_{144}）	0.275
		单位经费贡献绩效（U_{15}）	0.165	单位经费贡献率（U_{151}）	1.0
社会绩效（U_2）	0.29	社会贡献绩效（U_{21}）	1.0	代扣代缴中奖税率贡献率（U_{211}）	0.24
				就业贡献率（U_{212}）	0.32
				GDP 贡献率（U_{213}）	0.18
				财政收入贡献率（U_{214}）	0.26
市场与服务绩效（U_3）	0.37	市场绩效（U_{31}）	0.51	人均购彩额（U_{511}）	0.30
				市场增长率（U_{515}）	0.34
				市场占有率（U_{514}）	0.36
		网点服务绩效（U_{32}）	0.49	顾客满意度（U_{521}）	1.0

从表 7 - 2 可见，受访者认为体育彩票经费使用综合绩效评价指标体系的三大构成要素中，权重最大的是"市场与服务绩效"，然后是"经济绩效"和"社会绩效"，而"市场与服务"中最重要的是"市场绩效"，但与"网点服务绩效"差别不大，"经济绩效"中"业务经费使用经济绩效"最为重要，

"社会绩效"中最重要的是"社会贡献绩效"。

考虑到数据收集和处理的问题，本书对相关的指标进行了适度的调整，本级一般商品和服务成本销售率调整为本级一般商品和服务成本贡献率；本级人员成本销售率调整为本级人员成本贡献率；本级业务成本销售率调整为本级业务成本贡献率；办公设备成本销售率调整为办公设备成本贡献率；专用设备成本销售率调整为专用设备成本贡献率，财政收入贡献率调整为公益金安排占财政收入比率；去掉人均购彩额比例指标，其权重平均分配给市场增长率和市场占有率指标。

7.3.4 综合评价表的设计

将7.3.3取得的调查结果运用到综合评价表（见表7-3）中的统计结果列，可以作为专家评价体育彩票经费使用综合绩效效果如何的判断依据。

表7-3 体育彩票经费使用综合绩效综合评价

评价指标	统计结果		评价标准				
	某市中心数据	省中心数据	优秀	良好	一般	较差	很差
本级人员成本费用率（U_{111}）	—		1	0.8	0.6	0.4	0.2
本级人员成本贡献率（U_{112}）	—		1	0.8	0.6	0.4	0.2
本级一般商品和服务成本费用率（U_{121}）	—		1	0.8	0.6	0.4	0.2
本级一般商品和服务成本贡献率（U_{122}）	—		1	0.8	0.6	0.4	0.2
本级业务成本费用率（U_{131}）			1	0.8	0.6	0.4	0.2
本级业务成本贡献率（U_{132}）			1	0.8	0.6	0.4	0.2
本级房屋建筑物成本费用率（U_{141}）			1	0.8	0.6	0.4	0.2
办公设备成本贡献率（U_{142}）			1	0.8	0.6	0.4	0.2
专用设备成本贡献率（U_{143}）	—		1	0.8	0.6	0.4	0.2
专用设备利用率（U_{144}）	—		1	0.8	0.6	0.4	0.2

续表

评价指标	统计结果		评价标准				
	某市中心数据	省中心数据	优秀	良好	一般	较差	很差
促销销售额单位经费贡献率（U_{151}）			1	0.8	0.6	0.4	0.2
代扣代缴中奖税率贡献率（U_{211}）			1	0.8	0.6	0.4	0.2
就业贡献率（U_{221}）	—		1	0.8	0.6	0.4	0.2
GDP 贡献率（U_{213}）	—		1	0.8	0.6	0.4	0.2
财政收入贡献率（U_{214}）			1	0.8	0.6	0.4	0.2
市场增长率（U_{313}）			1	0.8	0.6	0.4	0.2
市场占有率（U_{314}）			1	0.8	0.6	0.4	0.2
顾客满意度（U_{321}）			1	0.8	0.6	0.4	0.2

将专家打分评价标准分为五个等级，分别是优秀、良好、一般、较差和很差。且五个等级得分之和为 1。

7.3.5 运用模糊测评模型计算体育彩票经费使用综合绩效效果的得分

将表 7-2 的权重结果和表 7-3 的综合评价表按照模糊测评模型进行计算，分别得到彩票经费使用综合绩效效果的综合测度分值和经济绩效、社会绩效和市场与服务绩效的分值。且在得到彩票经费使用综合绩效效果的分值之后，根据表 7-4（综合测度等级分值表）对彩票经费使用综合绩效效果进行分析，并作出评价结论。

表 7-4　　　　　　　　　　　模糊综合测度等级分值

测度标准	优秀	良好	一般	较差	很差
分值	90 ~ 100（中值取 95）	80 ~ 89（中值取 85）	70 ~ 79（中值取 75）	60 ~ 69（中值取 65）	60 以下（中值取 30）

至此，彩票经费使用综合绩效效果评价指标体系的建立基本完成，以下

将通过实例来佐证彩票经费使用综合绩效效果评价指标体系的可靠性、有效性和可操作性。

7.4　体育彩票经费使用综合绩效效果评价指标体系的应用

7.4.1　应用实例简介

本书选择了某省体育彩票发展比较有特点的两个市作为体育彩票资金使用综合绩效效果评价指标体系的应用例子，在某省体育彩票发行中心的协调下收集了某省平均数和这两个市 2011 年度、2012 年度体育彩票资金使用的相关数据，具体如表 7 – 5 ~ 表 7 – 8 所示。

表 7 – 5　　　　　　　　　某省 A 市 2011 年度资金使用数据

三级指标	A 市	某省	评价标准				
			优秀	良好	一般	较差	差
本级人员成本费用率 （本级人员经费÷本级同期总经费）	6.36%	16.38%	0.91	0.09	0.0	0.0	0.0
本级人员成本贡献率 （本级同期体育彩票销售额÷本级人员经费）	1158	225	0.91	0.0	0.09	0.0	0.0
本级一般商品和服务成本费用率 （本级一般商品和服务经费÷本级同期总经费）	3.69%	7.9%	0.82	0.18	0.0	0.0	0.0
本级一般商品和服务成本贡献率 （本级同期体育彩票销售额÷本级一般商品和服务经费）	1997	474	0.91	0.0	0.09	0.0	0.0
本级业务成本费用率 （本级业务经费÷本级同期总经费）	58.13%	75.7%	0.64	0.18	0.09	0.09	0.0
本级业务成本贡献率 （本级同期体育彩票销售额÷本级业务经费）	127	49	0.64	0.27	0.09	0.0	0.0
本级房屋建筑物成本费用率 （本级房屋建筑物成本÷本级同期总经费）	2.58%	—	1	0.0	0.0	0.0	0.0

续表

三级指标	A 市	某省	评价标准				
			优秀	良好	一般	较差	差
办公设备成本贡献率 （本级同期体育彩票销售额÷本级办公设备成本）	177	79	1	0.0	0.0	0.0	0.0
专用设备成本贡献率 （本级同期体育彩票销售额÷本级专用设备成本）	—	22555	1	0.0	0.0	0.0	0.0
专用设备利用率 （本级专用设备上线数量÷本级全部专用设备数量）	89.78%	94.27%	0.0	0.27	0.46	0.27	0.0
单位经费贡献率 （本级总销售额÷本级总经费）	74	37	0.64	0.27	0.09	0.0	0.0
公益金安排占财政收入比 （本级筹集的公益金总额÷本级财政收入总额）	0.20	0.176	0.27	0.64	0.09	0.0	0.0
代扣代缴中奖税率贡献率 （本级年度代扣代缴中奖税金÷本级年度销量）	2.35	2.03	0.27	0.37	0.27	0.09	0.0
就业贡献率 （本级彩票就业人员总数÷本级人口总数）	0.12	—	0.18	0.27	0.55	0.0	0.0
GDP 贡献率 （本级彩票销量÷本级 GDP）	0.22	0.18	0.64	0.37	0.09	0.0	0.0
市场增长率 （（本级报告期销量－本级基期销量)/本级基期销量）	30.21%	8.49%	1.0	0.0	0.0	0.0	0.0
市场占有率 （本级年度体彩销量/本级年度本区域彩票销售总量）	53.5%	40.23%	0.91	0.09	0.0	0.0	0.0
顾客满意度 （本级网点调查满意数量÷本级网点总数量）	87.91	—	0.09	0.64	0.27	0.0	0.0

表 7 - 6 　　　　　　　　某省 A 市 2012 年度资金使用数据

三级指标	A 市	某省	评价标准				
			优秀	良好	一般	较差	很差
本级人员成本费用率 （本级人员经费÷本级同期总经费）	4.66%	14.40%	1.0	0.0	0.0	0.0	0.0
本级人员成本贡献率 （本级同期体育彩票销售额÷本级人员经费）	1156	201	0.91	0.0	0.09	0.0	0.0
本级一般商品和服务成本费用率 （本级一般商品和服务经费÷本级同期总经费）	2.77%	4.6%	0.82	0.18	0.0	0.0	0.0

续表

三级指标	A市	某省	评价标准				
			优秀	良好	一般	较差	差
本级一般商品和服务成本贡献率 （本级同期体育彩票销售额÷本级一般商品和服务经费）	1942	642	0.82	0.09	0.09	0.0	0.0
本级业务成本费用率 （本级业务经费÷本级同期总经费）	59.34%	80.96%	0.64	0.27	0.09	0.0	0.0
本级业务成本贡献率 （本级同期体育彩票销售额÷本级业务经费）	91	36	0.73	0.18	0.09	0.0	0.0
本级房屋建筑物成本费用率 （本级房屋建筑物成本÷本级同期总经费）	2.04%	—	1	0.0	0.0	0.0	0.0
办公设备成本贡献率 （本级同期体育彩票销售额÷本级办公设备成本）	—	734071	1	0.0	0.0	0.0	0.0
专用设备成本贡献率 （本级同期体育彩票销售额÷本级专用设备成本）	—	20554	1	0.0	0.0	0.0	0.0
专用设备利用率 （本级专用设备上线数量÷本级全部专用设备数量）	96.50%	91.63%	0.54	0.27	0.09	0.0	0.0
单位经费贡献率 （本级总销售额÷本级总经费）	54	29	0.91	0.09	0.0	0.0	0.0
公益金安排占财政收入比 （本级筹集的公益金总额÷本级财政收入总额）	0.19	0.18	0.18	0.64	0.18	0.0	0.0
代扣代缴中奖税率贡献率 （本级年度代扣代缴中奖税金÷本级年度销量）	1.56	1.58	0.0	0.64	0.27	0.0	0.09
就业贡献率 （本级彩票就业人员总数÷本级人口总数）	0.12	—	0.27	0.18	0.27	0.18	0.1
GDP贡献率 （本级彩票销量÷本级GDP）	0.23	0.18	0.64	0.27	0.0	0.09	0.0
市场增长率 （（本级报告期销量－本级基期销量）÷本级基期销量）	8%	8.49%	0.09	0.36	0.36	0.19	0.0
市场占有率 （本级年度体彩销量÷本级年度本区域彩票销售总量）	47.6%	37.82%	0.64	0.27	0.09	0.0	0.0
顾客满意度 （本级网点调查满意数量÷本级网点总数量）	87.75	—	0.09	0.82	0.09	0.0	0.0

表 7－7			某省 B 市 2011 年度资金使用数据				

三级指标	B 市	某省	评价标准				
			优秀	良好	一般	较差	差
本级人员成本费用率 （本级人员经费÷本级同期总经费）	9.01%	16.38%	0.55	0.45	0.0	0.0	0.0
本级人员成本贡献率 （本级同期体育彩票销售额÷本级人员经费）	785	225	0.64	0.27	0.09	0.0	0.0
本级一般商品和服务成本费用率 （本级一般商品和服务经费÷本级同期总经费）	5.29%	7.9%	0.36	0.64	0.0	0.0	0.0
本级一般商品和服务成本贡献率 （本级同期体育彩票销售额÷本级一般商品和服务经费）	1337	474	0.82	0.09	0.09	0.0	0.0
本级业务成本费用率 （本级业务经费÷本级同期总经费）	69.42%	75.7%	0.45	0.45	0.1	0.0	0.0
本级业务成本贡献率 （本级同期体育彩票销售额÷本级业务经费）	102	49	0.36	0.64	0.0	0.0	0.0
本级房屋建筑物成本费用率 （本级房屋建筑物成本÷本级同期总经费）	0.95%	—	1	0.0	0.0	0.0	0.0
办公设备成本贡献率 （本级同期体育彩票销售额÷本级办公设备成本）	—	789417	1	0.0	0.0	0.0	0.0
专用设备成本贡献率 （本级同期体育彩票销售额÷本级专用设备成本）	—	22555	1	0.0	0.0	0.0	0.0
专用设备利用率 （本级专用设备上线数量÷本级全部专用设备数量）	95.44%	94.27%	0.55	0.36	0.09	0.0	0.0
单位经费贡献率 （本级总销售额÷本级总经费）	71	37	0.82	0.18	0.0	0.0	0.0
公益金安排占财政收入比 （本级筹集的公益金总额÷本级财政收入总额）	0.44	0.18	0.82	0.09	0.0	0.09	0.0
代扣代缴中奖税率贡献率 （本级年度代扣代缴中奖税金÷本级年度销量）	1.4	2.03	0.18	0.36	0.36	0.0	0.1
就业贡献率 （本级彩票就业人员总数÷本级人口总数）	0.12	—	0.18	0.27	0.45	0.1	0.0
GDP 贡献率 （本级彩票销量÷本级 GDP）	0.20	0.18	0.27	0.64	0.09	0.0	0.0

三级指标	B市	某省	评价标准				
			优秀	良好	一般	较差	差
市场增长率 （（本级报告期销量－本级基期销量）÷本级基期销量）	34.56%	8.49%	0.82	0.18	0.0	0.0	0.0
市场占有率 （本级年度体彩销量÷本级年度本区域彩票销售总量）	46.30%	40.23%	0.36	0.64	0.0	0.0	0.0
顾客满意度 （本级网点调查满意数量÷本级网点总数量）	87.91	—	0.18	0.64	0.18	0.0	0.0

表7－8   **某省B市2012年度资金使用数据**

三级指标	B市	某省	评价标准				
			优秀	良好	一般	较差	差
本级人员成本费用率 （本级人员经费÷本级同期总经费）	7.35%	14.40%	0.82	0.18	0.0	0.0	0.0
本级人员成本贡献率 （本级同期体育彩票销售额÷本级人员经费）	730	201	0.64	0.27	0.09	0.0	0.0
本级一般商品和服务成本费用率 （本级一般商品和服务经费÷本级同期总经费）	4.50%	4.6%	0.09	0.82	0.09	0.0	0.0
本级一般商品和服务成本贡献率 （本级同期体育彩票销售额÷本级一般商品和服务经费）	1194	642	0.64	0.18	0.09	0.09	0.0
本级业务成本费用率 （本级业务经费÷本级同期总经费）	59.84%	80.96%	0.64	0.18	0.09	0.09	0.0
本级业务成本贡献率 （本级同期体育彩票销售额÷本级业务经费）	90	36	0.64	0.09	0.27	0.0	0.0
本级房屋建筑物成本费用率 （本级房屋建筑物成本÷本级同期总经费）	554156.14?	—	1	0.0	0.0	0.0	0.0
办公设备成本贡献率 （本级同期体育彩票销售额÷本级办公设备成本）	—	734071	1	0.0	0.0	0.0	0.0
专用设备成本贡献率 （本级同期体育彩票销售额÷本级专用设备成本）	—	20554	1	0.0	0.0	0.0	0.0
专用设备利用率 （本级专用设备上线数量÷本级全部专用设备数量）	92.73%	91.63%	0.18	0.64	0.09	0.09	0.0

续表

三级指标	B市	某省	评价标准				
			优秀	良好	一般	较差	差
单位经费贡献率 (本级总销售额÷本级总经费)	54	29	0.72	0.18	0.1	0.0	0.0
公益金安排占财政收入比 (本级筹集的公益金总额÷本级财政收入总额)	0.42	0.18	0.90	0.0	0.1	0.0	0.0
代扣代缴中奖税率贡献率 (本级年度代扣代缴中奖税金÷本级年度销量)	1.2	1.58	0.18	0.64	0.18	0.0	0.0
就业贡献率 (本级彩票就业人员总数÷本级人口总数)	0.12	—	0.27	0.09	0.55	0.09	0.0
GDP贡献率 (本级彩票销量÷本级GDP)	0.19	0.18	0.09	0.64	0.18	0.09	0.0
市场增长率 ((本级报告期销量−本级基期销量)÷本级基期销量)	8%	8.49%	0.09	0.09	0.72	0.1	0.0
市场占有率 (本级年度体彩销量÷本级年度本区域彩票销售总量)	48.78%	37.82%	0.64	0.36	0.0	0.0	0.0
顾客满意度 (本级网点调查满意数量÷本级网点总数量)	87.75	—	0.1	0.72	0.18	0.0	0.0

7.4.2 具体计算分析

本部分以A市2011年体育彩票资金使用综合绩效为例进行评价。

7.4.2.1 经济绩效（U_1）模糊测度

（1）对经济绩效中的人员经费使用经济绩效因素（U_{11}）进行模糊定量测度。

其U_{111}的模糊测度矩阵为：

U_{111}的模糊评价矩阵：

$$R_{11} = \begin{bmatrix} 0.91 & 0.09 & 0.0 & 0.0 & 0.0 \\ 0.91 & 0.0 & 0.09 & 0.0 & 0.0 \end{bmatrix}$$

权重向量 $A_1 = (0.49, 0.51)$，根据影响人员经费使用经济绩效多因素原因，为了能让每个因素都对综合评判有所贡献，因此，本书选择"M（·，+），加权平均型算子"，即普通矩阵乘法意义，计算得：$B_{11} = A_{11} \cdot R_{11} = (0.91, 0.04, 0.05, 0.0, 0.0)$。由"最大隶属度原则"可知，在经济绩效层次因素评价中，对人员经费使用经济绩效的评价是0.91，根据五级评判原则，属于优秀的范畴，反映出人员经费使用经济绩效的评价非常高。

（2）根据同样的计算原理，对经济绩效中的一般商品和服务经费使用经济绩效因素（U_{12}）进行模糊定量测度，即：

$$R_{12} = \begin{bmatrix} 0.82 & 0.18 & 0.0 & 0.0 & 0.0 \\ 0.91 & 0.0 & 0.09 & 0.0 & 0.0 \end{bmatrix}$$

权重向量 $A_{12} = (0.49, 0.51)$，计算得：$B_{12} = A_{12} \cdot R_{12} = (0.86, 0.09, 0.05, 0.0, 0.0)$。

由"最大隶属度原则"可知，在经济绩效层次因素评价中，对一般商品和服务经费使用经济绩效的评价是0.86，根据五级评判原则，属于优秀的范畴，反映出人员经费使用经济绩效的评价非常高。

（3）对经济绩效中的一般商品和服务经费使用经济绩效因素（U_{13}）进行模糊定量测度，即：

$$R_{13} = \begin{bmatrix} 0.64 & 0.27 & 0.09 & 0.0 & 0.0 \\ 0.73 & 0.18 & 0.09 & 0.0 & 0.0 \end{bmatrix}$$

权重向量 $A_3 = (0.49, 0.51)$，计算得：$B_{13} = A_{13} \cdot R_{13} = (0.69, 0.22, 0.09, 0.0, 0.0)$。

由"最大隶属度原则"可知，在经济绩效层次因素评价中，对业务经费使用经济绩效的评价是0.69，根据五级评判原则，属于优秀的范畴，反映出业务经费使用经济绩效的评价非常高。

（4）对经济绩效中的资产设备使用经济绩效因素（U_{14}）进行模糊定量测

度，即：

$$R_{14} = \begin{bmatrix} 1.0 & 0.0 & 0.0 & 0.0 & 0.0 \\ 1.0 & 0.0 & 0.0 & 0.0 & 0.0 \\ 1.0 & 0.0 & 0.0 & 0.0 & 0.0 \\ 0.54 & 0.27 & 0.09 & 0.0 & 0.0 \end{bmatrix}$$ 由于数据收集的原因，在本级房屋

建筑物成本费用率、办公设备成本贡献率和专用设备成本贡献率等指标的处理上均采用最优的等级来进行处理。

权重向量 $A_{14} = (0.24, 0.21, 0.275, 0.275)$，计算得：$B_{14} = A_{14} \cdot R_{14} = (0.87, 0.07, 0.06, 0.0, 0.0)$。

由"最大隶属度原则"可知，在经济绩效层次因素评价中，对资产设备使用经济绩效的评价是 0.87，根据五级评判原则，属于优秀的范畴，反映出资产设备使用经济绩效的评价较高。

（5）对经济绩效中的单位经费贡献经济绩效因素（U_{15}）进行模糊定量测度，即：

$$R_{15} = \begin{bmatrix} 0.91 & 0.09 & 0.0 & 0.0 & 0.0 \end{bmatrix}$$

权重向量 $A_{15} = 1$，计算得：$B_{15} = A_{15} \cdot R_{15} = (0.91, 0.09, 0.0, 0.0, 0.0)$。

由"最大隶属度原则"可知，在经济绩效层次因素评价中，对单位经费贡献绩效的评价是 0.91，根据五级评判原则，属于优秀的范畴，反映出单位经费贡献绩效的评价非常高。

7.4.2.2 社会贡献绩效（U_2）模糊测度

对社会贡献绩效因素（U_{21}）进行模糊定量测度，即：

$$R_{21} = \begin{bmatrix} 0.27 & 0.64 & 0.09 & 0.0 & 0.0 \\ 0.27 & 0.37 & 0.27 & 0.0 & 0.0 \\ 0.18 & 0.27 & 0.55 & 0.0 & 0.0 \\ 0.64 & 0.37 & 0.09 & 0.0 & 0.0 \end{bmatrix}$$

权重向量 $A_{21} = (0.24, 0.32, 0.18, 0.26)$，计算得：$B_{21} = A_{21} \cdot R_{21} = (0.35, 0.54, 0.11, 0.0, 0.0)$。

由"最大隶属度原则"可知，在经济绩效层次因素评价中，对社会贡献绩效的评价是 0.54，根据五级评判原则，属较好的范畴，反映出社会贡献绩效的较高。

7.4.2.3 市场与服务绩效（U₃）模糊测度

（1）对市场与服务绩效中的市场绩效（U_{31}）进行模糊测度。

其 U_{31} 的模糊测度矩阵为：

$$R_{31} = \begin{bmatrix} 1 & 0.0 & 0.0 & 0.0 & 0.0 \\ 0.91 & 0.09 & 0.0 & 0.0 & 0.0 \end{bmatrix}$$

权重向量 $A_{31} = （0.49，0.51）$，计算得：$B_{31} = A_{31} \cdot R_{31} = （0.95，0.05，0.0，0.0，0.0）$。由"最大隶属度原则"可知，在市场与服务绩效层次因素评价中，对市场绩效的评价是 0.95，根据五级评判原则，属于优秀的范畴，反映出市场绩效的评价非常高。

（2）对市场与服务绩效中的网点服务绩效（U_{32}）进行模糊测度。

其 U_{32} 的模糊测度矩阵为：

$$R_{32} = \begin{bmatrix} 0.09 & 0.64 & 0.27 & 0.0 & 0.0 \end{bmatrix}$$

权重向量为 1，计算得：$B_{32} = A_{32} \cdot R_{32} = （0.09，0.64，0.27，0.0，0.0）$。

由"最大隶属度原则"可知，在市场与服务绩效中层次因素评价中，对网点服务绩效的评价是 0.64，根据五级评判原则，属于较好的范畴，反映出网点服务绩效的评价比较高。

7.4.2.4 对 A 市 2011 年体育彩票资金使用综合绩效进行总的评价

（1）经济绩效二级指标权重向量为 $A_J = （0.20 \quad 0.17 \quad 0.30 \quad 0.165 \quad 0.165）$，模糊测度矩阵为：

$$R_J = \begin{bmatrix} 0.95 & 0.0 & 0.05 & 0.0 & 0.0 \\ 0.86 & 0.09 & 0.05 & 0.0 & 0.0 \\ 0.69 & 0.22 & 0.09 & 0.0 & 0.0 \\ 0.87 & 0.07 & 0.06 & 0.0 & 0.0 \\ 0.91 & 0.09 & 0.0 & 0.0 & 0.0 \end{bmatrix}$$

计算得：$B_J = A_J \cdot R_J = (0.20 \quad 0.17 \quad 0.30 \quad 0.165 \quad 0.165) \times$

$$\begin{bmatrix} 0.91 & 0.04 & 0.05 & 0.0 & 0.0 \\ 0.86 & 0.09 & 0.05 & 0.0 & 0.0 \\ 0.69 & 0.22 & 0.09 & 0.0 & 0.0 \\ 0.87 & 0.07 & 0.06 & 0.0 & 0.0 \\ 0.91 & 0.09 & 0.0 & 0.0 & 0.0 \end{bmatrix} = (0.83 \quad 0.12 \quad 0.05 \quad 0.0 \quad 0.0)。$$

（2）社会贡献绩效二级指标权重向量为 $A_s = 1$，模糊测度矩阵为：$R_s = [0.35 \quad 0.54 \quad 0.11 \quad 0.0 \quad 0.0]$

计算得：$B_s = A_s \cdot R_s = (0.35，0.54，0.11，0.0，0.0)$。

（3）市场与服务绩效的权重向量为 $A_f = (0.51 \quad 0.49)$，模糊测度矩阵为：

$$R_f = \begin{bmatrix} 0.95 & 0.05 & 0.0 & 0.0 & 0.0 \\ 0.09 & 0.64 & 0.27 & 0.0 & 0.0 \end{bmatrix}$$

计算得：$B_F = A_f \cdot R_f = (0.53 \quad 0.34 \quad 0.13 \quad 0.0 \quad 0.0)$。

（4）对 A 市 2011 年体育彩票资金使用综合绩效进行总的评价。

一级指标权重向量为：$A_z = (0.34 \quad 0.29 \quad 0.37)$，模糊测度矩阵为：

$$R_z = \begin{bmatrix} 0.83 & 0.12 & 0.05 & 0.0 & 0.0 \\ 0.35 & 0.54 & 0.11 & 0.0 & 0.0 \\ 0.53 & 0.34 & 0.13 & 0.0 & 0.0 \end{bmatrix}$$

计算得：$B_z = A_z \cdot R_z = (0.59 \quad 0.32 \quad 0.09 \quad 0.0 \quad 0.0)$。

体育彩票资金综合使用绩效效果综合测度的分值为：

$$F_{2011A} = (0.59，0.32，0.09，0.0，0.0) \cdot (95，85，75，65，30)^T = 90$$

7.4.2.5 计算结果评价

由上述计算可知，A 市 2011 年体育彩票资金使用综合绩效总的评价综合测度分值 $F_{2011A} = 90$，说明 A 市 2011 年体育彩票资金使用综合绩效优秀，如果从资金使用的三大层次分别来分析，社会绩效层次为良好，其他层次即经济绩效层次、市场与服务层次为优秀，说明在社会绩效层次还存在着较大的改进余地。

7.4.3 A、B 两市 2011～2012 年体育彩票资金使用综合绩效比较评价

依照同样的计算原理，A 市 2012 年的体育彩票资金使用综合绩效总的评价综合测度分值 $F_{2012A} = (0.45 \quad 0.35 \quad 0.16 \quad 0.03 \quad 0.01) \cdot (95, 85, 75, 65, 30)^{T} = 86.75$；B 市 2011 年体育彩票资金使用综合绩效总的评价综合测度分值 $F_{2011B} = 88.4$；B 市 2012 年体育彩票资金使用综合绩效总的评价综合测度分值 $F_{2012B} = 86.4$。A、B 两市 2011～2012 年体育彩票资金使用综合绩效评价得分如表 7-9 所示。

表 7-9   A、B 两市 2011～2012 年体育彩票资金使用综合绩效评价得分

城市	2011 年（分）	2012 年（分）	变化幅度（%）
A	90.0	86.75	-3.6
B	88.4	86.4	-2.2

7.4.3.1   A 市 2011～2012 年体育彩票资金使用综合绩效进行比较评价

（1）整体分析。从横向比较来看，A 市 2011 年的彩票资金使用综合绩效为优秀，得分明显较 B 市高，B 市的得分为良好，但进入 2012 年后，A、B 两市的彩票资金使用综合绩效均出现了一定幅度的下降，A 市的降幅比深圳市的降幅大，A、B 两市的彩票资金使用综合绩效得分较为接近。虽然 A、B 两市彩票经费使用综合绩效均在下降，而且 A 市的降幅比 B 市大，但 A 市的彩票资金使用综合评价的三个层次中经济绩效评价是在继续提高的，而 B 市的彩票资金使用综合评价的三个层次均在下降，因而从整体上看，A 市的彩票资金使用综合绩效比 B 市稍好。

从纵向的比较分析来看，A、B 两市的彩票资金使用综合绩效均出现了一定幅度的下降，出现下降的根本原因是：

$$\text{A 市 2011 年} \begin{bmatrix} 0.83 & 0.12 & 0.05 & 0.0 & 0.0 \\ 0.35 & 0.54 & 0.11 & 0.0 & 0.0 \\ 0.53 & 0.34 & 0.13 & 0.0 & 0.0 \end{bmatrix}$$

$$\text{A 市 2012 年} \begin{bmatrix} 0.86 & 0.09 & 0.05 & 0.0 & 0.0 \\ 0.26 & 0.46 & 0.19 & 0.06 & 0.03 \\ 0.23 & 0.47 & 0.25 & 0.05 & 0.0 \end{bmatrix}$$

比较分析可以得出，A 市的彩票资金使用经济绩效评价上升（见上述矩阵第一行），而社会贡献绩效、市场与服务绩效评价则在优秀和良好层次上出现了较为显著的下降（见上述矩阵第二、第三行），这直接导致了 A 市最后的综合绩效评价得分的下降。

（2）各层次分析。

①经济绩效层次：

$$\text{A 市 2011 年} \begin{bmatrix} 0.95 & 0.0 & 0.05 & 0.0 & 0.0 \\ 0.86 & 0.09 & 0.05 & 0.0 & 0.0 \\ 0.69 & 0.22 & 0.09 & 0.0 & 0.0 \\ 0.87 & 0.07 & 0.06 & 0.0 & 0.0 \\ 0.91 & 0.09 & 0.0 & 0.0 & 0.0 \end{bmatrix}$$

$$\text{A 市 2012 年} \begin{bmatrix} 0.95 & 0.0 & 0.05 & 0.0 & 0.0 \\ 0.82 & 0.13 & 0.05 & 0.0 & 0.0 \\ 0.87 & 0.07 & 0.06 & 0.0 & 0.0 \\ 0.69 & 0.22 & 0.09 & 0.0 & 0.0 \\ 0.91 & 0.09 & 0.0 & 0.0 & 0.0 \end{bmatrix}$$

在经济绩效层次的四大指标中，第一行和第四行的单位经费贡献绩效的人员经费使用经济绩效评价没有变化，第二行的一般商品和服务经费使用绩效的评价下降，评价提升最为明显的是业务经费使用经济绩效，评价下降最为明显的是资产设备使用经济绩效，由于数据收集的原因，主要是专用设备利用率的下降引起资产设备使用经济绩效的下降。

②社会绩效层次：

$$
\text{A 市 2011 年}
\begin{bmatrix}
0.27 & 0.64 & 0.09 & 0.0 & 0.0 \\
0.27 & 0.37 & 0.27 & 0.0 & 0.0 \\
0.18 & 0.27 & 0.55 & 0.0 & 0.0 \\
0.64 & 0.37 & 0.09 & 0.0 & 0.0
\end{bmatrix}
$$

$$
\text{A 市 2012 年}
\begin{bmatrix}
0.18 & 0.64 & 0.18 & 0.0 & 0.0 \\
0.00 & 0.64 & 0.27 & 0.0 & 0.09 \\
0.27 & 0.18 & 0.27 & 0.18 & 0.0 \\
0.64 & 0.27 & 0.0 & 0.09 & 0.0
\end{bmatrix}
$$

比较分析可以看出，反映社会绩效的四个指标层次的评价三个出现下降，分别是代扣代缴中奖税率贡献率、就业贡献率和公益金安排占财政收入比。评价上升的指标是 GDP 贡献率。

③市场与服务绩效层次：

$$
\text{A 市 2011 年}
\begin{bmatrix}
0.95 & 0.05 & 0.0 & 0.0 & 0.0 \\
0.09 & 0.64 & 0.27 & 0.0 & 0.0
\end{bmatrix}
$$

$$
\text{A 市 2012 年}
\begin{bmatrix}
0.37 & 0.31 & 0.22 & 0.1 & 0.0 \\
0.09 & 0.64 & 0.27 & 0.0 & 0.0
\end{bmatrix}
$$

比较分析可以看出，反映市场与服务绩效的市场绩效指标评价下降非常明显，网点服务绩效评价不变，具体地，由于市场增长率下降明显，直接影响了市场与服务绩效的评价。

7.4.3.2　B 市 2011~2012 年体育彩票资金使用综合绩效进行比较评价

B 市 2011~2012 年体育彩票资金使用综合绩效评价均为良好，在 2012 年的评价中三大层次均出现下降。

（1）总体分析：

$$
\text{B 市 2011 年}
\begin{bmatrix}
0.73 & 0.25 & 0.02 & 0.0 & 0.0 \\
0.18 & 0.64 & 0.18 & 0.0 & 0.0 \\
0.34 & 0.57 & 0.09 & 0.0 & 0.0
\end{bmatrix}
$$

$$B\,市\,2012\,年\begin{bmatrix} 0.63 & 0.23 & 0.11 & 0.03 & 0.0 \\ 0.35 & 0.39 & 0.23 & 0.03 & 0.0 \\ 0.24 & 0.47 & 0.26 & 0.03 & 0.0 \end{bmatrix}$$

比较分析可以得出，B 市的彩票资金使用经济绩效评价显著下降（见上述矩阵第一行），而社会贡献绩效、市场与服务绩效评价则在优秀和良好层次上也出现了较为显著的下降（见上述矩阵第二、第三行），这直接导致了深圳市最后的综合绩效评价得分的下降。

（2）各层次分析。

①经济绩效层次：

$$B\,市\,2011\,年\begin{bmatrix} 0.60 & 0.36 & 0.04 & 0.0 & 0.0 \\ 0.82 & 0.13 & 0.05 & 0.0 & 0.0 \\ 0.59 & 0.36 & 0.05 & 0.0 & 0.0 \\ 0.88 & 0.11 & 0.01 & 0.0 & 0.0 \\ 0.82 & 0.18 & & & \end{bmatrix}$$

$$B\,市\,2012\,年\begin{bmatrix} 0.73 & 0.23 & 0.04 & 0.0 & 0.0 \\ 0.37 & 0.49 & 0.09 & 0.05 & 0.0 \\ 0.64 & 0.13 & 0.18 & 0.05 & 0.0 \\ 0.67 & 0.18 & 0.075 & 0.075 & 0.0 \\ 0.72 & 0.18 & 0.1 & 0.0 & 0.0 \end{bmatrix}$$

在经济绩效层次的四大指标中，除第一行人员经费使用经济绩效评价上升外，其他各层次指标评价均出现下降，其中，第二行、第三行和第四行的一般商品和服务经费使用绩效、业务经费使用经济绩效和资产设备使用经济绩效均出现较为明显的下降变化，第五行的单位经费贡献绩效评价也出现了一定程度的下降。

②社会绩效层次：

$$B\,市\,2011\,年\begin{bmatrix} 0.82 & 0.09 & 0.09 & 0.0 & 0.0 \\ 0.18 & 0.36 & 0.36 & 0.0 & 0.0 \\ 0.18 & 0.27 & 0.45 & 0.1 & 0.0 \\ 0.27 & 0.64 & 0.09 & 0.0 & 0.0 \end{bmatrix}$$

$$
\text{B 市 2012 年}
\begin{bmatrix}
0.90 & 0.00 & 0.10 & 0.0 & 0.0 \\
0.18 & 0.64 & 0.18 & 0.0 & 0.09 \\
0.27 & 0.09 & 0.55 & 0.09 & 0.0 \\
0.09 & 0.64 & 0.18 & 0.09 & 0.0
\end{bmatrix}
$$

比较分析可以看出，反映社会绩效的四个指标层次的评价二个出现下降，分别是代扣代缴中奖税率贡献率、GDP 贡献率。评价上升的指标是就业贡献率和公益金安排占财政收入比。

③市场与服务绩效层次：

$$
\text{B 市 2011 年}
\begin{bmatrix}
0.49 & 0.51 & 0.0 & 0.0 & 0.0 \\
0.18 & 0.64 & 0.18 & 0.0 & 0.0
\end{bmatrix}
$$

$$
\text{B 市 2012 年}
\begin{bmatrix}
0.37 & 0.23 & 0.35 & 0.05 & 0.0 \\
0.1 & 0.72 & 0.18 & 0.0 & 0.0
\end{bmatrix}
$$

比较分析可以看出，反映市场与服务绩效的市场绩效指标评价下降非常明显，网点服务绩效评价基本变化不大，具体地，由于市场增长率下降明显，直接影响了市场与服务绩效的评价。

7.5 研究结论

本书构建的体育彩票资金使用综合绩效效果评价指标体系是对我国彩票行业资金使用绩效评价的综合评价体系，经过了指标构建、权重确定和实证分析论证，证明该指标体系具有较好的可行性，能为彩票管理机构提供相应的分析、评价和决策依据，为彩票管理机构提供精确化管理。

第8章
无纸化彩票营销渠道

8.1 无纸化彩票营销渠道创新

无纸化彩票主要指利用电话、互联网等渠道销售的彩票，这种销售无须出具纸质彩票，因此，统称无纸化彩票。近年来，我国无纸化彩票发展非常迅猛。无纸化彩票销售从 2001 年发展至今已有十余年，2010 年，财政部颁布实施《互联网销售彩票管理暂行办法》《电话销售彩票管理暂行办法》，为无纸化彩票发展扫清了法律障碍；互联网、大数据、云计算这些新技术的发展与应用为彩票发行销售提供技术支撑，特别是 2010 年以来智能移动终端快速流行普及，电信运营商大力推广 3G、4G 业务，都使彩票无纸化的产业发展环境初步成熟。近年来，以 500 彩票网、澳客网、淘宝、京东商城等为代表的彩票网站已进入快速发展轨道，各地的电话、微信销售彩票更是如"雨后春笋"般不断推出。据有关研究机构统计，2013 年，我国互联网彩票销售规模已达 420 亿元，市场份额达到 13.58%，当年"500 彩票网"还成功在美国上市，受到资本市场的青睐。因此，多方研究机构提出，今后无纸化彩票已进入高速发展时期，其市场份额比例将不断增加。在信息技术飞速发展的今天，没有哪个行业可以脱离互联网，也包括彩票业。

8.1.1 中国网民数量快速增长

中国互联网络信息中心（CNNIC）2018 年 2 月发布了第 41 次《中国互联网络发展状况统计报告》。报告显示，截至 2017 年 12 月，我国网民规模达 7.72 亿，全年共计新增网民 4074 万人。互联网普及率为 55.8%，较 2016 年底提升 2.6 个百分点。截至 2017 年 12 月，我国手机网民规模达 7.53 亿，较 2016 年底增加 5734 万人。网民中使用手机上网人群的占比由 2016 年的 95.1% 提升至 97.5%，网民手机上网比例继续攀升。2017 年，我国人工智能领域在技术研发和产业应用层面均取得突出成果。截至 2017 年 6 月，全球人工智能企业总数达到 2542 家，其中，美国拥有 1078 家，占据首位，为 42.4%；中国拥有 592 家，占据第二位，为 23.3%，如图 8-1 所示。

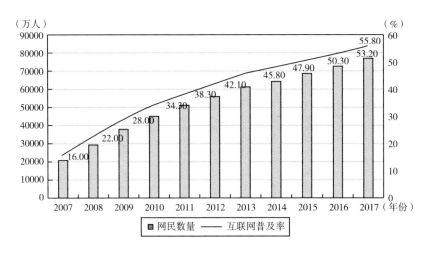

图 8-1　中国网民规模与互联网普及率

总体而言，中国互联网的发展主题已经从"普及率提升"转换到"使用程度加深"，而近几年的政策和环境变化也对使用深度提供有力支持。首先，国家政策支持，2013 年国务发布《国务院关于促进信息消费扩大内需的若干意见》，说明了互联网在整体经济社会的地位；其次，互联网与传统经济结合愈加紧密，例如购物、物流、支付乃至金融等方面均有良好应用；最后，互联网应用逐步改变人们生活形态，对人们日常生活中的衣食住行均有较大改变。可见，网络购彩具有鲜明的现实背景。

8.1.2 中国彩票市场快速发展

中国彩票发行已有 27 年历史，1987 年 7 月 27 日，第一批福利彩票在河北省石家庄市销售，标志着中国当代福利彩票的诞生。之后，中国的彩票业经历了一个快速发展时期，年销售额从 1987 年的 0.17 亿元增长至 2013 年的 3093 亿元，年复合增长率达到 45%，如图 8 - 2 所示。

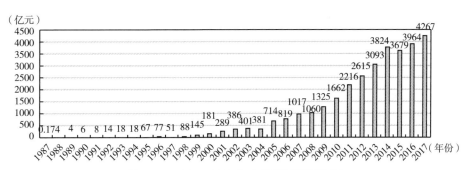

图 8 - 2   1987 ~ 2017 年中国彩票总销售额
资料来源：财政部。

8.1.3 海外互联网售彩格局分析

在信息技术飞速发展的今天，没有哪个行业可以脱离互联网，也包括彩票业。按欧洲彩票协会总裁斯蒂克勒的说法："彩票业也必须走互联网道路，这是一个关乎生存的问题。"然而，互联网售彩并非一个简单的问题。作为一种新的渠道，互联网彩票销售还面临着诸多挑战。纵览全球，由于政治情况、发展程度、风俗习惯等国情的不同，彩票大国在互联网售彩这一问题上的表现也参差不齐。

（1）欧洲互联网售彩情况。

欧洲在互联网售彩上起步较早。1995 年，欧洲国家列支敦士登成了世界上第一个开展互联网售彩的国家，这种做法很快普及到欧洲大部分地区。在西欧国家中，英国和法国先后在 2003 年和 2009 年已把互联网售彩合法化，发展程度也比较高。其中，英国的国家彩票在网络上拥有 500 万以上的活跃玩家，其网站也成了最顶级的电子商务网。到 2012 年，原本一直禁止互联网售彩的德国也最终开放了互联网彩票市场。而瑞典、丹麦、俄罗斯等北欧国家的互联网彩票市场也相当繁荣。相比之下，只有南欧和东欧的互联网售彩发展较为滞后。

作为彩票销售的一种全新渠道，网络面对的消费群体相对年轻，对新事物接受度较高，欧洲彩票公司很注意从网络的特性和年轻人的需求出发，设计出适合网络销售的彩票产品。因此，与美洲、澳洲等地一样，欧洲的互联网售彩也不是仅仅将传统实体店所销售的彩票直接搬上互联网。实际上，网络销售的彩票与实体店的彩票种类大多不同，例如，英国国家彩票官网上销售的电子即开票，其游戏形式几乎都是全新的，充分体现了互联网的特性。统计数据显示，2012 年欧盟已有 39 个正规彩票公司通过互联网提供在线彩票业务，互联网售彩的收入占到欧洲彩票行业总收入的 11.5%，据预测，这个比例还将持续上升。

（2）澳大利亚互联网售彩情况。

澳大利亚是世界上互联网使用比例非常高的国家之一，2012 年全国 82.3% 的人在使用互联网，高于美国同期的 81%。澳大利亚也是世界上手机宽带使用率很高的国家之一。在这种情况下，该国的彩票业寡头 Tatts 集团投入巨资打造网络渠道，主要做法包括通过有效的网上促销，扩大客户群体；开发手机应用程序；开发网上注册和销售的功能；注重品牌的建设，对现有彩票品种的调整；授权网站的销售平台建设；注重创造网上需求，通过社交网络和搜索引擎渗透市场。据统计，目前 Tatts 集团 35.2% 的利润增幅来源于互联网渠道，2013 财年互联网业务的销售占到整体销售额的 8.2%，而上一年只有 6.6%。这在推动 Tatts 集团持续发展的同时，也使澳大利亚的互联网售彩业务呈现繁荣之势。据调查，目前年长的倾向于去实体零售店购彩的消费者正在逐步减少，而年轻的倾向于互联网购彩的消费群体则在持续扩大，互联网售彩在澳大利亚的持续增长已是共识。

（3）加拿大互联网售彩情况。

作为彩票业务较为发达的国家，加拿大彩票业的历史其实并不长。尽管加拿大联邦于 1867 年已建立，但直到 1970 年，国家才通过立法，在安大略省发行了第一张彩票。之后加拿大的彩票业迅速发展，并于 2004 年开始网络售彩。如今，加拿大 13 个联邦行政区的彩票市场上，大型彩票机构主要有大西洋彩票、魁北克彩票、安大略彩票、不列颠哥伦比亚彩票等数家，它们各自占据着一个或若干个省份的市场。其中，大西洋彩票最早涉足互联网售彩业务，2004 年，大西洋彩票建立了一个名为 "Playsphere" 的网络平台，开通了在线售彩。历经十年发展后，大西洋彩票建立了庞大的网络消费客户群，也在这方面积累了大量经验。如今的大西洋彩票雇员超过 600 名，每天为彩民发放包括网络业务开出 9 万个大小奖项。在大西洋彩票开通网络售彩 6 年之后，不列颠哥伦比亚彩票才后起效仿，开始通过 "PlayNow" 网站开展在线彩票游戏，现已成为加拿大最受欢迎的网络彩票游戏产品。此外，魁北克彩票也于 2012 年开始网络售彩，以适应网络消费的大潮。

（4）美国互联网售彩情况。

区别于其他发达国家，同样是彩票大国的美国在互联网售彩问题上一直非常谨慎。自 1996 年开始，美国国会曾在长达十年的时间里做过多次努力，试图对联邦电讯法令就互联网售彩等方面的规定进行修改和阐明，却均告失败。这种状况一直持续到 2011 年，当时，美国许多州政府深陷财政赤字的泥潭，需通过新的渠道增加财政收入。与此同时，由于美国不允许网络售彩，不少美国彩民选择在境外非法售彩网站下注，导致美国大量资金外流。仅在 2012 年，美国人在境外非法的互联网售彩网站消费了 26 亿美元，这使开发本国的互联网售彩变得更加迫切。在多方面的压力和质询下，2011 年 9 月 20 日，由助理检察总长签署了备忘录，准许各州自行制定在其州内进行互联网售彩的法规和实施细则。此后，美国多州都开始积极酝酿制定本州互联网售彩的相关政策和法律法规，希望能抢占互联网售彩的市场先机，为未来发展做好铺垫和布局。但由于宗教组织、赛马和赛狗组织、兼营彩票的便利店和加油站店主群体及其所属政治团体的反对和阻挠，美国的互联网售彩之路走得缓慢而艰难。目前，美国仅有伊利诺伊州和佐治亚州通过了相关立法，并开通了相关业务。而纽约、北达科他、弗吉尼亚和明尼苏达四个州已经通过了互联网售彩的州法令，但尚未开通相关业务。另一些州则进展缓慢一些，相关州法令还在酝酿中。据美国彩票业专业人士介绍，这些州之所以想推进互联网售彩的合法化，其中一个重要原因是目前美国各州的彩票市场基本已接近饱和，很多娱乐场业务也正在下滑，州政府希望互联网售彩合法化后能为各州带来更多收入，改进各州日渐严重的财政赤字问题。

8.1.4　我国网络购彩政策的演变

国内最早的彩票网站设立于 1999 年，但起初并没有得到财政部、民政部、国家体育总局的牌照和允许。经过近十年的增长，网络售彩在 2007 年达到了一个高峰期，但彩票市场的管理问题也随之浮现。因此，财政部的互联网彩票销售政策经过数次调整，最终在 2013 年初公布的《彩票发行销售管理办法》中第一次以文字、法规的方式确认互联网是进行彩票销售的一种方式。表 8 - 1 给出了财政部互联网彩票销售政策的历次发展变化。可见，在几轮政策调整后，国内逐渐建立起更加完善的行业监管体系，与此同时，市场化的运作也筛选出一批流量大、信誉好的大型彩票销售网站。并且，为了市场能够有序、规范、稳健的运行，互联网彩票销售牌照/许可将有可能得到有序发放。

表 8 - 1　　　　　　　　　　**互联网彩票销售政策的历次变化**

时间	政策文件	相关政策	政策意义
2007 年 9 月	《财政部关于加强彩票发行销售管理促进彩票市场健康发展的通知》	对彩票机构以外的任何组织和个人未经批准擅自发行或变相发行彩票，或者利用互联网等方式销售彩票的行为，各地财政部门应与公安、民政、体育等部门加强协作，加大查处力度并坚决予以取缔。对彩票机构利用互联网、电话代购等方式销售彩票的行为，由财政部商公安、民政、体育等部门研究制定具体管理办法予以规范	同年的两次公告先后明确地表明了互联网销售彩票的违法性，明令打击销售彩票的互联网
2007 年 12 月	《财政部民政部国家体育总局关于彩票机构利用互联网销售彩票有关问题的通知》	各省级民政、体育部门负责对本地区福利彩票和体育彩票机构利用互联网销售彩票的情况进行检查和整改，对违反规定与公司和个人进行互联网销售彩票业务合作的，必须一律按照本通知要求立即停止合作	

续表

时间	政策文件	相关政策	政策意义
2010 年 9 月	《互联网销售彩票管理暂行办法》	未经财政部批准，任何单位不得开展互联网销售彩票业务。彩票发行机构申请开展、调整或者停止互联网销售彩票业务，经民政部或者国家体育总局审核同意，向财政部提出书面申请。销售互联网彩票的合作单位、互联网代销者应当具备条件：独立法人资格，注册资本不低于 5000 万元人民币等	明确划定了互联网销售彩票的范围和门槛，其可以在一定程度下解禁，为其合法性提供标准
2012 年 3 月	《彩票管理条例实施细则》	未经彩票发行机构、彩票销售机构委托，擅自销售的福利彩票、体育彩票均被定性为"非法彩票"	禁止网络私彩
2013 年 1 月	《彩票发行销售管理办法》	第五条：表示《条例》第八条所称发行方式，是指发行销售彩票所采用的形式和手段，包括实体店销售、电话销售、互联网销售、自助终端销售等	正式承认了互联网进行彩票的合法性
2014 年 3 月	财政部修订印发《电话销售彩票管理暂行办法》	第三条表示，电话销售彩票是指利用固定电话、移动电话通过短信、语音、客户端等方式销售彩票	给出了在中华人民共和国境内开展电话销售彩票业务的管理办法
2015 年 1 月	财政部联合民政部、国家体育总局发布《关于开展擅自利用互联网销售彩票行为自查自纠工作有关问题的通知》	要求针对目前彩票市场中存在擅自利用互联网销售彩票现象开展自查自纠工作，并要求各省份于 3 月 1 日前将自查自纠和交叉抽查结果以书面报告形式报送财政部、民政部、国家体育总局，财政部将对违者做出处理	多个省级福彩销售机构，中断或者部分中断了向互联网售彩公司的票务供应
2015 年 4 月	4 月 3 日国家八部委发文明令禁止互联网彩票销售。	坚决制止擅自利用互联网销售彩票的行为；严厉查处非法彩票；利用互联网销售彩票业务必须依法合规	互联网彩票第 5 次被停售。但与前四次停售相比，本次停售由于受到了高层领导的重视，因此影响范围更广，执行力度更大

8.2 我国无纸化购彩市场发展分析

8.2.1 互联网购彩市场

随着中国电子商务的普及，以及智能手机与移动互联网的发展，中国无纸化彩票市场快速发展。特别是监管部门对无纸化彩票销售政策的明朗化，进一步推动中国无纸化互联网彩票进入发展的高速通道（见图 8 – 3），互联网彩票销售占彩票销售总额的比例将快速提升（见图 8 – 4）。

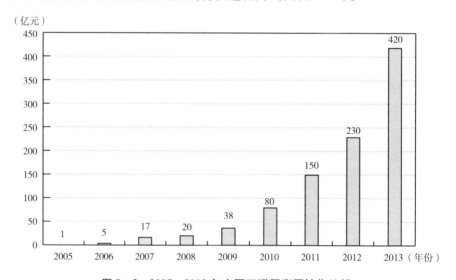

图 8 – 3　2005 ~ 2013 年中国互联网彩票销售总额
资料来源：搜博网。

由图 8 – 3 和图 8 – 4 所示，随着互联网尤其是移动互联网发展，互联网彩票市场不断壮大，2013 年互联网彩票销售额创历史新高，达 420 亿元，比 2012 年增长 190 亿元，增幅高达 82.61%，为同期彩票市场增幅的 5 倍。

与此同时，互联网彩票销售额在整个彩票市场销售额比重逐年上升，2011 年互联网售彩只占整个彩票市场销售额的 6.78%，到 2013 年互联网彩票销售额的比重首次超过 10%，占全年彩票销售的 13.58%，比 2012 年市场份额提高近 5 个百分点，两年的时间，互联网彩票市场占有率就翻了一番。

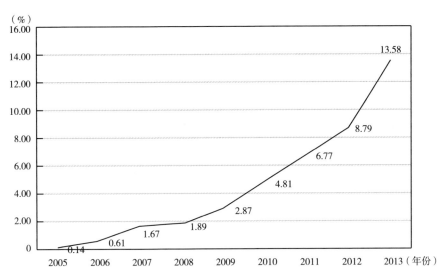

图 8 - 4　2005～2013 年中国互联网彩票占彩票总销售额比例
资料来源：搜博网。

2014 年 1 月 14 日，中国福利彩票双色球开出 70 注头奖，网易彩票的一位彩民独揽 48 注头奖，奖金合计超过 2.01 亿元，成为迄今中国互联网彩票销售中出的最大奖，显示互联网彩票在中国彩市有一席之地。

8.2.2　手机投注销售额占比增加迅速

手机无纸化终端被引入彩票销售市场，其销售的彩票玩法分别为好彩 1、3D、双色球、好彩 26、好彩 36、26 选 5 和 36 选 7 共七种，图 8 - 5 给出了 2011～2013 年手机和好易自助终端这七种玩法销售额比较，其中，总销售额是指某市福彩这七种玩法当年的销售总额（含投注站销售额）。

由图 8 - 5 可见，某市 2011～2013 年福彩手机投注和自助终端的销售额分别为 0.33 亿元、0.3 亿元、0.75 亿元和 0.45 亿元、0.38 亿元、0.32 亿元，占当年七种玩法总销售额比重分别为 2.12%、1.86%、4.73% 和 2.86%、2.36%、2.03%，如图 8 - 6 所示。

从图 8 - 6 可见，2013 年手机投注销售额的占比成倍增加，这与我国移动终端的发展非常吻合，可以预见，电脑彩票在移动终端的表现将会随着网络购彩的增加幅度而不断增加。

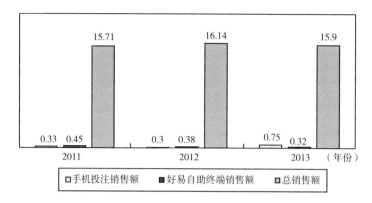

图 8 – 5　2011～2013 年某市福彩不同渠道销售额比较（单位：亿元）
资料来源：某市福利彩票发行中心。

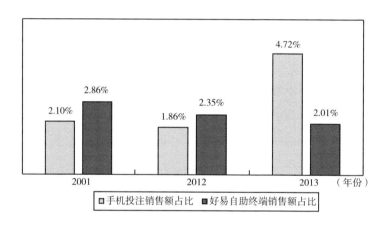

图 8 – 6　2011～2013 年某市福彩不同渠道销售额占比

8.2.3　我国互联网彩票市场参与的公司

8.2.3.1　专业彩票网站

专业彩票网站中市场份额位居前列的有 500 彩票网、澳客网、第一彩票网等。专业彩票网站凭借其提供专业的数据分析、快捷的赛事资讯在竞技类彩票专业化销售领域占据优势地位。竞技类彩票是针对竞技体育赛事结果进行预测的彩票种类，主要包括足彩、篮球彩等，玩法丰富多样，涉及较多的体育赛事，对赛事资讯、数据、赔率等有很高的要求。彩民也相对专业，在专业彩票销售平台上的访问时间较长，对平台提供的资讯、分析、社交等功能具有很强的依赖，不轻易离开，所以用户黏性较强是专业网站抵御大型互联网企业进攻的主要壁垒。

从市场份额来看，目前国内专业彩票市场份额位居前列的是 500 彩票网、澳客网、中国足彩网、彩票大赢家等。其中，在美国上市的垂直彩票龙头 500 彩票网市场份额位居第一。

8.2.3.2 综合性门户网站彩票频道

如淘宝、百度、新浪等运营的彩票销售额频道或彩票销售子网站。

综合性门户网站凭借强大的流量导入能力在销售数字类彩票占优势。数字类彩票种类主要包括双色球、3D、七星彩、大乐透、排列三、排列五、11选 5 等，这类彩票的特点是简单明了、方便易懂，中奖主要取决于概率和运气，可预测性较差，彩票基础比较广泛，几乎所有互联网用户都可以成为数字类彩票的销售对象，门户网站只需提供方便的支付方式即可。由于数字类彩票的业务门槛相对较低，流量导入能力和便捷支付能力是这类网站的主要竞争力。在数字彩票市场，淘宝、奇虎 360、百度等大型流量导入的网站具有显著的竞争优势，其中，按销售收入来看，淘宝占据了国内互联网彩票销售市场份额第一的位置。

2013 年互联网销售彩票在 1 亿元以上的网站如图 8 - 7 所示。

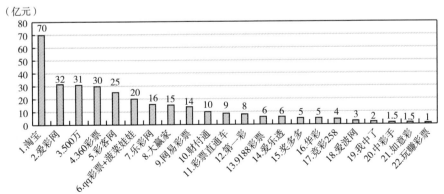

图 8 - 7　2013 年互联网销售彩票在 1 亿元以上的网站

资料来源：北京中彩汇网络科技有限公司。

8.3 无纸化彩票的影响分析

8.3.1 无纸化彩票高渗透性助推网络购彩快速发展

根据 CNNIC 公布的数据，截至 2017 年 12 月，我国网民规模达 7.72 亿，普及率达到 55.8%，超过全球平均水平 4.1 个百分点，超过亚洲平均水平 9.1 个百分点。其中，手机网民占 97.5%，手机继续保持第一大上网终端的地位。在各类网络应用中，网络游戏、网络购物、网络支付和微博等应用是最受欢迎的几大类，目前用户规模都在 3 亿人左右，其中，网络游戏和微博的使用率分别高达 58.5% 和 56%。有理由认为，网游、网购及微博微信等互联网即时通信的使用者是无纸化彩票的潜在购买人群，无纸化的高度渗透性加上彩票种类玩法的不断创新，必然将拉动国内无纸化彩票市场的迅速膨胀。

8.3.2 彩票玩法创新助推网络购彩快速发展

中国彩票玩法的吸引程度不够，彩种数量有限，同质化程度高。相比之下，海外彩票的玩法丰富，例如，美国的即开型彩票有几十个系列，上百个品种，从购彩客户定位、节日定位、赛事定位等多角度持续推新品，以满足各类购彩者的需求。然而，国内即开型彩票重在突出公益、爱心等主题，与彩票固有的娱乐属性差距较大，因此，不能很好地激发大众的购彩热情。

随着互联网和移动互联网的高速发展，无纸化彩票逐渐盛行，它不仅能实现彩票的在线销售，还能以网络游戏和手机游戏的形式丰富彩票玩法，并且还使高频彩票和即开玩法成为可能。这些玩法创新都能够显著增强彩票游戏的趣味性，吸引更多消费者。

8.3.3　购买便利性和信息全面性助推网络购彩快速发展

传统彩票主要依靠实体店销售，虽然具有现金交易、兑奖方便等优点，但仍然在时间和地点上制约了彩民的购买。网络购彩比起投注站购彩显示出不可比拟的便利性，足不出户，投注、中奖和收奖便完成了，解决了购买彩票的时间和空间的限制，有望激发彩民的购彩需求。

与此同时，相比于线下的零售店，线上的各大彩票网站都提供了全面而且丰富的信息。一方面，对于新手玩家而言，线上的网站都提供了专业并且详尽的指导，能够让玩家迅速并且正确掌握相关彩种的玩法。然而线下的投注站的店主虽然大多数较为专业，但是为每一个客人都提供细心、耐心的介绍却并不容易。另一方面，对于资深玩家，线下的投注站提供信息是远远不够的，网上及时而全面的数据能更好地为彩民提供了参考信息。

8.3.4　绿色环保理念助推网络购彩快速发展

传统有纸化彩票行业分为上游彩票玩法研发、中游彩票生产、下游彩票销售，纸质彩票扮演重要的载体作用。互联网彩票是无纸化彩票，不仅符合绿色环保的生态理念，而且可以将传统的有纸化产业链进行大大简化，省却中游彩票的制造环节，将使下游彩票销售的利润提高，从而将彩票产业链简化为：彩票研发—互联网彩票销售的模式，缩短了产业链的长度，提高了彩票行业效率。

8.3.5　网络购彩是造成一些地市彩票销售额增长率下降的重要原因

以某市福利彩票销售为例，从图 8 - 8 可知，2013 年某市福利彩票销售额增长率急速下降，从 2012 年高于全国福利彩票销售额增长率变成 2013 年的远低于全国福利彩票销售额增长率，但如果将某市福利彩票 2011 年、2012 年和2013年网络销售额（见图8-8）加到某市福利彩票同年销售额上，则情况又有所变化，如图8-9所示。

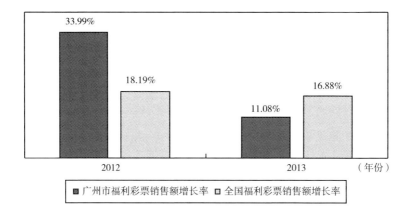

图8-8　某市福利彩票销售额增长率与全国福利彩票增长率比较

资料来源：某市福利彩票发行中心、财政部。

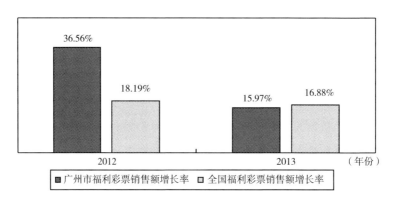

图8-9　调整后的某市福利彩票销售额增长率与全国福利彩票增长率比较

当加上网络购彩额后，2013年某市福利彩票销售额增长率接近全国水平，可见，某市福利彩票2013年销售额增长率的急速下降与网络购彩密不可分，某市福利彩票网络销售额相当于某市福利彩票历年来通过网络流失的销售额。

8.3.6　无纸化彩票问题频频出现影响福彩信誉和公信力

财政部虽然一直未发出任何互联网销售福利彩票的牌照，但随着无纸化彩票的发展，一些不良商家甚至非法彩票业混迹互联网，虽然这些网站彩票销售都未经批准，仍处于"灰色地带"甚至是"黑色地带"，但国家对这部分彩票销售态度不明、监管不够有力，导致违法违规行为时有发生。特别是部分网站彩票销售本身就不合规，存在短期意识，进而还会出现账户安全、彩民中大奖后却不知到哪里领奖，或者中奖后发现购彩不成功等问题。这些问题虽然可以推说是违规网站不诚信、不规范，但大部分彩民对网站违规售彩并不知情，如果各级监管部门仍然随之任之，长此以往问题会越积越多，最终必将会影响福彩的信誉和公信力，进而将影响福彩事业可持续发展。

8.3.7　无纸化彩票销售对投注站的影响

无纸化彩票的发展对投注站的生存发展产生一定影响。彩票恢复发行以后，从最初的手写发展到机打，再到电话、互联网以及视频等形式，销售方式一直以"便捷性"为导向发展演化。传统纸质彩票都必须在实体门店销售，这从时间和地点上都限制了中高收入人群购买彩票。而基于互联网和移动互联网销售的无纸化彩票从根本上打破了购买彩票的时空限制，无疑将极大地促进彩票销售的便利性。销售便捷性的提高将有效刺激彩票销量的增长。尽管面临的群体可能有所不同，但对于投注站来说，无纸化彩票的发展其实质还是侵占了实体店的部分市场份额，压缩了投注站的生存发展空间，无纸化销售与投注站之间形成直接竞争的关系，对投注站的生存发展必然产生较大影响。

8.4　彩民网络购彩情况调研分析

彩民网络购彩情况调研主要在广州市进行。本次问卷调查分为两部分：一是店面（投注站彩民）调查。共回收问卷 563 份，删除填写不完整问卷后得有效问卷 491 份，回收有效率 87.21%。各区的调查问卷数如表 8 - 2 所示。

二是在线调查。共有 2182 人次浏览，其中，回收问卷 1196 份，填写率为 54.81%。

表 8-2 样本分布区域

区域	数量	有效（%）	累计（%）
白云区	75	15.3	15.3
从化区	10	2.0	17.3
番禺区	12	2.4	19.8
海珠区	45	9.2	28.9
花都区	63	12.8	41.8
黄埔区	65	13.2	55.0
荔湾区	96	19.6	74.5
萝岗区	56	11.4	85.9
天河区	33	6.7	92.7
越秀区	29	5.9	98.6
增城区	7	1.4	100.0
合计	491	100.0	

8.4.1 基本情况分析

8.4.1.1 受访者性别构成

（1）地面调查受访者性别构成。本次调查受访者以男性为主，占 63.22%，男女比例约为 1.7∶1，这与男性彩民居多的实际情况非常吻合。

（2）线上调查受访者性别构成。线上调查中，男性 1073 人，占 89.72%；女性为 123 人，占 10.28%；男女比例为 8.7∶1，远高于地面调查比例，在一定程度上说明目前在线购彩的网民中，男性占了绝大多数。

8.4.1.2 受访者年龄分析

（1）地面调查受访者年龄分析。由图 8-10 可知，随着年龄的增加，受访者的比例逐渐减少，40 岁以下的受访者占了七成多，其中，18~30 岁的占

38.14%，31~40岁的占35.26%，41~50岁的也占一定比例，为17.32%，50岁以上的只占少部分。

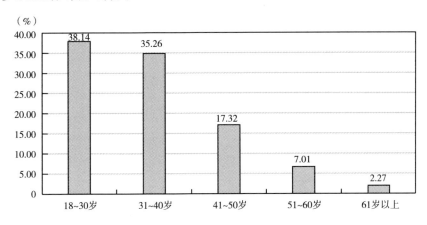

图8-10　地面调查受访者年龄百分比

（2）线上调查受访者年龄分析。从图8-11可见，40岁以下的受访者占了绝大多数，达到87.62%。其中，18~30岁的占56.35%，高于地面调查的比例，这说明在线受访者尤其呈现出年轻化特征。这与年轻人更熟悉网络更倾向进行网上购物的市场现实一致。

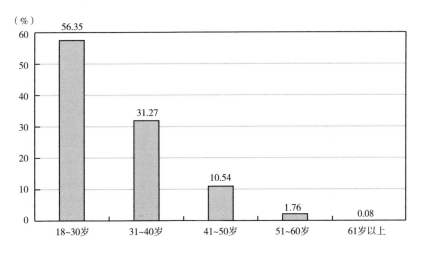

图8-11　线上调查受访者年龄统计

（3）受访者从事职业分析。

①地面调查受访者从事职业。从图8-12可见，本次地面调查的受访者

以本市工人和外来务工人员居多，分别占 28.87% 和 25.77% ，远高于其他职业比例，事业单位工作人员、个体经营者、彩票从业人员和公司职业分别占 8.66% 、7.84% 、7.42% 和 6.19% ，比例不高，其他职业比例则在 5% 以下。

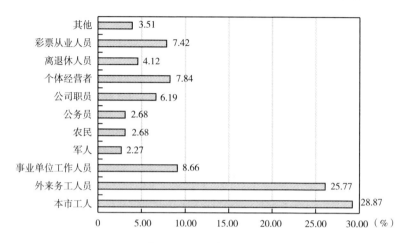

图 8 - 12　地面调查受访者从来职业占比统计

②线上调查受访者从事职业。从图 8 - 13 可见，外来务工人员所占的比例最多，为 20.74% ；本市工人所占比例也较高，为 14.31% 。与地面调查稍有差异的是，公司职员与个体经营者在线购彩的比例明显提高，分别为 17.64% 和 13.71% 。这应该与样本的差异有关。

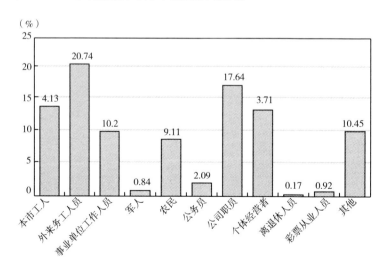

图 8 - 13　地面调查受访者从来职业占比统计

（4）受访者学历分析。

地面调查受访者学历分析。从图 8 - 14 可见，本次地面调查的受访者接近五成具有高中/中专学历，大学/大专的占一定比重，为 29.98%，初中的占 18.48%，可见本次调查受访者的学历水平不低，大学及以上水平的占三成多。

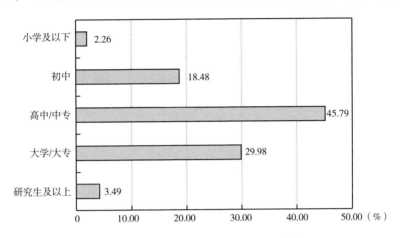

图 8 - 14　地面调查受访者学历占比统计

8.4.2　在线调查受访者学历分析

从图 8 - 15 可见，高中以上学历占据了七成以上，大学/大专的占 39.8%，均高于地面调查的比例。这与经常上网和进行网上购物的人群呈现

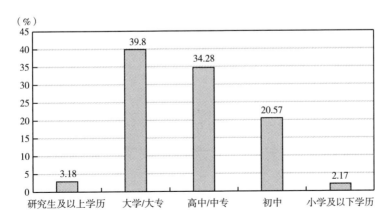

图 8 - 15　线上调查受访者学历占比统计

出较高学历的市场现实一致。而其中有一部分较高学历人群很可能主要通过网络方式购彩，而较少去地面投注站购彩。

同时，通过不同购彩方式比例与学历的交叉分析可以证明这一点，即大学/大专学历只通过网络购买或者主要通过网络购买的比例是最高的，分别为42.21%和45.22%，如表8-3所示。

表8-3　　　　　　　学历、通过网络购彩与非网络购彩的交叉分析　　　　单位：%

项目	研究生及以上学历	大学/大专	高中/中专	初中	小学及以下学历	小计
只通过网络购买	3.52	42.21	27.64	22.11	4.52	16.85
只通过非网络方式购买	6.76	21.62	35.14	31.08	5.41	6.27
主要通过网络购买，有时也通过非网络方式购买	3.94	45.22	33.58	15.57	1.69	45.13
主要通过非网络方式购买，只是有时在网络购买	1.35	34.08	41.7	21.97	0.9	18.88
通过网络购买以及非网络购买的比例差不多	0	34.87	36.84	27.63	0.66	12.87
小计	3.18	39.8	34.28	20.57	2.17	100

（1）受访者月收入分析。

①地面调查受访者月收入。从图8-16可见，六成多地面受访者的月收入在4000元以下，2000～4000元的比例最高，为53.91%，其次是4000～6000元的占20.58%，2000元以下的占10.70%，6000元以上的也占一定比例，为14.81%。

②在线调查受访者月收入。从图8-17可见，线上受访者收入水平的比例分布与地面调查基本一致。其中，2000～4000元的比例最高，为47.16%，然后是4000～6000元的占22.58%，2000元以下的占14.3%，6000元以上的也占一定比例，为15.97%。两方面的数据均说明目前网络购彩的人群以中低收入者为主。

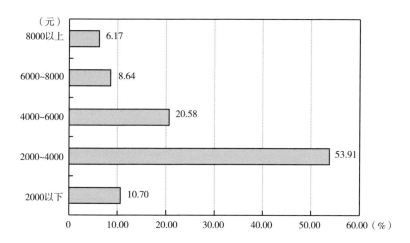

图 8 – 16　地面调查受访者月收入占比统计

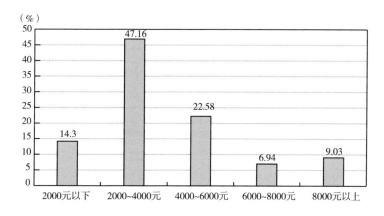

图 8 – 17　线上调查受访者月收入占比统计

（2）购彩情况分析。

本次地面调查的受访者中绝大多数购买过彩票，占92.26%，而没有购买过的占7.74%线上接受调查者中98.75%的人购买过彩票，说明调查样本有效。

（3）购彩途径分析。

①地面调查购彩途径。从图 8 – 18 可见，大多数受访者依靠投注站购买彩票，占 85.54%，然后是彩票亭、手机和网络途径，分别为 17.31%、13.85%和10.79%，其他途径占比较低，在 10%以下，因此，信息技术的购彩途径都不高，多数受访者还是依靠传统实体店面途径购彩。

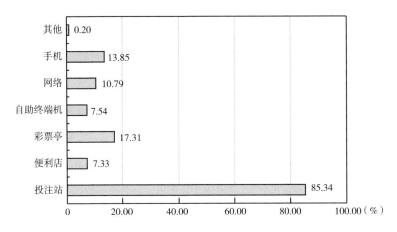

图 8 - 18　地面调查购彩途径占比统计

②在线调查购彩途径。与地面调查一致，绝大多数受访者都通过投注站购买彩票，比例为82.81%。但有显著差异的是，在线调查的受访者中，半数以上的人也会通过网络购彩，比例为53.85%；更有八成以上的人还通过手机购彩，比例为82.56%。说明对这些人群而言，手机已成为与投注站同等重要的渠道，而网络也是较为重要的购买渠道之一，如图 8 - 19 所示。

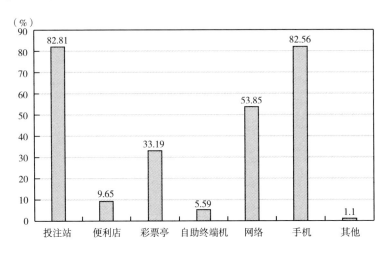

图 8 - 19　线上调查购彩途径占比统计

（4）购彩目的分析。

①地面调查购彩目的。由图 8 - 20 可知，接近七成受访者购彩是为了中奖，然后是娱乐占42.36%，支持公益占41.75%，说明大多数人购彩主要是

出于这三大目的，而好奇或随大流的比例都较低。

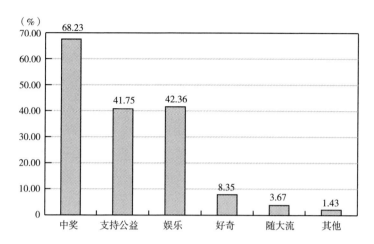

图 8 - 20　地面调查购彩目的占比统计

②线上调查购彩目的。由图 8 - 21 可知，与地面调查的结果基本一致，八成以上的受访者购彩是为了中奖，然后是支持公益占 48.09%，娱乐占 45.05%。

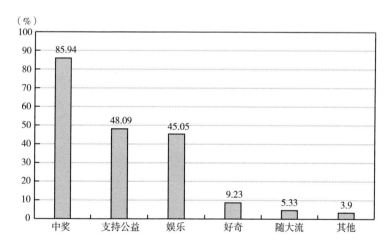

图 8 - 21　线上调查购彩目的占比统计

通过进一步的交叉分析可以更加具体地看到，不管是通过网络购彩以及非网络购彩的比例如何，受访者均以中奖作为首要目标，然后是支持公益和娱乐，如表 8 - 4 所示。

表 8-4　　　　　　购彩目的、通过网络购彩与非网络购彩的交叉分析　　　　　　单位：%

购买方式	中奖	支持公益	娱乐	好奇	随大流	其他	小计
只通过网络购买	79.4	40.7	32.16	10.55	4.52	4.02	16.85
只通过非网络方式购买	77.03	43.24	39.19	9.46	4.05	8.11	6.27
主要通过网络购买，有时也通过非网络方式购买	87.62	50.47	48.22	9.94	5.07	4.69	45.13
主要通过非网络方式购买，只是有时在网络购买	87	47.53	51.12	8.52	6.73	0.45	18.88
通过网络购买以及非网络购买的比例差不多	91.45	52.63	44.74	5.92	5.92	3.95	12.87
小计	85.94	48.09	45.05	9.23	5.33	3.9	100

（5）购买彩票方式分析。

①地面调查购买彩票方式。由图 8-22 可知，大多数受访者通过投注站购买彩票，占 85.54%，远高于其他购彩方式，户外彩票亭占 11%，手机和网络分别占 8.15% 和 6.11%，比例较低，说明这种信息计算的新型购彩方式还未被多数人接受使用，而大多数人还依靠传统的实体店面购买彩票，如投注站和彩票亭。

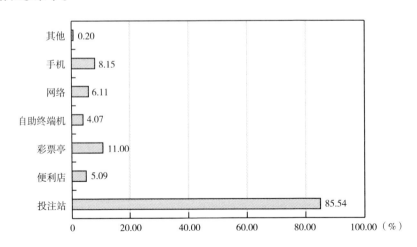

图 8-22　地面调查购买彩票方式占比统计

②线上调查购买彩票方式。与地面调查结果不同，在线调查的受访者中，最常采用的购彩方式是手机，占 76.55%；网络也占了较大比重，为 37.26%。

而投注站虽然也是一种重要的购彩方式，占 64.1%，但其比例低于地面调查的情况。这是因为两个样本的特征不同，接受在线调查者相对于在投注站接受调查的人群，其在线时间更长，网络购买以及手机购买的倾向性更高，如图 8-23 所示。

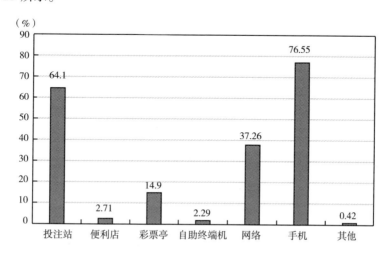

图 8-23 线上调查购买彩票方式占比统计

通过交叉分析可以看到，最常选择网络和手机购彩的人群中，30 岁以下的分别占 62.05% 和 55.31%，31~40 岁的分别占 25.93% 和 26.82%。也就是在网络和手机购彩的人群中，40 岁以下的人均占到了八成以上。这与中青年人更熟悉网络及网上购物的市场现实一致，如表 8-5 所示。

表 8-5　　　　　　　　　　　购彩方式与年龄交叉分析　　　　　　　　　　单位：%

购买渠道	18~30 岁	31~40 岁	41~50 岁	51~60 岁	61 岁以上	小计
投注站	52.84	34.74	10.57	1.72	0.13	64.1
便利店	50	40.62	6.25	3.12	0	2.71
彩票亭	56.82	31.82	9.66	1.7	0	14.9
自助终端机	48.15	25.93	14.81	11.11	0	2.29
网络	62.05	26.82	8.64	2.5	0	37.26
手机	55.31	32.52	10.73	1.33	0.11	76.55
其他	80	20	0	0	0	0.42
小计	56.35	31.27	10.54	1.76	0.08	100

（6）选择购买彩票方式的原因分析。

①地面调查选择购彩方式的原因。由图 8 - 24 可知，地面受访者选择购彩方式主要考虑其方便性及个人习惯，这两者分别占80.31%和43.99%，而服务好和感觉能带来好运也占有一定比例，分别是32.48%和23.02%。

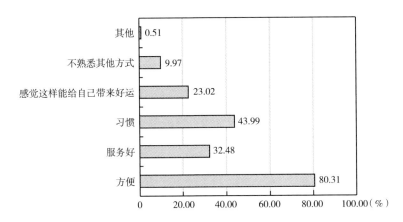

图 8 - 24　地面调查选择购彩方式的原因占比统计

②在线调查选择购彩方式的原因。与地面调查结果一致，影响被访者购买方式选择的最重要的因素仍然是方便和个人习惯，分别占 88.31% 和 31.58%。相对而言，其他因素的影响较低，如图 8 - 25 所示。

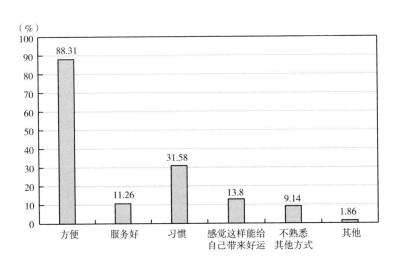

图 8 - 25　线上调查选择购彩方式的原因占比统计

通过进一步的交叉分析可以看出，不管最常通过哪种方式购买彩票，方便都是最主要的原因，然后是习惯，服务也是一个影响因素。另外，感觉能给自己带来好运，在各种不同的购彩方式也是值得关注的原因，如表 8 - 6 所示。

| 表 8 - 6 | | | 购彩方式与原因交叉分析 | | | 单位：% |
购买渠道	方便	服务好	习惯	感觉这样能给自己带来好运	不熟悉其他方式	其他	小计
投注站	86. 13	6. 47	22. 99	10. 7	7	1. 59	64. 1
便利店	84. 37	25	34. 37	15. 62	0	3. 12	2. 71
彩票亭	64. 2	15. 91	40. 34	17. 05	9. 66	1. 14	14. 9
自助终端机	88. 89	14. 81	37. 04	29. 63	7. 41	3. 7	2. 29
网络	85. 68	8. 64	22. 95	12. 95	3. 64	1. 36	37. 26
手机	70. 24	11. 06	26. 77	13. 61	5. 87	1. 44	76. 55
其他	0	0	0	40	0	80	0. 42
小计	88. 31	11. 26	31. 58	13. 8	9. 14	1. 86	100

（7）网络购彩与非网络购彩的比例分析。

①地面调查通过网络购彩与非网络购彩的比例。由图 8 - 26 可知，受访者主要只通过非网络方式购买彩票，占 44.22%，而只用网络购买的只占 23.81%，两种方式都使用到的占三成多，但多数还是通过非网络方式购买，可见，网络购彩方式尚未占主要地位，多数人还是通过非网络方式购彩。

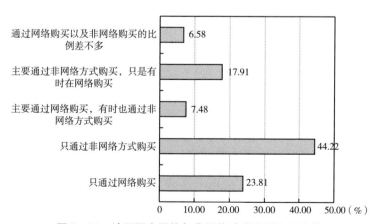

图 8 - 26 地面调查网络与非网络购彩比例占比统计

②线上调查通过网络购彩与非网络购彩的比例。在线调查中，主要通过网络购彩的比例为45.13%，只通过网络购彩的比例为16.85%，两者比例之和达到62.16%。通过网络购买以及非网络购买比例基本持平的占12.87%。而只通过非网络购彩的比例为6.27%，主要通过非网络购彩的比例为18.88%，两者比例之和为19.14%，远低于将网络作为购彩渠道的比例。当然，也有少部分人通过网络购买以及非网络购买比例基本持平，占12.87%，如图8－27所示。

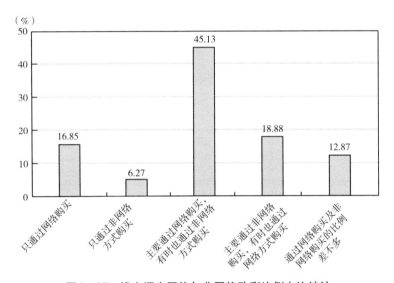

图8－27　线上调查网络与非网络购彩比例占比统计

两部分数据反映了地面调查和在线调查两个样本最主要的差异所在，即接受地面调查者较少进行网络及手机购彩；而接受在线调查者较多进行网络及手机购彩。

（8）购买彩票年限分析。

①地面调查购买彩票年限。由图8－28可知，购彩年限为2年和7年的比例最高，然后是3年、4年、5年和1年，都在10%左右，多数是在3年及以下，占45.76%，4～7年的占46.21%，而7年以上的占少数，只为8.04%。

②在线调查购买彩票年限。图8－29显示，在线受访者购彩年限在10年以上占了很大比例，为20.75%，购彩年限较短，为一两年的也占了一定的比例，分别为17.36%和12.19%。说明接受在线调查的受访者既有老彩民，也有新彩民，样本分布较广。

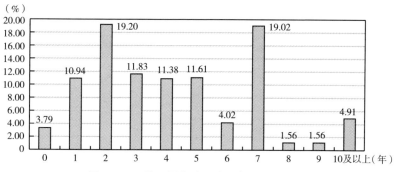

图 8-28　地面调查购买彩票年限占比统计

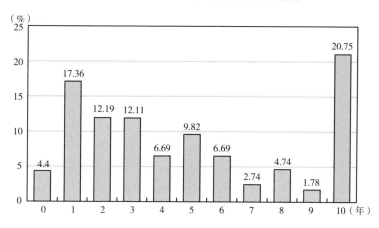

图 8-29　线上调查购买彩票年限占比统计

（9）网络购彩年限分析。

①地面调查网络购彩年限。地面调查发现，人们的网络购彩年限普遍不长，3 年以下的占了 86.59%，这与网络购彩方式的发展年限不长紧密相关，但也有少部分人网络购彩在 3 年及以上，如图 8-30 所示。

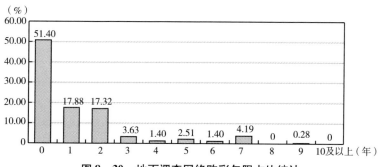

图 8-30　地面调查网络购彩年限占比统计

②在线调查网络购彩年限。与地面调查结果一致，人们网络购彩年限为3年以下的占75.7%。与网络购彩方式本身出现时间不久的市场现实一致。

（10）购买彩票网站分析

①地面调查购买彩票网站。由图8-31可知，在网络上买彩票的受访者多数在500彩票网上购买，占23.09%，高于其他网站，然后是淘宝彩票占10.61%，其他购彩网站比例则在10%以下，如网易彩票占9.5%，腾讯彩票占8.01%。

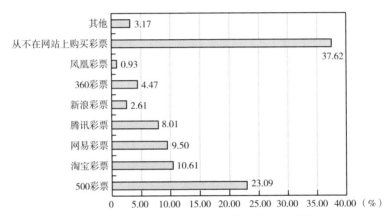

图8-31 地面调查购买彩票的网站占比统计

②在线调查购买彩票网站。在选择的购彩网站中，淘宝彩票占的比例最高，为32.01%；然后为500彩票，占21.93%；网易彩票和腾讯彩票也占了不小的比例，分别为19.81%和16.43%。与地面调查的结果对比，在淘宝彩票购彩的比例显著提高。这可能是因为在线受访人群本身经常进行网上购物，受淘宝等网上商城的影响较大，如图8-32所示。

（11）吸引购买彩票的网站特点分析

①地面调查吸引购买彩票的网站特点。接近六成地面受访者选择专业的彩票网站购买彩票，占58.26%，然后是大的门户网站，占17.39%，和人气旺的网上商城，占13.04%，社交网站的比例则较低，如图8-33所示。

②线上调查吸引购买彩票的网站特点。同样，线上调查显示，专门的彩票网站、大的门户网站、人气旺的网上商城所占的比例最高，分别为84.34%、27.94%和16.93%。当然，也可以看出在线受访者更加倾向于去专门的彩票网站购彩，如图8-34所示。

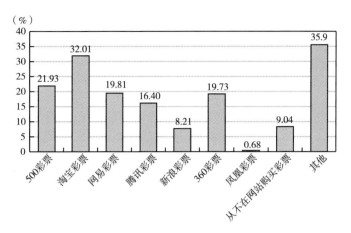

图 8-32   线上调查购买彩票的网站占比统计

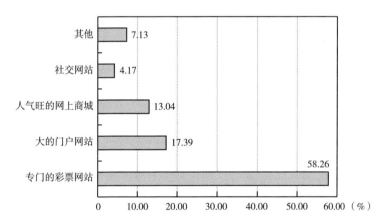

图 8-33   地面调查吸引购买彩票的网站特点占比统计

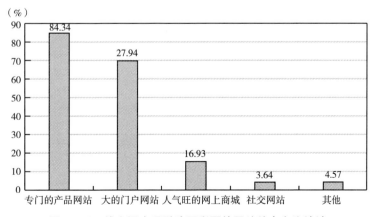

图 8-34   线上调查吸引购买彩票的网站特点占比统计

（12）每周网络购彩频率分析。

①地面调查每周网络购彩频率。由图 8－35 可知，地面五成多受访者每周网络购彩 0 次，不是经常网上购买彩票，1～3 次的占 30.88%，3 次以上的占 12.25%。

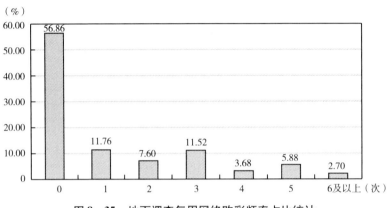

图 8－35　地面调查每周网络购彩频率占比统计

②在线调查每周网络购彩频率。由图 8－36 可知，在线受访者中，每周网络购彩次数在 3 次以上的占 72.65%，其中，在 6 次以上的占到 37.76%，网络购彩次数远远高于地面调查的受访者。与第 6 题的结果一致，这仍然是两个样本差异的体现，即接受地面调查者较少进行网络及手机购彩；而接受在线调查者较多进行网络及手机购彩。

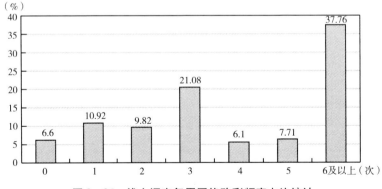

图 8－36　线上调查每周网络购彩频率占比统计

通过交叉分析可以发现，只通过网络购彩的人群每周网络购彩次数在 6 次以上的高达 42.21%，主要通过网络购彩的人群每周购网络彩次数在 6 次以上的达 44.47%。说明那些主要采用网络购彩方式购买彩票的人，其网络购彩的频率也较高。这可能与网络购彩更加方便有关，如表 8 - 7 所示。

表 8 - 7　　　　每周网络购彩频率、网络与非网络购彩比例交叉分析　　　　单位：%

购买方式	0 次	1 次	2 次	3 次	4 次	5 次	6 次及以上	小计
只通过网络购买	3.52	16.08	6.03	17.59	7.04	7.54	42.21	16.85
只通过非网络方式购买	52.7	8.11	6.76	12.16	5.41	4.05	10.81	6.27
主要通过网络购买，有时也通过非网络方式购买	1.69	6.94	9.57	22.7	5.25	9.38	44.47	45.13
主要通过非网络方式购买，只是有时在网络购买	8.07	19.73	15.7	19.73	8.07	4.04	24.66	18.88
通过网络购买以及非网络购买的比例差不多	3.29	6.58	8.55	26.32	5.26	9.21	40.79	12.87
小计	6.6	10.92	9.82	21.08	6.1	7.71	37.76	100

（13）每周网络购彩金额分析。

①地面调查每月网络购彩金额。由图 8 - 37 可知，地面受访者中，过半人数每月通过网络购彩的金额为零，2 ~ 100 元的占 20.72%，300 元以上的只占 10.14%，说明网络购彩还未多数人所接受。

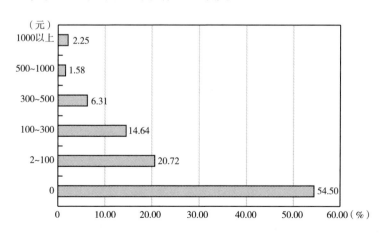

图 8 - 37　地面调查每月网络购彩金额占比统计图

②线上调查每月网络购彩金额。线上受访者每月通过网络购彩的金额，在 2~100 元的为 46.82%，300 元以上的占 24.64%，较地面调查中受访者的比例有显著提高，少数人每月通过网络购彩的金额甚至达到 1000 元以上。这再次说明在线受访者与地面受访者样本本身的差异，在线受访者更多且更大金额地通过网络购彩，如图 8-38 所示。

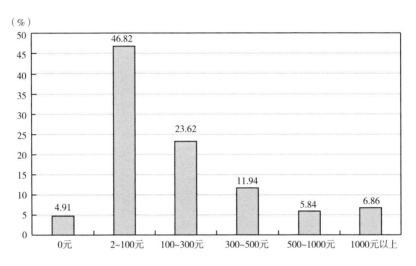

图 8-38　线上调查每月网络购彩金额占比统计

交叉分析可以看到，在线调查受访者各收入水平的群体中，月购彩金额在 100 元以下的比例是最高的（31.33%~58.48%）。月收入在 6000 元以上的高收入人群中，月购彩金额在 1000 元以上的比例相对较高，6000~8000 元的比例为 13.25%，8000 元以上的比例为 14.81%。总体上购彩金额与月收入水平相匹配，表现相对理性，如表 8-8 所示。

表 8-8　　　　　　　　月收入与每月网络购彩金额交叉分析

月收入	0	2~100 元	100~300 元	300~500 元	500~1000 元	1000 元以上	小计
2000 元以下	8.19	58.48	15.79	7.02	3.51	6.43	14.3
2000~4000 元	2.84	49.82	24.82	13.48	4.79	3.55	47.16
4000~6000 元	5.19	38.52	26.3	12.96	7.04	8.52	22.58
6000~8000 元	4.82	31.33	24.1	10.84	10.84	13.25	6.94
8000 元以上	9.26	38.89	19.44	8.33	7.41	14.81	9.03
小计	4.91	46.82	23.62	11.94	5.84	6.86	100

（14）网络购彩时机分析。

①地面调查网络购彩时机。地面调查发现，受访者主要受到外界因素刺激才网上购买彩票，如促销活动、奖池金额很高和重要赛事，三者总比例达61.1%，而诸如网上购物顺便购买、节假日消遣和定期购买的自身因素作用比例则相对低，总比例为29.13%，可见，要促进这些人群网上购买彩票主要还是要靠营销活动的推动，如图8-39所示。

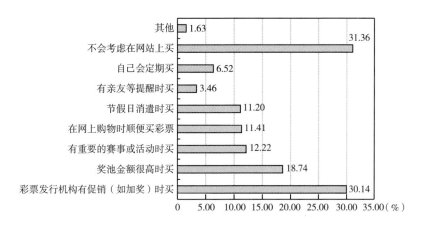

图 8 - 39　地面调查网上购买彩票的时机占比统计

②线上调查网络购彩时机。与地面调查的结果不同，在线调查的受访者自己会定期购买的比例相当高，占58.26%；而受外界刺激影响（包括彩票发行机构促销、奖池金额高、有重要赛事）的比例为41.07%，低于地面调查的比例。这也在一定程度上说明主要进行网络购彩的这部分人群可能更具理性和计划性，而较少进行冲动购彩，如图8-40所示。

进一步的交叉分析可以看到，对于只通过网络购买、主要通过网络购买以及网络购买与非网络购买并重的人群，自己会定期买的比例最高且显著，分别为59.3%、69.79%和65.13%。同时，对于只通过非网络方式购彩的人群来说，其不会考虑在网站买的比例高达50%，远远高于其他群体以及4.74%的整体水平。这说明对于习惯非网络购彩的群体而言，其对既有购彩方式的黏性很高，不会轻易转换，也表明投注站对这部分彩民有比较大的进行忠诚管理的空间，如表8-9所示。

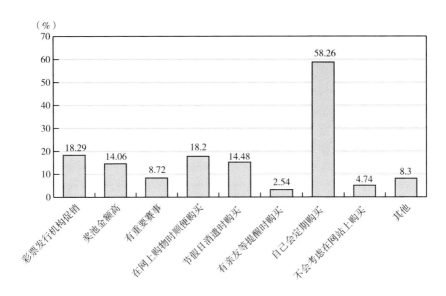

图 8 - 40　线上调查网上购买彩票的时机占比统计

表 8 - 9　　　　购买彩票时机、网络购彩与非网络购彩比例交叉分析　　　　单位:%

何时会在网上购买	彩票发行机构有促销（如加奖）时买	奖池金额很高时买	有重要的赛事或活动时买	在网上购物时顺便买彩票	节假日消遣时买	有亲友等提醒时买	自己会定期买	不会考虑在网站上买	其他	小计
只通过网络购买	15.58	10.55	8.54	11.56	10.55	1.01	59.3	0.5	10.05	16.85
只通过非网络方式购买	6.76	6.76	6.76	8.11	4.05	0	25.68	50	8.11	6.27
主要通过网络购买，有时也通过非网络方式购买	19.7	14.63	9.57	18.2	15.2	3	69.79	0.75	5.82	45.13
主要通过非网络方式购买，只是有时在网络购买	23.32	14.8	8.97	26.46	18.83	3.14	35.87	3.14	12.56	18.88
通过网络购买以及非网络购买的比例差不多	15.13	19.08	6.58	19.74	15.79	3.29	65.13	4.61	8.55	12.87
小计	18.29	14.06	8.72	18.2	14.48	2.54	58.26	4.74	8.3	100

（15）经常网络购买的彩票分析。

①地面调查经常网上购买的彩票。从图 8 – 41 可见，56.21% 受访者经常上网购买的彩票是双色球，远高于其他类型彩票，然后是大乐透和福彩 3D，分别占 18.13% 和 12.83%，而其他类型彩票的比例都在 10% 以下。

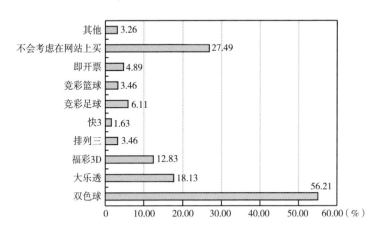

图 8 – 41　地面调查经常网上购买的彩票占比统计

②线上调查经常网上购买的彩票。受访者最常网上购买的彩票为双色球，占 91.87%；其次为大乐透和福彩 3D，分别为 65.45% 和 28.11%，总体分布与地面调查一致，只是这三种彩票所占的比例均更高，如图 8 – 42 所示。

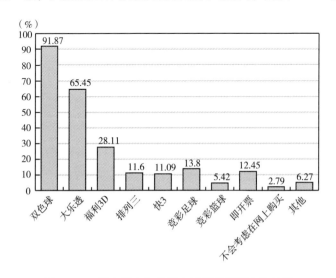

图 8 – 42　线上调查经常网上购买的彩票占比统计

地面和线上两部分的数据都说明，与市场中总体的销售情况一致，双色球在网络营销中仍然是最具吸引力和竞争力的产品，而大乐透是其目前最主要的竞争对手。

（16）网络购彩的好处分析。

①地面调查网络购彩的好处。接近六成受访者看重网络购彩的购买方便性，然后是网络购彩的不受时间限制、领奖方便、不受时间限制和更符合现代人生活方式，分别占比32.59%、22.81%、18.53%和16.7%，而保密性和信息丰富还不为多数人所看重，如图8-43所示。

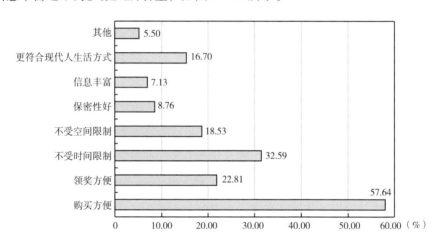

图8-43　地面调查网络购彩的好处占比统计

②线上调查网络购彩的好处。

与地面调查的结果一致，受访者认为网络购彩的好处首先在于购买方便，占90.43；其次是领奖方便（54.36%）、不受时间限制（52.41%）、不受空间限制（38.19%）、更符合现代人生活方式（34.72%）。但是通过具体比例的比较可以看出，在线受访者相对地面调查的受访者对网络购彩的评价更高。这可能与其更加熟悉网络、网络购物以及购彩经验更加丰富有关，如图8-44所示。

进一步交叉分析可以看出，对于不同人群而言，普遍认为网络购彩最大的好处是购买方便，但只通过非网络方式购买的人对此评价稍低。同时，主要通过网络购彩的人，会更多认为其符合现代人的生活方式，但对于只通过非网络方式购买的人来说，这一评价显著低于其他群体，说明只通过非网络

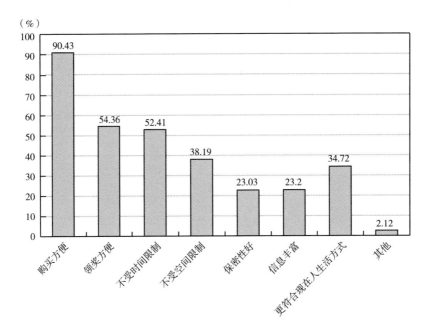

图 8-44　线上调查网络购彩的好处占比统计

方式购彩的人群，其认可的生活方式更远离网络，而有可能更多地从现实的交流和互动中获得存在感，如表 8-10 所示。

表 8-10　　网络购彩的好处、网络购彩与非网络购彩比例交叉分析　　单位：%

购买方式	购买方便	领奖方便	不受时间限制	不受空间限制	保密性好	信息丰富	更符合现代人生活方式	其他	小计
只通过网络购买	90.95	58.79	47.24	30.65	27.14	21.11	30.65	2.01	16.85
只通过非网络方式购买	54.05	27.03	29.73	21.62	14.86	14.86	18.92	21.62	6.27
主要通过网络购买，有时也通过非网络方式购买	95.31	62.29	61.54	45.22	24.58	26.64	40.53	0.38	45.13
主要通过非网络方式购买，只是有时在网络购买	89.24	37.67	45.29	32.29	17.04	20.18	24.22	0.45	18.88
通过网络购买以及非网购买的比例差不多	92.11	58.55	48.68	40.13	25	22.37	42.76	1.32	12.87
小计	90.43	54.36	52.41	38.19	23.03	23.2	34.72	2.12	100

（17）网络购彩的重要因素分析。

①地面调查网络购彩的重要因素。

由图 8 – 45 可知，网络购彩的各个因素都有一定差异，接近六成受访者注重网络购彩的账户安全，然后是购彩的方便性，占 36.25%，领奖方便占 25.5%，无手续费占 18.13%，专业信息服务占 10.59%。

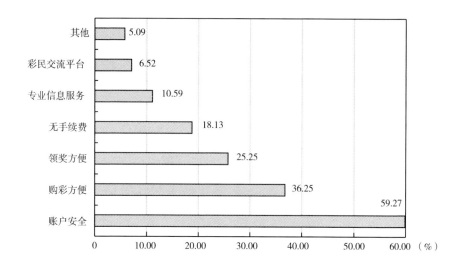

图 8 – 45　地面调查网络购彩的重要因素占比统计

②地面调查网络购彩的重要因素。

从图 8 – 46 可见，线上受访者认为影响网络购彩最重要的因素首先是账户安全，占 85.86%；其次分别为领奖方便（68.84%）、购彩方便（61.98%）；最后是无手续费（36.41%）、专业信息服务（23.88%）、彩民交流平台（20.41%）。说明安全性、便利性是影响彩民网络购彩的两大重要因素，然后才是成本、服务和互动等。

进一步的交叉分析可以看出，不管通过网络购彩的比例如何，各类人群对影响网络购彩重要因素的评价与上述总体结果一致。不过，可以看到，对于曾经有过网络购彩经验或者主要进行网络购彩的人而言，会更加强调账户安全，这与他们的直接体验有关，如表 8 – 11 所示。

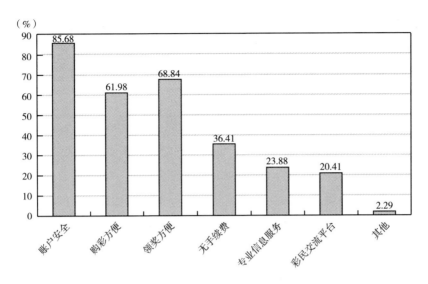

图 8-46　线上调查网络购彩的重要因素占比统计

表 8-11　　网络购彩的重要因素、网络购彩与非网络购彩比例交叉分析　　单位：%

购买方式	账户安全	购彩方便	领奖方便	无手续费	专业信息服务	彩民交流平台	其他	小计
只通过网络购买	85.93	69.35	66.33	35.18	21.61	14.57	1.51	16.85
只通过非网络方式购买	68.92	37.84	36.49	17.57	22.97	18.92	16.22	6.27
主要通过网络购买，有时也通过非网络方式购买	86.3	66.42	72.98	41.09	25.89	22.89	1.69	45.13
主要通过非网络方式购买，只是有时在网络购买	87	52.91	67.26	31.39	21.52	20.63	1.35	18.88
通过网络购买以及非网络购买的比例差不多	90.79	61.84	75.66	38.16	23.68	19.74	0	12.87
小计	85.86	61.98	68.84	36.41	23.88	20.41	2.29	100

8.4.3　调研结论

（1）网络购彩目前对地面投注站的冲击还不是很大。调查显示，八成以上的受访者仍然较多依赖投注站购彩。尽管在线调查的受访者较多依赖网络及手机购彩，但这部分人很可能目前并不常出现在投注站中。相对地面调查，在线调查中公司职员与个体经营者的比例显著提高，而这些人并非地面投注站的常客。同时，在线调查的受访者中，最常采用的购彩方式是手机，占76.55%；网络也占了较大比重，为37.26%。也就是说，网络购彩虽然可能会吸引走一部分现有投注站的彩民，但同时更是在培养一部分专有的网络彩民，从而促进了彩民群体规模的增加。这为有关部门制定相关政策和规则、进行相关方利益的协调预留了时间，也给投注站提供了思考对策的机会。

（2）未来，互联网及移动互联网下商业模式的进一步发展普及确实可能对彩票行业的营销渠道格局及地面投注站生存造成大的冲击。网络购彩及手机购彩作为新兴形式，尽管目前还不是主流，但无疑发展空间巨大，发展速度也会很快，特别是手机购彩，已呈现在线购彩者的重要渠道。这必将改变现有的彩票销售格局，同时因其便利性可能会吸引更多的潜在彩民加入。

（3）网络彩民以男性为主。地面调查中男性占六成多，在线调查中男性占近九成，这也说明男性更是目前网络购彩的主力。

（4）在线受访者尤其呈现出年轻化特征。从年龄上看，40岁以下的占据八至九成。其中，地面调查中18~30岁的占38.14%，在线调查中占56.35%，说明在线受访者尤其呈现出年轻化特征。这与年轻人更熟悉网络更倾向进行网上购物的市场现实一致。

（5）网络购彩人群在职业结构上与传统的实体购彩人群存在差异。地面调查中外来务工人员及本市工人为主力，分别占28.87%和25.77%，远高于其他职业比例。在线调查中外来务工人员所占的比例最多，为20.74%；本市工人所占比例也较高，为14.31%。但与地面调查稍有差异的是公司职员与个体经营者的比例明显提高，分别为17.64%和13.71%。从侧面说明网络购彩人群在职业结构上与传统的实体购彩人群存在差异，例如一些公司白领可能比较少在投注站购彩，但却有可能通过网络购彩。

（6）大学/大专学历只通过网络购买或者主要通过网络购买的比例是最高。地面调查受访者接近五成具有高中/中专学历，大学/大专的占29.98%。高中以上学历占据了七成以上，大学/大专的占39.8%，均高于地面调查的比例。这与经常上网和进行网上购物的人群呈现出较高学历的市场现实一致。进一步的交叉分析也表明，大学/大专学历只通过网络购买或者主要通过网络购买的比例是最高的，分别为 42.21% 和 45.22%。

（7）受访者仍以中低收入水平为主。2000～4000 元的比例最高，占五成左右。然后是 4000～6000 元，占两成多。说明受访者仍以中低收入水平为主。

（8）人们网络购彩年限平均较短。购彩彩票的年限，地面调查中 3 年以下的占 45.76%，4～7 年的占 46.21%，而 7 年以上的占少数，只为 8.04%。而在线调查中购彩年限在 10 年以上占了很大比例，为 20.75%，购彩年限较短，为一两年的也占了一定的比例，分别为 17.36% 和 12.19%。综合来看，本次调查的样本分布较广，具有较高的信度。另外，地面调查和在线调查的结果均显示，人们网络购彩年限平均较短，3 年以下的占了八成左右。这与网络购彩方式本身出现时间不久的市场现实一致。

（9）人们的购彩动机主要由中奖动机驱动。地面调查和在线调查的结果均显示，八成左右的受访者购彩是为了中奖，表示支持公益以及娱乐目的也分别占四成多。

（10）购彩方式呈现分化。地面调查的受访者中八成以上会通过投注站购彩，远高于其他方式；在线调查受访者最多采用的购彩方式则是手机，占近八成，网络方式占近四成。对网络与非网络购彩比例的分析也可以看出，在线调查者中只通过网络或主要通过网络购彩的比例达到六成以上，远高于地面调查；而只通过非网络或主要通过非网络购彩的比例不足两成，远低于地面调查。这说明不同的目标群体，其购彩方式呈现分化。当然也会有一部分人会采用多样化的购彩方式，但无论如何，地面投注站和网络会各有一部分黏性较高的彩民群体。

（11）方便是选择购彩方式的首要原因。地面调查和在线调查的结果均表明，不管采取哪种方式购买彩票，方便都是首要原因，基本占据八成以上。然后是因为个人习惯，占三成至四成。另外，服务以及感觉能带来好运也是值得关注的原因。这说明不管是投注站还是购彩网站，首先要满足彩民的便利性需要。当然，在线购彩者与实体投注站购彩者，对便利性的理解和具体要求必然存在差异。

（12）在线调查受访者会更频繁地进行网络购彩。对比表明，在线调查受访者会更频繁地进行网络购彩。交叉分析可以发现，只通过网络购彩和主要通过网络购彩的人群每周网络购彩次数在六次以上的分别高达四成以上。说明那些主要采用网络购彩方式购买彩票的人，其网络购彩的频率也较高。这可能与网络购彩更加方便有关。地面调查的受访者五成以上表示每周网络购彩频率为 0，这再次佐证了两个样本的差异，也说明地面投注站彩民目前受网络的冲击和分流尚不显著。

（13）在线受访者更多且更大金额地通过网络购彩。在线调查的受访者每月通过网络购彩的金额，在 100 元以内的为 46.82%，300 元以上的为 24.64%，较地面调查中受访者的比例有显著提高，少数人每月通过网络购彩的金额甚至达到 1000 元以上。这说明在线受访者更多且更大金额地通过网络购彩。不过通过进一步交叉分析可以发现，在线调查受访者各收入水平的群体中，月购彩金额在 100 元以下的比例都是最高的（31.33%～58.48%）。月收入在 6000 元以上的高收入人群中，月购彩金额在 1000 元以上的比例相对较高（6000～8000 元的比例为 13.25%，8000 元以上的比例为 14.81%）。总体上购彩金额与月收入水平相匹配，表现相对理性。

（14）双色球在网络营销中仍然是最具吸引力和竞争力的产品。地面调查和在线调查的结果都表明，与市场中总体的销售情况一致，双色球在网络营销中仍然是最具吸引力和竞争力的产品，而大乐透是其目前最主要的竞争对手。对于在线受访者而言，购买双色球的比例高达九成；然后是大乐透，占六成以上；然后是福彩 3D，占近三成。也说明福彩具有显著的产品优势。

（15）淘宝彩票和 500 彩票是网络购彩首选网站。地面调查的受访者多数在 500 彩票网上购买，占 23.09%，高于其他网站，然后是淘宝彩票占 10.61%。在线调查的受访者在淘宝彩票购买的比例最高，为 32.01%；然后为 500 彩票，占 21.93%；网易彩票和腾讯彩票也占了不小的比例，分别为 19.81% 和 16.43%。与地面调查的结果对比，在淘宝彩票购彩的比例显著提高，网易和腾讯也较为突出。这可能是因为在线受访人群本身经常进行网上购物，受淘宝等网上商城的影响较大，同时在线人群对网易、腾讯等大型门户网站的黏性也较高。

（16）专门的彩票网站最具吸引力。地面调查和在线调查的结果都表明，受访者认为专门的彩票网站最具吸引力，占六成至八成；大的门户网站、人气旺的网上商城吸引力排在其后，占两成左右。可见，彩民对彩票网站的专业性具有较高的需求。

（17）线上彩民定期购买的比例最高。在线调查的受访者自己会定期购买的比例相当高，占近六成，而受外界刺激影响（包括彩票发行机构促销、奖池金额高、有重要赛事）的比例为四成，低于地面调查为六成的比例。这也在一定程度上说明主要进行网络购彩的这部分人群可能更具理性和计划性，而较少进行冲动购彩。进一步的交叉分析可以看到，对于只通过网络购买、主要通过网络购买以及网络购买与非网络购买并重的人群，自己会定期买的比例最高且显著，占据约六至七成。同时，对于只通过非网络方式购彩的人群来说，其不会考虑在网站买的比例高达五成，远远高于其他群体。这说明对于习惯非网络购彩的群体而言，其对既有购彩方式的黏性很高，不会轻易转换，也表明投注站对这部分彩民有比较大的进行忠诚管理的空间。

（18）网络购彩的好处首先在于购买方便。六成以上的地面调查和九成的在线调查受访者均认为网络购彩的好处首先在于购买方便；其次是领奖方便、不受时间限制、不受空间限制、更符合现代人生活方式。但是通过具体比例的比较可以看出，在线受访者相对地面调查的受访者，对网络购彩的评价更高。这可能与其更加熟悉网络、网络购物以及购彩经验更加丰富有关。

进一步的交叉分析可以看出，对于不同人群而言，普遍认为网络购彩的第一好处是购买方便，但只通过非网络方式购买的人对此评价稍低。同时，主要进行网络购彩的人，会更多认为其符合现代人的生活方式，但对于只通过非网络方式购买的人来说，这一评价显著低于其他群体，说明只通过非网络方式购彩的人群，其认可的生活方式更远离网络，而有可能更多从现实的交流和互动中获得存在感。

（19）影响网络购彩的最重要的因素是账户安全。在线受访者认为影响网络购彩的因素首先是账户安全，占八成以上；其次分别为领奖方便和购彩方便，分别占六成多；最后是无手续费、专业信息服务、彩民交流平台等。说明安全性、便利性是影响彩民网络购彩的两大重要因素，然后才是成本、服务和互动等。

交叉分析还可以看出，不管通过网络购彩的比例如何，各类人群对影响网络购彩重要因素的评价与上述总体结果一致。不过，可以看到，对于曾经有过网络购彩经验或者主要进行网络购彩的人而言，会更加强调账户安全，这与他们的直接体验有关。调研中彩民的开放性讨论也可以看到，目前网络购彩对人们最大的吸引力来自其便利性。人们对其最大的怀疑来自安全和诚信。要进一步发展网络购彩，几个重要的影响因素包括进一步增加便利性、安全、诚信以及建设交流平台、丰富在线销售的产品等。而地面投注站目前在增加彩民信心和安全感方面无疑具有优势。

8.5 无纸化彩票销售的对策建议

网络购彩是新生事物，也是大势所趋。但彩民网络购彩的情况究竟如何，他们有何特征？目前的研究还非常缺乏。为了全面摸清现状，为促进福彩健康发展提供真实有效的数据支持和策略建议，需要分别进行四个调研，分别是对彩民的地面调研、对投注站的站主调研、对彩民的在线调研、对投注站站主及彩民的访谈。在此基础上提出相关对策建议。

8.5.1 针对彩票发行及管理机构的建议

彩票发行及管理机构对网络购彩的发展起到方向性和战略性的作用。而为了更好地促进新形势下彩票的健康发展，彩票发行及管理机构需要做好相应的引导、帮扶、反哺与研究工作。

8.5.1.1 引导

（1）通过规则和规范的制定，引导网站的良性发展和有序竞争。

（2）通过媒体宣传、讲座、座谈等方式引导彩民理性认识网络购彩及可能的风险，学习网络购彩的技巧、方法及注意事项。特别要注意对彩民心理的引导，注意网络购彩新形势下问题彩民的新问题、新特征，防患于未然。

（3）随着在线购彩的发展，新旧渠道的冲突很可能影响福彩市场的和谐稳定，对此应有所预见。应引导投注站站主关注、了解网络购彩的发展，有针对性地制定地面实体店的营销策略，以更好地应对网络购彩不断发展的新形势对其造成的冲击。

8.5.1.2　帮扶

彩票发行销售机构要对投注站给予更大政策支持。面对无纸化彩票高速发展下的新形势，省、市福彩中心都应高度重视，积极应对，对投注站给予更大政策支持。一是提高投注站收入，增强生存力。近年来，投注站房租、人工等成本不断上涨，但收入一直未见明显增长，特别是彩票代销费未有提高，影响了投注站的发展。有些省福彩中心从 2013 年 7 月起将福彩单机站（未设"快乐十分"投注站）代销费提高了 1%，有些市即开票代销费等也积极向基层销售网点让利，这一做法作用非常明显，大大增强了福彩投注站的生存能力，使福彩投注站的退机率始终在 1% 以下，投注站经营比较稳定。二是帮助投注站进行调研分析或加强培训，增强发展潜力。新形势要如何应对？了解是应对的第一步，要使投注站站主深入、全面、客观地看待网络购彩的现状和未来及其对地面投注站的影响，正确认识投注站作为实体店的优势、劣势，帮助投注站进行合理定位，同时也促进投注站更有的放矢地制定自己的应对和发展策略。因此，彩票中心除了提供一些统一的培训外，还应积极推动每个投注站针对自己的彩民进行更具针对性的调查研究，协助投注站进行问卷设计和数据分析。为投注站因地制宜做好销售工作，充分挖掘投注站的潜力。三是开展有针对性的促销活动，增强竞争力。调研显示，实体投注站的受访者更容易受到外界营销刺激，如促销活动的影响。彩票中心可针对不同的产品和促销时机，加大地面推广力度，为投注站提供充足的有影响力的促销宣传品以及促销参考方案。将其购买行为逐渐转向网络购彩与地面购彩相结合上来。在调查中发现，网络购彩平台也经常会进行大规模的促销活动，例如，注册送彩票、会员消费积分兑换礼品活动、公益捐赠助学活动、网络购彩中奖经验分享活动等。这种方式借鉴和采用了传统的促销方式，对于投注站的促销活动会产生较大的影响，因而有必要熟悉网络购彩的促销活动，追踪其促销时间、方式及效果，评估其影响，同时彩票中心也应结合自身的网站和投注站，设计线上线下促销活动，整合各种促销资源，既迎合老彩民，也引导网络彩民，以取得协同效应。

8.5.1.3 反哺

要积极发展无纸化彩票并反哺投注站。无纸化彩票不是洪水猛兽，而是彩票事业发展的重要契机，要顺势而为，积极发展无纸化彩票销售渠道，减少市场份额和福彩公益金流失，并通过无纸化彩票发展取得的收益反哺投注站。一是进一步发展手机投注，目前手机购彩与投注站购彩的群体及票种已形成细分（手机购彩主要是双色球），这一销售方式也比较成熟，已出现逐年成倍上涨趋势，应继续发展，做大做强。二是争取试点先行互联网销售方式。积极争取再当试验田，做彩票互联网销售先行者。三是要反哺投注站。无纸化彩票具有成本较低的天然优势，应合理确定无纸化彩票销售的代销费比例，并将这部分收益投向投注站，确保投注站生存发展。

8.5.1.4 研究

好的政策和决策的制定一定来自对市场实际的深入调查，并联系理论进行深入研究。根据调研发现，在网络购彩的新形势下，有三个方面的问题值得进行进一步的深入研究。

（1）手机购彩的现状、问题及对策。在调研中发现，从事在线购彩的人群，进行手机购彩的比重甚至高于一般情况下的网络购彩。这与近两年移动互联网及这一环境下的社交媒体、商业模式的迅速发展密切相关。我们已经进入一个移动互联网的时代，人们的时间被碎片化，对信息的加工更趋表层化，这种情况如何进行彩票的营销和品牌推广，需要进行理论探讨和实证研究。

（2）网络购彩情境下问题彩民研究。问题彩民已经成为影响福彩健康可持续发展的一个重要方面，而问题彩民在网络购彩环境下更为隐蔽、不易识别，对其管理和疏导也变得更加困难。在这种新情境下，应制定何种对策，需要专门研究。

（3）网络购彩情境下福彩品牌内涵和社会责任的实现和传播问题。要推动福彩健康发展，必须建立起福彩公益、快乐的品牌形象，体现福彩社会责任。网络购彩情境下，如何实现上述目标，创新性地进行品牌传播和推广，同样需要深入研究。

8.5.2 针对投注站的建议

受网络购彩发展冲击最大的莫过于实体的地面投注站。在这一过程中，可能会日益面临彩民流失、店面销售额下降的现象。尽管这一过程可能会相对较长，但总的趋势是必然的。但这并不意味着投注站对此只能被动接受，顺其自然。市场实践表明，尽管网络营销对各行各业都造成了很大的冲击，但各类实体店仍然有其存在的空间。但不可否认的是，投注站必须认识到威胁的客观存在，并做好准备合理应对。对此，本书提出三个方面建议。

（1）在态度上，对网络购彩形式，应接近而不是拒绝。不能因为网络购彩对实体店的冲击就对其拒之千里，甚至采取敌对的态度。也不能因为互联网彩票下销售的暂停而得过且过。应该认识到"知己知彼"的重要性。投注站站主也可以主动尝试了解网络购彩，熟悉网络购彩，这样才能知道自己的优势何在，自己的营销重点何在。

（2）提高服务水平，提高彩民购彩体验。实体店最大的优势莫过于拥有与彩民面对面沟通的机会，更有利于形成老顾客群。面对网络购彩的发展，投注站应进一步提高服务水平，改善投注站环境，促进彩民之间的沟通，形成良好的社会关系氛围。让彩民在投注站感受到更多的愉悦、关心与理解。

同时，有条件的投注站可以考虑增加电脑配置，开通 Wi-Fi，让彩民在投注站也可以轻松地上网了解信息甚至购彩。表面上看这会分流销量，但真正留下来的彩民更多会通过投注站购买。

（3）清楚实体店购彩的优势所在，并有意识地向彩民进行宣传。至少在目前，地面投注站有比较成熟的运营和管理机制，出实体票可信度高。投注站要把这些优势向彩民进行传播，同时提醒彩民注意在一些不规范的网站购彩所可能带来的风险。同时，曾经有过的中奖特别是大奖宣传、走势图及专业建议的提供，都会对吸引彩民有积极帮助。

8.5.3 针对网络购彩彩民的建议

目前，进行网购的彩民数量还相对较少，但其上升的速度可能会比较快。对于想尝试或已经在进行网络购彩的彩民，提出如下四点建议。

（1）理性认识购彩风险。不管是传统方式购彩，还是通过网络或者手机等购彩，都要认识到购买彩票是有风险的，不因购彩次数的多少或购彩金额的多少而发生改变，每一次购买彩票都面临着不中奖的可能性。购彩更多应出于公益、娱乐等健康的心态，而不应把中大奖作为终极目标。

（2）理性认识网络购彩的风险。网络购彩尤其特定的风险，尤其是在目前购彩网站参差不齐，有关部门监管还不到位、行业远未规范的情况下，更要认识到其中可能存在的安全、信用等诸多方面的风险。网络购彩要选择大的正规的网站。

（3）适当控制购彩频率，保持购彩理性。本书调研发现，在线购彩的彩民其购彩频率更高，这可能与网络购彩更加方便有关。尽管目前这部分彩民表现出一定的理性，例如购彩金额基本与收入匹配，购彩的计划性和定期性更强等，但由于网络和手机购彩极其方便，因而对理性控制购彩也带来一定的障碍。因此，在线购彩者要有意识地进行自我控制，防止自己演变成问题彩民。

（4）将网络购彩作为一种生活方式，而不是作为生活的全部。如同网络一样，网络购彩未来将会是一种生活方式之一，彩民应按照自己的实际能力，出于公益和慈善的目的，合理购彩，而不应该把购彩作为一种投资，更不应该将其作为生活的全部，或作为改变现状的救命稻草。

参 考 文 献

［1］［美］菲利普·科特勒. 市场营销管理［M］. 北京：中国人民大学，1997.

［2］中国彩票年鉴编辑委员会. 2012 中国彩票年鉴［M］. 北京：中国财政经济出版社，2013.

［3］朱晓军. 彩票管理操作手册［M］. 长春：吉林音像出版社，2003.

［4］陈传书，靳尔刚. 国外彩票概要［M］. 北京：中国社会出版社，2003.

［5］王晓玫. 中国彩票工作［M］. 北京：北京大学出版社，2008.

［6］中国就业培训技术指导中心. 国家职业资格培训教程——助理营销师［M］. 北京：中央广播电视大学出版社，2006.

［7］王方华，顾峰. 市场营销学［M］. 上海：上海人民出版社，2004.

［8］吴健安. 市场营销学（第三版）［M］. 北京：高等教育出版社，2007.

［9］庄贵军，周筱莲，王桂林. 市场营销［M］. 北京：北京大学出版社，2004.

［10］郭国庆. 市场营销学通论［M］. 北京：中国人民大学出版社，2005.

［11］胡穗华. 市场营销与推销实务［M］. 广州：华南理工大学出版社，1996.

［12］梁晓萍，胡穗华. 市场营销［M］. 广州：中山大学出版社，2005.

［13］胡穗华，张伟今，谢虹. 市场调查与预测［M］. 广州：中山大学出版社，2006.

［14］胡其辉. 市场营销策划［M］. 大连：东北财经大学出版社，2006.

［15］胡穗华，陈又星．彩票业务基础知识［M］．广东省彩票专管员内部培训资料，2008.

［16］冯百鸣．彩票 20 年［J］．http：//www．jxgdw．com，2007－9－24.

［17］胡穗华，陈又星，李柏勋．彩票社会责任创新研究［M］．大连：东北财经大学出版社，2016.